교육
대전환의
시대

다시,
학교의 길을
묻다

다시,
학교의 길을
묻다

초판 1쇄 인쇄 2025년 11월 20일
초판 1쇄 발행 2025년 11월 27일

지은이 김영인
펴낸이 김승희
펴낸곳 도서출판 살림터

기획 정광일
편집 조현주, 송승호, 이희연
북디자인 꼬리별

인쇄·제본 (주)신화프린팅
종이 (주)명동지류

주소 서울시 양천구 목동동로 293, 2215-1호
전화 02-3141-6553
팩스 02-3141-6555
출판등록 2008년 3월 18일 제313-1990-12호
이메일 gwang80@hanmail.net
블로그 http://blog.naver.com/dkffk1020
한국교육연구네트워크 www.kednetwork.or.kr

ISBN 979-11-5930-341-8 03370

*가격은 뒤표지에 있습니다.
*잘못된 책은 바꾸어 드립니다.
*이 책은 저작권법에 따라 보호를 받는 저작물이므로 무단 전재와 복제를 금합니다.

교육
대전환의
시대

다시,
학교의 길을
묻다

김영인 지음

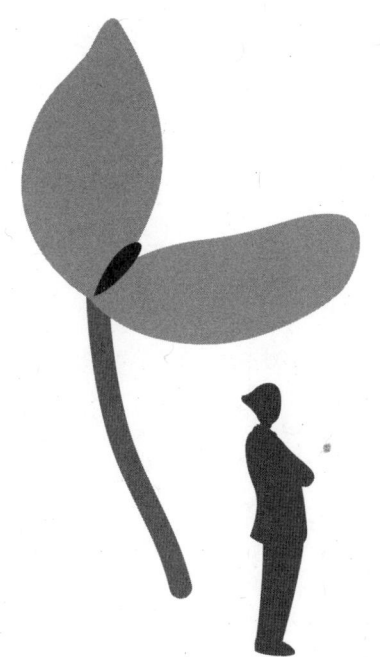

살림터

추천의 글

우리 교육이 놓치지 말아야 할 근본적인 것에 대한 충언

김병찬(한국교육학회 선임부회장, 경희대학교 교수)

이 책은 인류 문명의 대전환을 맞고 있는 AI 시대 그리고 여전한 대학 입시의 질곡桎梏 속에서 오늘을 살아가며 교육 현장에서 아이들을 가르치고 있는 교육자로서 우리는 무엇을 잃고 있으며 무엇을 지켜야 하는지에 대한 실존적 육필肉筆 보고서입니다. 저자는 더 많은 디지털 기기와 더 빠른 데이터가 교육의 방향이고 해답이라는 집단적 착시 현상을 차분히 벗겨 내면서 학교가 사람과 사람의 관계, 그리고 인간적인 공동체성을 회복시키는 공간이어야 한다는 근본을 복원復原하고 있습니다. 그동안 우리의 교육 담론이 정책과 제도, 성과지표와 수치에 과잉 치중되면서, 온갖 제약 속에서도 고군분투하는 학교 생태계, 교실에서 아이들과 치열하게 씨름하고 있는 교사의 목소리, 실패 가운데에서도 길을 찾아 나가고자 하는 학생들의 숨결은 소홀히 되고 주변부로 밀려나 있었습니다. 『다시, 학교의 길을 묻다』는 그 주변부를 중심으로 돌려놓고자 하는, 그 주변부가 중심이어야 한다는 정직하고 용기 있는 고언苦言입니다.

이 책에는 '기술'은 '수단'으로 '인간'을 '본질'로 봐야 한다는 교육 철학이 처음부터 끝까지 관통하고 있습니다. 기술의 과잉과 홍수 속에서 AI 채점이든, 자동화된 피드백이든, 그 유용성을 부정하지 않으면서도, '평가권은 누구에게 있는가', '배움의 기준을 누가 만들고 어떻게 나눌 것인가'라는 교육의 주권 문제를 꺼내 들고 있습니다. 학생을 한 줄로 세우는 상대평가의 프레임 위에 '사유-표현-교정-성장'을 지향하는 논술형·수행평가를 얹는 것은 구조적 모순임을 지적하며, 평가의 목적을 '서열'이 아니라 '성장'으로 전환할 것을 촉구합니다. 평가를 '채점'이 아닌 '교정과 피드백의 문화'로 재정의하는 제언은, 교사의 전문성과 학생의 주도성이 만나야만 가능한 고도의 협업을 전제한다는 점에서 특히 울림이 깊습니다.

저자는 진정한 학생 주도성의 방향을 제안합니다. 학생 주도성은 결코 방임이 아니며, 선택권을 늘리는 것으로 충분하지 않다는 것을 분명히 하고 있습니다. 질문을 세우고, 맥락을 조사하며, 자료를 분석하고, 결과를 표현하고, 다시 성찰하는 전 과정에 대한 참여 권리가 학생 주도성의 실체임을 강조합니다. 그 과정에서 교사는 '뒤에서 밀어주는 조력자'가 아니라 학습의 난도를 설계하고, 기준을 명료화하며, 도전의 안전망을 구축하는 전문적 설계자라는 교사 정체성도 제안합니다. 교사 주도성과 학생 주도성은 대립하는 것이 아니라 서로를 강화시키는 양 날개임을 현장 경험을 통해 증언해 줍니다.

또한 프로젝트 기반 학습을 이벤트성 활동이나 산출물 중심 전시로 오해하지 않아야 한다고 경계하면서 '교육과정-수업-평가의 일체화'라는 구조 속에 봐야 한다고 제안하고 있습니다. 아울러 고교학점제의 도입과 선택과목의 확장은 학생의 진로 기반 탐구를 제도적으로 뒷받침할 기회라고 긍정하면서도 '평가가 바뀌어야 수업이 바뀌고, 수업이 바뀌어야 학교가 바뀐다'라는 명제를 토대로 입시제도를 포함한 관련 제도 간 정합성을 갖출 것을 요청합니다.

이 책에서 다루는 소주제 하나하나에는 비록 짧게 언급하고 지나갔지만 엄청난 교육정책적 함의가 담겨 있습니다. 우리 모두 분주함과 바쁨을 내려놓고 차분히 성찰해 봐야 할 너무도 중요한 것들입니다. 오랫동안 교육 현장을 지켜 온 경험과 경륜 그리고 한국 교육에 대한 애정에서만 나올 수 있는 제안입니다.

이 책은 밀려오는 AI의 파도와 뒤틀린 입시제도의 복잡하고 힘든 현실 속에서 교육의 본질을 지키고자 하는 몸부림이며, 진정한 교육은 '사람'이 중심이 되어야 한다는 외침입니다. AI에 끌려가지 않고 AI를 활용하는 교육이 되기 위해서는, 그리고 입시제도에 끌려가지 않고 '학생'을 위한 입시가 되기 위해서는 우리가 어떻게 해야 하는지를 담담하게 본인의 경험과 체험을 바탕으로 그리고 따뜻한 시선으로 우리에게 권해 주고 있습니다.

『다시, 학교의 길을 묻다』는 이 혼란의 시대를 어떻게 뚫고 나아가야 하는지를 알려 주는 친절한 등불과도 같습니다. 어떤 거창한 이상이나 이론을 이야기하지 않으면서도 지금 우리가 발 디디고 있는 토대 위에서 어떻게 생각과 관점을 바꾸고 어떻게 한 발 더 전진해 나갈 수 있는지를 물으면서 바람직한 방안을 제안하는 매우 현실적인 책입니다. 또한 지금 우리 학교 현장에서 부대끼며 아이들을 가르치고 있는 모든 선생님과 학부모는 물론, 모든 교육정책 담당자, 교육 관계자가 읽어야 할 책입니다. 저자가 이 혼란과 대전환의 시기에 우리 학교와 우리 교육이 앞으로 나아가기 위해 놓치지 말아야 할 가장 기본적이면서도 근본적인 것을 충언忠言해 주고 있기 때문입니다.

추천의 글

수업과 평가에 관한
깊은 성찰을 전하다

이혜정(경인교육대학교 교수)

『다시, 학교의 길을 묻다』에는 오랜 기간 고등학교 교사, 진로·진학 전문가, 교육정책 전문가, 연구자로 살아왔고, 고등학교 교장으로서 학교 변화를 실천해 온 한 교육자의 깊은 통찰이 곳곳에 녹아 있습니다.

이 책은 첫 장부터 마지막 장까지, 지식과 정보가 넘쳐나고 어떤 질문이든 생성형 인공지능이 몇 초 안에 답을 제시하는 시대에 '학교는 왜 존재해야 하는가', '교사는 어떤 역할을 해야 하는가' 계속해서 질문합니다.

그런데 이 질문들에 대한 답이 명쾌하게 제시되어 있지는 않습니다. 독자 스스로 그 질문에 대한 답을 찾으라는 듯, 이 책은 꼬리에 꼬리를 무는 질문들을 쉴 새 없이 던집니다. 신기하게도 책을 다 읽고 마지막 장을 덮으려는 즈음에 이 질문들에 대한 답을 어렴풋이 찾게 됩니다.

이 책은 학교의 존재 이유와 교사의 역할을 학교와 교실 밖 기술 발전이나 경제 성장, 교육정책이나 교육과정 패러다임에서 찾지 않습니다. 저자가 주목하는 것은 매일의 교실에서 교사와 학생이 함께 만드는 수업과 평가입니다.

학생의 삶을 중심에 둔 수업은 학생과 교사가 배움의 동반자로서 엮이고 성장하게 만듭니다. 학생의 성장에 주목하는 평가는 학생이 수업을 통해 삶의 역량을 함양할 수 있게 하고, 나아가 학교를 변화시킵니다.

이 책은 이러한 수업과 평가를 어떻게 할 수 있는지를 구체적으로 알려 주고 있다는 점에서 친절하고 다정합니다. 물론 최고 미덕은 현재의 입시제도와 교육체제 안에서도 학생의 삶과 성장을 중심에 두는 수업과 평가가 어떻게 가능한지 세세하게 논의하고 있는 점입니다.

전쟁과 기후위기, 경쟁과 각자도생, 재난과 불황을 겪으며 살아가는 이 시대, 학교교육의 의미와 교사의 역할을 고민하는 독자라면 이 책을 통해 가느다랗지만 튼튼한 실마리를 찾을 수 있을 것입니다.

특히 고등학교에 재직 중인 선생님들, 좀 더 나은 학교를 만들기 위해 고민 중인 교장 선생님, 교실의 역동을 공부하고 싶은 교육 연구자들에게 이 책은 어두운 밤바다, 뱃길을 밝히는 등대 같은 역할을 할 것이라 확신합니다.

여는 글

1.

 교직에 들어와서 교사, 교감, 교육연구사, 교육연구관, 장학관, 교장의 시간을 짓는 38년 동안 현재의 학교를 넘어서는 새로운 가치를 꿈꾸며, '상상으로 질문하는' 사유를 이어 가고 있습니다.
 학교는 위기라고 합니다. 학교, 교육청, 경기도교육연구원, 경기도교육연수원, 교육부 직속 기관 등에서 여러 가지 역할을 기획하고 실행하면서 "'위기'를 어떻게 해석하고 준비할 것인가?"에 대해 오랫동안 고민했습니다.

 왜 학교는 매년 더욱 힘들어하는가?
 학교는 새로운 문명을 해석하고 성찰할 수 있는 힘이 있는가?
 학교는 AI라는 문명에 맞는 새로운 사유와 질문을 형성하고 있는가?

학교는 AI 문명에 대한 통찰적 사유와 질문을 던지고 그 힘으로 변화를 이끌고자 하는가?

학교가 당면한 외적 부담감은 무엇인가? 혹시 학교가 자초한 위기가 있지는 않은가?

학교는 현실 너머 미래를 꿈꾸고 그 상상으로 이정표를 세우며 새로운 길을 내는 힘이 있는가?

교육과정 편성과 운영에서 "교사 주도 수업과 학생 주도 수업, 오지선다형 평가와 서논술형 평가, 상대평가와 절대평가, 과정 중심 평가와 결과 중심 평가 등 이분법적 논리로 접근하는 것이 적절한가?"라는 질문을 떨쳐 버릴 수 없습니다. 이는 산업화 과정에서 고착된 근대 학교의 관행이 새로운 문명을 사는 오늘과 미래에도 여전히 강하게 작동하고 있다는 비판적 문제의식을 지니고 있기 때문입니다.

AI를 수업 넘어 채점을 포함한 평가까지 확대 적용하는 경기도교육청의 정책적 방침에도 다소 우려가 있습니다. AI를 수업에서 평가까지 적용하기 위해서는 그 타당성에 대한 교육적 성찰과 함께 학교 안의 학업성적관리규정 등 준비해야 할 사항이 많습니다. 학교에서의 학업성적관리규정은 교육부 훈령과 경기도교육청의 지침을 기준으로 삼기 때문에 교육부와 교육청의 법령과 지침 개정 작업이 필요할 것입니다.

학교에서 학생 평가와 채점의 성격과 그 목적은 교육적 배경과 지향성을 가져야 합니다. 그런데 AI 채점의 배경은 '이의 제기를 없애는 객관적 채점', '교사의 연구 시간 확보' 등이 크게 부각되어 있습니다. 그럼에도 '피드백이 가능할까?', '교사의 역할은?', 'AI도 채점하고 교사도 채점하는데 교사의 연구 시간이 어떻게 늘어난다는 것일까?', '교사의 채점과 AI의 채점 결과가 다를 때의 이의 제기 경로와 해결 방안, 피드백이 다를 때 등에 직면하게 될 새로운 교실 장면에서 교사의 업무가 더 늘어나지 않을까?' 등에 대한 고민이 깊습니다.

최근 언론 보도에 의하면, 국내 유수 대학들의 정기고사에서 일부 학생들이 AI에 접속한 상태로 답안을 작성하는 부정행위를 했다고 합니다. 이는 배경과 맥락에 대한 사실 확인이 필요하지만, 대학에서의 평가에 대한 학생들의 인식을 엿볼 수 있는 중요한 문제입니다. AI 커닝과는 다른 차원으로 보이지만 큰 범주에서 연결되어 있다고 판단되는 AI 기반 평가 시스템 구축의 의미와 과정 역시 결코 간단한 문제는 아닙니다. 이는 AI 채점 결과와 교사의 채점 결과의 일치도를 확인하는 수준으로 접근할 문제만은 아닙니다.

기술적 측면에서 접근하더라도 채점 결과의 일치도를 평가하기 위해서는 측정 지표에 대한 검토가 필요합니다. 단일지표에 의존한 결과로 일치도를 판단한 것이라면 이는 재논의가 필요할 수도 있습니다. 물론 채점 알고리즘의 신뢰도, OCR 텍스트 변환의 오류 가능성 등은 여전히 해소되기 어려울 수 있습니다. 대학에서의 AI 커닝 사태처럼 AI에 의존해서 답안을 준비하는 사례들이 생긴다면, AI가 AI 답안을 채점하는 아이러니가 나타날 수도 있습니다.

그런데 우리가 정작 살펴야 할 바는 이러한 기술의 문제를 넘어서는 철학의 문제, 교육의 문제입니다. 이것은 평가 주체와 객체의 문제일 수 있으며, 평가의 철학적 기반과 평가 시스템 전반을 흔드는 문제일 수도 있습니다. 가령, 논술형 평가에 AI가 사용되면 교사와 학생 모두 '답안 완성', '채점 통과'에 평가의 초점을 맞출 가능성이 있습니다. 결국 사고력과 자기 성찰(메타인지) 등 논술 본래의 취지가 약화될 수 있습니다.

학교에서의 학생 평가 패러다임이 바뀌고 인식이 변화하면 시험 답안 작성 과정에서 AI를 활용하는 때가 올 수도 있습니다. 그렇지만 AI 기술 도입 과정에서 학습과 성찰 중심의 교육구조 개선이라는 이정표를 분명히 하기 위해서 우리는 수업과 평가의 근본을 향한 질문을 계속해야 할 것입니다.

"학교에 행정은 있는데 교육이 없다."라는 우려가 앞섭니다. "학교에 정책은 지원되는데 배움이 사라졌다."라는 고민도 깊습니다. "학교에 '사람'은 있는데 '관계'는 보이지 않고, '언어'가 사라졌다."라는 위기의식도 있습니다.

"초등학교 때부터 고등학교 때까지 소외받는 데 익숙한 학생들을 언제까지 방임할 것인가?" 하는 자책감도 느낍니다. "학교에는 대학이 목표인 학생만 있는 게 아닌데, 우리는 그들에게 어떤 존재로 남을 것인가?"라는 호소도 있습니다. "교문 밖에서도 교문 안에서도 '대학', '수시', '정시', '수능', '학교생활기록부', '등급' 외에는 얘기할 게 없는 학생들의 삶을 언제까지 방임할 것인가?"에 대한 성찰도 있습니다. "학생들이 겪는 고통으로부터 자유로울 수 없는 교사들의 여건을 어떻게 개선할 것인가?" 하는 안타까움도 있습니다.

어떤 경우든지 위기를 극복하는 주체는 학교이며 극복하는 힘은 교육공동체, 특히 교원의 자발적 운동성이라고 생각합니다. 새로운 문명기의 시대정신을 읽고, 교육과 학교 정신을 만들고 교실의 이정표를 세우는 힘은 교원의 자발적 운동성에 있다는 방향을 공유하고 싶었습니다.

운동은 학교를 바꾸고, 교육을 바꾸고, 변화의 이정표를 제시합니다. 행정은 학교를 관리하고, 교육을 형해화하며, 변화의 맥락을 제거하기 쉽습니다. 자발적 운동성을 중심으로 교육과정과 수업, 평가의 변화 맥락을 짓고자 하는 마음으로 이 책을 집필하게 되었습니다.

호기심과 질문을 좋아하는 학생들이 즐겁게 학습하는 수업 시간, 무엇이든지 브레인스토밍하여 자기 생각을 말하고 다른 사람의 생각을 들으면서 지적 호기심과 질문에 대한 답을 스스로 찾아가는 자유로운 배움 환경을 꿈꿉니다. 교사와 학생이 학습 과정에 동행하는 학습자로서 관계 맺기를 바랍니다.

이 책을 집필하는 동안 교사와 학생이 함께 주도하는 교육과정과 수업, 평가와 피드백으로 "학교에 사람이 살고 있다."라고 당당하게 외치고 싶은 마음이 떠나지 않았습니다.

2.

지금 우리가 서 있는 자리는 어디인가?
우리는 누구이며, 무엇을 위해 가르치고 배우는가?

공부의 본질은 휴머니즘을 지향하는 데 있으며, 내적 성찰의 힘을 키워 살아가는 역량으로 이어진다는 가르침이 낯설게 느껴집니다. 학교교육의 고유 영역이었던 양심, 우정, 근면, 성실, 협업, 배려, 책임 등의 가치가 박물관의 유물처럼 느껴지기도 합니다.

지금은 문명사적 전환기라고 합니다. 단순히 기술의 변화가 아니라 인간이 세상을 인식하고 관계 맺고 살아가는 방식 전체가 달라지는 흐름 속에 있습니다. 그 흐름은 기술보다 느리지만 인간의 정신을 바꾸는 더 깊은 변화입니다. 그러니 포노 사피엔스, 인공지능 사피엔스라는 신인류가 등장했다는 주장이 낯설지 않습니다.

문명은 진보라는 이름으로 인간을 앞세워 왔지만, 아이러니하게도 그 길 위에서 인간은 자주 소외되어 왔습니다. 고대 문명 국가 이후 소외의 역사는 깊습니다. 산업혁명은 노동의 주체를 밀어냈고, 시장 경제는 시장 주체 간의 대립을 만들었고, 인간의 사유와 관계까지도 대상화하는 측면이 있었습니다. 인공지능 문명에서 기계가 사람의 관계를 대신하고 모든 관계가 사물처럼 굳어질까 봐 우려됩니다.

인간소외는 단지 철학적 개념이 아니라 학교 교실의 풍경 속에, 입시와 경쟁의 구조 속에, 교육과 행정의 관계 속에, 교사와 학생의 관계 속에, 교사와 학부모의 관계 속에 깊숙이 스며들어 구조화되었습니다. 정답을 외우는 수업, 점수로 서열을 매기는 평가, 시간표 속에 갇힌 학습은 오히려 인간을 배움으로부터 멀어지게 했습니다. 교육이 추구해야 할 인간적 가치가 점점 지표와 수치 중심으로 변화하는 흐름은 인공지능 시대에 더욱 가속화될 수 있습니다. 기계가 교실에 들어왔고, 교사와 학생의 관계를 흔들었습니다. 우리는 학생 한 명 한 명이 기계로 학습하며 배움을 구하는 현실을 냉엄하게 바라봐야 합니다.

이제 교육은 이 흐름 앞에서 질문을 던져야 합니다. 교육은 문명의 변방이 아니라 그 심장부에서 질문을 던져야 합니다. 우리는 누구이며, 무엇을 위해 배우는가? 학교는 어디로 가야 하는가? 교육이 인간의 존엄과 삶을 지키는 토대라면, 이 전환의 시대에 학교는 다시 '길'을 묻는 자리로 돌아와야 합니다.

지금, 우리가 서 있는 자리는 어디인가? 학교는 제도로 남아 있지만, 길을 잃었습니다. 배움의 자리에 있어야 할 '관계'를 찾기 어렵습니다. 교육의 대전환은 이 소외로부터의 복귀입니다. 인간만이 할 수 있는 것. 함께 질문하고, 함께 사유하고, 함께 길을 찾으면서 휴머니즘 교육을 지키고 키워야 합니다. '인간'이라는 교육의 본질은 지표와 성과, 기계와 기술, 문서와 행정, 성적과 등급에 우선해야 합니다.

학교교육의 전환은 새로운 제도를 만들고, 새로운 기술을 익히고, 새로운 기계를 학습 매체로 삼는 일이 아닙니다. 잃어버린 인간의 얼굴을 다시 바라보는 일, 배움의 자리에서 관계와 의미를 회복하는 일입니다. 학교는 다시 묻고, 다시 걸어야 합니다. 미래로 향하는 길은 기술의 지도 위가 아니라 사람의 마음과 삶의 자리에서 시작되기 때문입니다.

학교는 정책 영역 너머의 사유와 철학의 공동체여야 합니다. 학교는 지식을 주입하는 공간이 아니라 삶을 나누는 공동체여야 합니다. 학생은 경쟁의 대상이 아니라 함께 성장하는 존재여야 합니다. 교사는 정답을 가르치는 이가 아니라 학생 한 명 한 명이 내는 길 위의 동반자여야 합니다.

교육의 전환은 기술의 문제가 아닙니다. 인간을 다시 중심에 놓는 일입니다. 다시 '함께'라는 언어를 꺼내 들고 공존, 협력, 생명, 연결을 학교의 중심에 놓는 일입니다. 휴머니즘의 언어로 문명을 다시 써 내려가는 일, 본질과 기초로 미래를 여는 일, 사유와 질문으로 교실을 살리는 일, 그것이 학교가 서야 할 자리입니다. 바로 이 점에서 현재 논의되는 고교학점제, 대학수학능력시험, 학생 평가, 교원인사제도 등은 모두 교육의 '전환'이라는 패러다임 안에서 재접근되어야 합니다. 그 중심에 학교 생태계가 있어야 할 것입니다.

학교의 교육과정, 수업, 평가는 살아 있는 유기체처럼 서로 연결되어 있습니다. 마찬가지로 학교 안의 모든 사람은 학생을 중심에 두고 삶과 배움을 일궈 갑니다. 그래서 학교의 힘은 나무가 뿌리를 내리는 일과 닮아 있습니다. 뿌리는 그 본질에 비추어 겉으로 드러나지 않습니다. 하지만 나무의 삶은 그 보이지 않는 뿌리로부터 비롯됩니다. 땅이 척박하다고 하여 나무가 주저앉는 일은 없습니다. 계곡의 바위틈에서도, 거친 바람 속에서도, 나무는 묵묵히 제자리를 찾아 뿌리를 내립니다. 그리하여 생명의 줄기를 틔우고, 마침내 제 몫의 꽃을 피워 냅니다.

나무는 환경을 탓하지 않습니다. 배움도 다르지 않습니다. 여린 씨앗 하나에서 시작된 배움은 저마다의 땅에 뿌리를 내리고, 각자의 시간에 맞춰 자라납니다. 어떤 이는 빠르게 가지를 뻗고, 어떤 이는 오래도록 침묵하며 준비합니다. 그럼에도 방향을 잃지 않은 나무는 언젠가 반드시 꽃을 피웁니다. 그러므로 기초를 닦는 시기에는 무엇보다도 물러섬이 없어야 합니다. 속도보다 중요한 것은 방향이며, 결국은 그 방향이 삶의 깊이를 결정짓는 뿌리가 됩니다.

학생들은 각기 다른 토양에서 자랍니다. 기초가 단단한 학생은 환경을 넘어섭니다. 그 학생은 언젠가 반드시 자기만의 잎과 꽃으로 세상을 밝힐 것입니다.

우리가 걸어야 할 학교의 길, 학교를 살리는 힘입니다.

2025. 11. 13.
대학수학능력시험이 끝난 시험실에서

차례

추천의 글
우리 교육이 놓치지 말아야 할 것들에 대한 충언_김병찬 4
수업과 평가에 관한 깊은 성찰을 전하다_이혜정 9

여는 글   13

I. AI 시대, 교육은 어디로 가고 있는가

1. 변화의 파도 속, 교육을 보는 눈   27
2. AI와 함께 열리는 개별화 학습   30
3. 창의력과 사고력을 키우는 논술형 평가   34
4. AI 시대, 함께 던져야 할 질문   39
5. 미래 학교를 그리다   41

II. 주도성, 학교를 살리는 힘

1. AI 보조교사가 있는 교실   51
2. 진화하는 교사의 얼굴   56
3. 길이 되는 학습자 주도성   60
4. 교학상장, 자발적 운동성의 힘   68
5. 학생 주도성과 교사 주도성의 발현   74
   가. 교육과정 선택권과 주도성   74
   나. 교수학습과 주도성   81
   다. 평가 피드백과 교사 주도성   88
   라. 질문과 주도성   99

III. 학생 주도형 프로젝트 탐구학습

1. 교육과정의 변천과 주도성　105
　가. 교육과정의 변천과 주도성　105
　나. 학생들의 삶과 연계한 역량 중심 교육과정　110
　다. 학습자 주도성을 기르는 교육과정　112

2. 프로젝트 탐구학습의 토대　116
　가. 학습 환경 조성　116
　나. 교수학습 방법의 다양화　118
　다. 문제중심학습(PBL)과 학생 주도형 탐구　124

3. 함께 만드는 프로젝트 탐구학습　128
　가. 학교교육을 바라보는 관점의 진화　128
　나. 학교 공동체의 참여와 실천　131
　다. 적용 전략 10가지　134
　라. 프로젝트 탐구학습에서 교사의 역할　144
　마. 학교자율과정에서 피어나는 배움의 현장　153

IV. 성장의 대화, 학교의 존재 이유

1. 교사에게 평가란 무엇인가　165
2. 학생에게 평가란 무엇인가　167
3. 학생 평가와 학교의 존재 이유　172
4. 학교를 재정의하는 평가의 힘　177
5. 교육과정을 이끄는 평가　184
6. 수업을 살리고 배움을 확장하는 평가　187

7. 평가에 대한 이해와 쟁점　190
　　가. 평가의 종류와 구분　190
　　나. 선다형과 서답형의 상호 보완　192
8. 절대평가와 논술형 평가　197
9. '선발'을 넘어 '성장'으로　207
　　가. 공정한 평가란 무엇인가　207
　　나. 삶의 역량으로 살아나는 평가　209
　　다. 피드백 학습, 성장의 대화　211

V. 평가에 대한 상상과 질문, 평가의 미래

1. 교육은 평가의 끝에서 다시 시작하는가　219
2. 미래형 평가는 어떤 모습인가　225
3. 논술형 평가는 여전히 타당한가　235
4. AI 기반 논술형 채점, 신뢰할 수 있는가　238
5. AI 기반 평가는 교육적인가　247
6. AI 기반 논술형 채점을 위한
　　행정적 기반은 마련되어 있는가　253
7. 최소성취수준 보장 1:
　　학습 회복 프로젝트　256
8. 최소성취수준 보장 2:
　　교원 수급제 개선으로 디딤돌 만들기　270
9. 최소성취수준 보장 3:
　　모든 학생이 공교육 안에서 빛나는 교육　276

I.

AI 시대, 교육은 어디로 가고 있는가

교육은 파도 위의 등대와 같습니다.
속도의 세상에서 방향을 묻는 일이 곧 교육입니다.
학교는 벽돌로 세워지는 것이 아니라,
사람들의 마음으로 지어집니다.
그 안에서 아이들은
지식을 배우기 전에 함께 사는 법을 배우고,
서로의 눈빛에서 자신을 발견합니다.
가르친다는 것은 한 사람의 마음에 불을 지피는 일,
그 불빛이 서로의 얼굴을 비추게 하는 일입니다.

1.
변화의 파도 속, 교육을 보는 눈

AI 시대에 "우리는 어떻게 살아야 하는가?"에 대한 질문이 많습니다. 그리고 이 질문은 필연적으로 "우리는 지금 무엇을 배우고 어떤 역량을 키워야 하는가?"라는 질문으로 이어지고, 학교에서 이 역량을 길러 주기 위해서 "무엇을 가르치고 어떻게 평가할 것인가?"에 대한 질문으로 연결됩니다.

대체로 생성형 AI 그리고 피지컬 AI가 확산되면서 인공지능이 인간을 대체하는 것이라는 불안감이 확산하는 경향을 읽을 수 있습니다. 인공지능은 단순한 기술이라기보다는 삶의 모든 영역을 변화시키고 핵심 기제로 자리 잡고 있기 때문입니다.

특히 사회가 변화하고 삶이 변화한다면 의식도 바뀌게 되어, 미래를 살아갈 역량을 길러 주는 학교교육의 변화는 불가피합니다. 그래서 우리는 인공지능과 인간지능이 결합한 형태의 공동지능으로 살아가게 될 미래, 공동지능으로 훨씬 유능해진 인간의 미래를 들여다보면서 다음과 같이 질문해야 합니다.

"현재 학교에서는 사회 변화에 대한 준비를 어떻게 하고 있는가? 인공지능 시대를 대비한 논의 구조와 환경을 갖추고 있는가?"

우선 AI가 바꾸는 학교교육 환경에 관한 몇 가지 사례를 진단해 보겠습니다. 모 언론에서는 다음과 같이 보도하였습니다.

"최근 맥킨지 자료에 따르면, 2035년까지 현재 교사 업무의 20~40%가 자동화되고, 교사들은 주당 13시간을 절약하게 될 것이라고 한다."

"이미 중국의 유치원에서는 '키코' 로봇이 아이들과 놀이를 통해 컴퓨팅 사고력을 가르친다."

"2025년 기준으로 일본에서는 500개 이상 학급에서 AI 로봇을 활용해 영어를 가르치고 있다고 한다."

물론 사실에 입각한 보도일 것입니다. 그리고 내용을 보면 현재의 기술력으로 우리도 충분히 가능한 일입니다. 그러나 몇 가지 사실관계를 확인하는 것은 의미 있을 것입니다. 가령, 우리는 AI, LLM 등 첨단 기술이 교육 현장에서도 업무 효율성을 높이고, 교사 본연의 교육 활동에 더 집중할 수 있도록 변화할 것이라고 상식적으로 예측할 수는 있습니다.

그런데 새로운 기술은 교사에게는 또 다른 새로운 학습 과업이기 때문에 "기술이 도입되면 업무가 줄어든다."라는 주장을 하는 것은 논리적 비약일 수 있다는 문제의식은 간과했다고 생각합니다.

학교의 새로운 교육 환경은 교사에게는 새로운 도전 과제이기에 교사에게는 또 다른 새로운 업무가 생긴 것입니다. 더 중요한 것은 맥킨지 자료의 전망처럼 자동화의 실제 적용과 그 효과는 교육 현장 및 정책 변화에 따라 달라질 수 있다는 것입니다.

새로운 변화는 학교 입장에서는 외부의 위협적 환경일 수 있습니다. 이에 대한 대응은 학교의 내적 역량과 여건에 따라 다르게 나타날 것입니다.

일본의 경우도 마찬가지입니다. 2025년 기준으로 일본에서는 500개 이상의 학급에서 AI 로봇을 활용해 영어를 가르치고 있다고 합니다. 이 사업은 일본 교육부가 영어 회화 능력 향상을 위해 시범 실시하는 것으로 AI 로봇이 학생의 발음과 회화 실력 향상을 지원하는 것을 목적으로 하며, 이는 사실에 근거한 보도로 보입니다. 하지만 평균 학교당 30학급 기준인 점을 고려하면 500개 학급은 일본 전체에서 20개 학교에도 이르지 못한 수치입니다.

우리나라에서도 이 정도는 이미 오래전부터 많은 학교에서 시도하고 있는 일이기도 합니다. 새로운 변화라고 보기도 어렵습니다. 우리가 언론 보도를 비판적 문제의식으로 해석하지 않으면, 부족한 정보로 일반화하는 오류를 범하게 될 것입니다.

이러한 논의 수준에서 AI와 학교교육에 대한 몇 가지 주요 주장과 현실을 분석하고 진단하려 합니다.

2.
AI와 함께 열리는 개별화 학습

　수업에서 AI의 도움을 받으면 모든 학생이 각기 자기 수준에 맞는 학습으로 각자의 수준에서 개별화 수업이 맞춤형으로 이루어질 수 있을 것이라고 합니다. 기초학력 미도달 학생의 문제도 해결될 것이라고 합니다. AI의 도움을 받으면 그동안 학교교육에서 감당하며 힘들어했던 모든 문제가 해결될 것이라는 환상까지 갖게 합니다. 과연 그럴 수 있을까요?

　식물이 자라는 데도 햇빛, 물 등의 환경이 필요합니다. 스스로 자랄 수 있는 영양분이 있어야 합니다. "학생이 스스로 자라는 교육이어야 하는가?", "학생의 역량을 키우는 교육이어야 하는가?"에 대해서는 논의가 있었지만, 어느 경우든 간에 '자라고', '키우는' 환경은 필요합니다.

　그 환경의 핵심은 학생들이 학습의 장으로 나올 수 있도록 안내하고 지원하는 일입니다. 이는 곧 학습 동기 부여와 학습 의욕 고취입니다. 학교교육의 핵심은 학생들이 학습에 대한 열정을 갖게 하는 것입니다.

학습 의욕과 학습에 대한 열정은 모두 학생 개개인의 삶을 살피는 교사의 관심으로부터 출발합니다. 교사의 관심으로 교사와 학생은 관계를 맺고 그 관계는 학생의 학습 동기를 자극하고 학습 열정을 강화하는 중요한 기제로 작동합니다.

'적절한 때에 적절한 지원'으로 이끄는 교사의 힘

'AI로 교사의 관심을 대신할 수 있다'라고 믿는 것은 일종의 AI 환상이라고 생각합니다. 우리가 지금 짧은 시간에 너무나 빨리 진화하는 AI의 경험으로 인해 일정 부분 AI 환상이 생기는 것은 자연스러울 수도 있습니다. 그러나 학생 교육과 관련짓는 데는 경계해야 합니다. 어떤 학생도 어른들의 실험용 대상이 되어서는 안 됩니다.

고등학교에서 성적이 좋지 않은 학생들은 초등학생 때부터 누적된 결과일 수 있습니다. 초등학교 교육과정을 제대로 이수하고 중학교에 진학하여 중학교 과정을 제대로 이수한 학생이 고등학교에서 갑자기 성적이 최하위를 기록하는 것은 자연스럽지 않습니다.

결국 고등학교에서 성적이 하위권인 학생은 초등학생 때부터 누적된 결과라고 진단하는 게 합리적 판단일 수 있는데, 문제는 고등학교에 이르는 순간까지 제대로 교육적으로 지원을 받지 못하고 소외되었다는 사실입니다.

물론 특별한 경우에 경계선 지능을 가진 느린 학습자일 수도 있지만, 그 학생을 포함하여 고등학교에서 성적이 최하위권인 학생들은 성장 과정에서 '적절한 때에 적절한 지원'을 받지 못한 것은 사실일 것입니다.

이는 우리나라 학교 제도의 가장 큰 맹점이기도 합니다. 성적이 낮은 학생에의 관심과 제대로 된 지원 체제가 약합니다. 학습이 느린 학생에 대한 교육적 해결을 위해 전문적 지원 체제를 마련하는 것은 어떤 교육정책보다 더 우선해야 합니다. 우리나라 교원 인사제도, 교원 수급제도 등이 아직 미래를 담지 못한 것입니다.

문제는 느린 학습자 혹은 성적이 최하위권인 학습자들이 겪는 학교생활의 어려움은 학교를 졸업한 이후 성인기로 이어질 수 있다는 것입니다. 학생들의 인지적 발달은 성장할수록 또 누적될수록 축적되고 그 축적이 강화되면서 학생 간 격차를 만들어 냅니다. 이런 학생들에게 가장 큰 문제는 낮은 성적이 학습무기력증을 낳게 되고, 학습무기력증이 낮은 자아존중감으로 나타날 위험이 있다는 것입니다.

AI가 이끄는 인간이 아니라 인간이 이끄는 AI여야 합니다

결국 학습의 문제는 정서적·심리적 문제로 이어지기 때문에 학교 밖 세계와 자신을 연결하는 의욕도 낮을 수밖에 없습니다. 이 경우에 학생들의 학습과 성장을 지원하기 위해서는 정서적·심리적 지원도 필수적입니다. 정서적·심리적 지원과 인지적 지원이 통합되어 다가가야 합니다. 이는 교사와 학생의 관계 형성에서 시작해야 합니다.

고등학교에서 성적이 낮은 학생에게 적절한 학습 지원 방법은 교사가 오히려 "성적이 낮아도 괜찮다.", "너는 장점이 많다.", "네가 잘할 수 있는 것을 잘하기 위해 노력하는 것이 가장 중요해."라고 손을 잡아 주고 동행하는 것일 것입니다. 그것이 교사의 중요한 역할입니다.

이러한 내밀한 과정을 무시하고, "AI로 학생 수준에 맞는 맞춤형 교육이 가능하다."라는 주장을 하는 이유는 무엇일까요? AI 환상을 넘어 AI 맹신론으로 해석될 수도 있는 AI 만능주의는 학교교육에서는 엄격하게 경계하고 비판적으로 접근해야 합니다.

학교에서는 어떤 경우에도 느린 학습자에 대한 사람 중심 돌봄과 지원에 적극적이어야 합니다. 느린 학습자에 대한 학습 지원을 AI에게 맡겨서 해결할 수 있다는 발상은 비현실적이고 비교육적입니다. AI는 느린 학습자와 빠른 학습자의 격차를 더욱 깊게 할 우려가 있습니다.

AI와 학습을 논의할 때 본말이 전도되었다는 비판을 할 수밖에 없는 상황이 많습니다. AI를 중심에, 인간을 주변에 두고 있다는 의심이 들 수도 있습니다. AI가 이끄는 인간이 아니라 인간이 이끄는 AI여야 합니다. AI가 이끄는 교육이 아니라 교육이 이끄는 AI여야 합니다. AI가 이끄는 학교가 아니라 학교가 이끄는 AI여야 합니다.

'AI가 이끄는 교사'가 아니라 '교사가 이끄는 AI'여야 합니다. 지금 학교는 기술 과잉 현상을 겪고 있습니다. 무엇이 더 중요하고 본질인지를 판단하는 힘이 있어야 합니다. 지금 우리가 함께 학교의 존재 이유를 돌아볼 때, 학교교육의 시작과 과정 그리고 종착점에는 늘 '사람'이 있어야 합니다.

3.
창의력과 사고력을 키우는 논술형 평가

AI와 평가에 대해서도 우리가 놓친 부분은 없는지 검토해야 합니다. 현재 우리가 하는 논술형 평가에 대한 여러 논의는 타당한가? 이에 대한 비판적이고 미래지향적 검토가 필요합니다.

오지선다형 평가는 서·논술형 평가로 대전환해야 한다는 데 이견이 있지는 않습니다. 그만큼 기술의 변화가 바꾸기 시작한 사회의 변화에 대해 우리는 긴장하고 있습니다. 암기한 지식으로 살아갈 수 있는 미래는 적어도 아니라고 보는 것입니다.

끊임없이 변화하는 미래를 살아갈 힘은 새로운 환경을 주체적으로 이해하고 분석하고 문제를 진단하고 창의적으로 해결하는 능력이 중요하다는 것을 인정하는 것입니다.

그래서 교육이 변해야 한다는 의견에 동의하고, 학교의 변화와 교실의 변화를 모색하는 파도에 올라타려고 하는 것입니다. 이런 맥락에서 수업의 변화와 함께 평가의 변화를 적극적으로 받아들입니다.

선다형 평가에서 서·논술형 평가로의 변화, 결과 중심 평가에서 과정 중심 평가로의 변화, 지필평가와 함께 발표 등의 구술 평가로의 변화, 자기 평가와 동료 평가 등을 받아들여야 한다고 인정하는 것입니다.

우리는 학생의 학습과 성장을 위해서 변화를 인정합니다

변화를 인정하는 맥락에는 교육의 근본을 지켜야 한다는 절박감이 있습니다. 교육의 근본을 지키기 위해서 변화를 받아들이고자 하는 것입니다. 학교의 근본을 지키기 위함입니다. 그 근본은 학생의 학습과 성장입니다. 학습이 성장이 되고, 평가가 삶의 역량으로 연동하는 변화를 지향하는 것입니다.

디지털 기기 활용률을 확장하자는 게 아닙니다. 학생들의 실존적 삶의 역량, 세계를 향하는 주체성을 강화하는 학교교육의 근본을 지키는 데 새로운 디지털 학습 도구가 유용한 정도를 인정하고, 적극적으로 활용하자는 것입니다. 다만, 디지털 기기는 도구이지 본질이 아니라는 인식은 분명히 하자는 것입니다.

논술형 평가가 필요하고 불가역적이라는 사실을 인정하고 적극적으로 받아들여야 합니다. 이는 논술형 평가의 채점을 AI에게 맡기는 것과는 다른 차원입니다. 논술평 평가를 AI에게 맡기자는 것은 평가의 객관성 담론에 갇혀서 평가가 지닌 학습과 성장이라는 교육적 가치를 간과하고 있다고 비판받을 수도 있습니다. 학생 평가권은 교사에게 있습니다.

학생 평가권은 인간 교사가 지닌 고유한 본질이며, 교사는 수업뿐만 아니라 평가를 통해 학생과 관계하고 학생의 학습을 지원하며,

학생이 평가를 학습으로 이어 나갈 수 있도록 안내하고 동행합니다. 논술형 평가의 의의는 채점의 결과에 있는 게 아니고 논술형 평가 자체에 있습니다.

 논술형 평가를 해결하는 과정에서 학생은 사유와 질문 그리고 해답을 찾아가는 논리적 학습 여정에 있습니다. 프랑스 바칼로레아에서 '채점'이라는 단어를 사용하지 않고 '교정'이라는 단어를 사용하는 이유를 돌아봐야 합니다.

 바칼로레아에서 논술형 평가는 '채점'하지 않고 단지 '교정'할 뿐이라고 합니다. 교정은 그대로 학습의 피드백으로 이어집니다. 교사는 채점 결과의 '점수 확인 서명'으로 학생과 피드백 만남을 갖는 게 아니고, 교정으로 피드백 학습 장면을 구성하는 것입니다.

 AI가 채점하고 AI가 피드백하는 장면을 상상해 보면 학교라는 유기체적 생태 공간에서 매우 기형적 상황이라는 생각이 듭니다. 결국 AI의 언어와 안내에 따라 학생의 학습 체계가 형성될 것이고, 이는 학생의 사유와 논리 체계를 AI가 만들어 가는 것과 다를 바 없습니다.

피드백은 교사의 몫입니다

 AI는 기계이고 기술이고 도구입니다. 아주 똑똑한 도구입니다. 그래서 우리가 동행하고 공존하며 활용해야 한다는 데까지는 동의합니다. 하지만 성장하는 학생들의 성장 과정을 지배하는 데 동의하기는 어렵고, AI가 지배하는 환경을 학교가 만들어 줄 수는 없습니다.

 논술형 평가의 채점이 쟁점이 되는 현실은 인정합니다. 교사의 주관성이 개입될 수 있는 채점 결과에 대해 이의 제기가 가능하고, 이로 인해 교사의 안정적 평가권과 교수권이 흔들릴 수 있다는 측면이 있습니다. 하지만 여기에는 두 가지의 근본적인 오류가 있습니다. 논술형 평가를 도입하고자 하는 취지와 목적에 비해 채점에 대한 이의 제기가 우선하는가 하는 의문입니다.

이 질문에 답해야 하는 까닭은 "채점에 대한 이의 제기를 없애기 위해 AI를 도입했다."라는 주장을 받아들이게 되면, 오히려 고등사고력 등의 논술형 평가 도입 취지를 위협할 수 있다는 우려가 생기기 때문입니다. 논술형 평가 도입 취지는 단순히 암기한 기억의 지식으로 한 줄을 세우는 평가로는 학생들이 미래를 살아갈 힘을 기를 수 없다는 문제의식 때문이었습니다.

하지만 논술형 평가의 채점은 객관적이어야 하고 그 결과에 대해서 이의 제기가 없어야 한다는 주장은, 결국 논술형 평가의 채점 결과를 한 줄 세우기로 연동하는 셈입니다. 한 줄 세우기 상대평가 체제를 고집하면서 논술형 평가를 도입하자고 하는 것은 이율배반입니다.

또한 평가 패러다임의 전환이 필요하다는 주장의 배경에는 교실에서의 학습이 실제 삶으로 연동되어야 한다는, 학생 평가에 대한 미래지향적 의도가 있습니다. 교사가 평가 문항을 설계하고 제작할 때는, 문항을 해결했을 때 학생의 실제 삶의 역량 수준을 측정하고자 하는 출제 의도가 있어야 합니다.

A문항을 해결했을 때, 그 문항을 해결한 학생은 실제 삶에서도 A의 문제 장면에 직면했을 때 그 문제를 해결할 수 있으리라는 예측 가능성을 고려해야 합니다.

성취기준에 따른 문제 장면과 실제 삶의 연동 관계를 고려하기 때문에 평가는 자연스럽게 실제 수업에서의 피드백으로 연결될 수 있습니다. 교사가 학생 답안에 피드백하려면 학생 답안을 꼼꼼하게 읽으면서 그 행간까지 알고 있어야 합니다. 이는 결코 AI가 대신할 수 없습니다.

AI는 보조기구일 뿐이고, 설혹 논술형 평가의 채점에서 AI의 도움을 받더라도 교사는 여전히 답안을 꼼꼼하게 읽고 교정해야 하며, 그 교정으로 학생에게 피드백해야 합니다. 채점이라고 부르건 교정이라고 부르건, 논술형 평가의 취지를 구현하기 위해서 반드시 해야 하는 피드백은 교사의 몫이어야 합니다.

4.
AI 시대, 함께 던져야 할 질문

그래서 우리는 지금 질문을 던져야 합니다. 변화하는 세상 속에서 우리는 "무엇을, 어떻게 고민해야 할 것인가?" 그 답을 찾아갈 수 있는 이정표가 되는 질문을 만들어야 합니다.

새로운 문명이라고 하는 AI 시대에 "학교는 왜 존재하는가?", "학생들이 학교에 다녀야 하는 이유는 무엇인가?", "어른들은 왜 자녀를 학교에 보내야 하는가?", "교사는 왜 존재하는가?" 등에 대해 질문해야 합니다.

"대학은 왜 가야 하는가?", "대학에 가서 무엇을 하고 어떻게 살 것인가?", "사회에서는 무엇을 하며 어떻게 살아갈 것인가?", "AI 시대에 우리 학생들은 각자 어떻게 살아남을 것인가?" 등에 대해 먼저 질문을 던져야 합니다.

지금 우리는 무엇을 해야 할까요?

AI 시대에는 대학도 지금과 다를 것입니다. 미네르바대학 같은 온라인 실행학습 중심 대학이 많이 나타날 수도 있고, 어떤 대학은 아예 사라질 수도 있을 것입니다. 미술 전공 학생이 AI의 빠른 발전으로 좌절감을 느끼는 사례가 확산하고 있다는 소식은 이미 옛이야기가 되었습니다. 기존의 직업관이나 가치관에서 벗어나 변화된 세상에서 어떻게 살아갈지 고민해야 하는 시점입니다.

요즘 대학에서 특정 전공을 정하지 않고 무전공으로 선발하는 자율전공학부가 확산하고 있습니다. 자율전공학부로 모집하는 대학과 각 대학의 모집 정원이 늘어나고 있습니다. 진로 중심 고교학점제와 상충한다는 비판도 있고, 또 다른 측면에서는 교육부의 정책사업이라는 근거도 있지만, 대학 나름의 미래를 위한 준비라고 볼 수도 있습니다. 현재의 대학에 조직되어 있는 모든 학과는 AI 시대를 전혀 예상하지 못했던 산업화 시대의 산물이기에 변화는 불가피할 것입니다.

AI라는 새로운 문명기에 존재할 이유가 없어지는 학과도 있을 수 있습니다. 자율전공학부는 학생들이 고등학교 졸업할 때까지도 진로를 결정하지 못했을 수 있으므로 대학 입학 후 1년을 진로 탐색기로 배려하기 위해 도입되었습니다. 이는 교육적 차원에서 의미가 있습니다. 하지만 그 이면에는 오히려 AI 시대를 대비하는 대학의 치열한 고민의 산물이라는 진단이 현시점에서 합리적 판단일 것입니다.

그렇다면 "지금 우리는 무엇을 해야 할까요?", "지금 학교는 어떻게 변화를 만들어야 할까요?", "무엇으로 이 위기를 극복하고 학생들에게 당당하게 교육을 제공할 수 있을까요?" 이에 대한 해답을 찾기 위해서는 앞선 질문들에 답해야 합니다.

5.
미래 학교를 그리다

　인식형 AI 이후, 생성형 AI가 일반인들한테 나타난 시기는 2022년 10월로 이제 3년 정도 되었습니다. 3년 만에 너무 많은 변화를 체감하고 있기에 우리는 AI를 새로운 문명을 만드는 전기의 발명에 비유하는 것입니다.

　무엇보다 AI 기술 발전 속도가 매우 빠르기에 예측 불가능한 변화에 대비해야 합니다. 이를 위해 창의적 문제해결 능력, 적응력, 회복력 등이 중요합니다. 시대 전환은 교육 전환, 학교의 변화를 요구합니다.

　AI에 대해 교육 혁신이라는 방향에서 접근해 볼 때, 가장 일반적인 주장은 "AI 시대에는 교사의 지식 전달보다 멘토링, 코칭 역할이 중요해지며, AI 활용 능력과 인간 고유 능력을 결합한 교육이 필요하다."라는 것입니다. 이는 학교교육만으로 쉽지 않습니다. 그래서 평생 학습 체제 구축, 지역사회 교육공동체 활성화 등을 통해 AI 시대를 살아가는 힘을 기를 수 있는 학습 환경을 구축해야 합니다.

교사들, AI를 사유하는 시간 속으로

현재 학교에서 AI가 가져오는 변화에 대한 체감 정도는 실제 변화보다 훨씬 둔감한 듯합니다. 우리는 이미 코로나19 시기에 AI 기반 교육 플랫폼의 혁신을 경험했습니다. 이에 코로나19 이후 LMS 시장 확대와 함께 AI 기술 접목을 통해 학습 분석, 챗봇 기능 강화, 맞춤형 학습 지원 등이 가능하다는 사실도 익히 알고 있습니다.

교사들도 AI 튜터는 글쓰기 등 특정 분야에 특화된 서비스를 제공하며, 교수자의 피드백 역량 강화를 위한 AI 기능이 개발된 것도 이미 알고 있습니다. AI 기반 튜터, 강좌 요약 및 추천 기능, 콘텐츠 자동 생성 기능 등이 도입된 무크(MOOC) 플랫폼은 코로나19 이전부터 연수원 등에서 접할 수 있었습니다. 실시간 강의 자막 및 교수자가 강의 자료를 업로드하면 자동으로 PPT 및 스크립트를 생성하는 콘텐츠 생성 서비스 개발 등의 챗봇 서비스도 익히 알려져 있습니다.

"새로운 문명으로 새로운 인류의 탄생을 앞두고 있다." 학계와 기업계 인사들은 이렇게 주장합니다. 그런데 실제 현실 세계의 변화 속도와 범위에 비해서 학교는 다소 조용한 것으로 보이기도 합니다. 왜 그럴까요? 실제 조용할까요?

학교는 결코 사회의 변화를 가볍게 여기고 있지 않습니다. 사회의 요구보다도 변화를 훨씬 무겁고 엄중하게 받아들입니다. 학교는 스스로에게 "AI는 세계를 어떻게 바꿔 놓을 것인가?", "학교교육은 어디를 향해야 하는가?", "AI 시대 인재를 어떻게 정의할 것인가?", "무엇을 어떻게 가르칠 것인가?"를 물으며 그 답을 찾는 중입니다. AI는 교사들에게 학교의 존재 이유, 교사의 정체성을 스스로 입증하는 질문과 사유의 시간을 요구하고 있는 것입니다.

모든 사람이 AI 개발자가 될 수는 없습니다. 오히려 대다수 학생은 삶을 확장하는 데 AI를 활용하는 사람이 될 것입니다. ChatGPT 등장 이후 AI 모델을 직접 다루는 사람도 중요하지만, 오히려 다양한 분야에서 AI 기술을 활용할 인재 육성이 더욱 중요해졌습니다. 학교는 바로 이 점을 주목하고, AI 리터러시 교육, 휴머니즘에 기반한 AI와의 동행 및 공존 교육에 관심을 기울여야 합니다.

생각건대, 우리가 그렇게 꿈으로 그리던 나만의 개인 교사를 이제 늘 곁에 두고 필요한 질문을 할 수가 있습니다. 개인 교사는 24시간 나한테 맞게 완전 맞춤형으로 되어 있습니다. 그러면 "학교의 교실은 무엇을 해야 하는가?"라는 요구에 따라 교수학습 모델이 전환될 수밖에 없습니다. "지식을 가르쳐 주는 의미가 있을까요?"라는 질문에 대해서도 지식은 아마도 ChatGPT가 더 잘한다고 다들 생각할 것이므로 결국 교사는 멘토, 코치의 역할을 요구받게 될 것이라는 주장이 설득력이 있습니다.

교사는 여전히 멘토, 코치, 퍼실리테이터 너머의 스승을 꿈꿉니다

2000대에 들어오면서 학교에서의 교사 역할, 교사 정체성에 대한 논의가 새로운 담론 형태로 논의되었습니다. 변화하는 교육 환경에 적극적으로 대응하기 위한 교사 역할에 대한 공통된 지향은 멘토, 코치, 퍼실이었습니다. 교사는 단순히 가르치는 존재가 아니라 스승을 꿈꾸는 선생님으로서 멘토, 코치, 퍼실을 넘어서는 지향성이 있어야 한다고 생각합니다만, 현실적으로 가르치는 방법의 변화는 받아들여야 합니다.

그간에 교실에서 실제로 교사가 이 역할을 하려면 무엇을 해야 하는지, 어떤 기술·태도·전문성이 필요한지 등의 교사 정체성 변화나 역할 확장에 대한 담론도 많았습니다. 멘토는 무엇을 하는 사람인지, 코치는 어떻게 학생을 지원하는지, 퍼실리테이터는 어떤 방식으로 학습을 이끄는지 등에 대한 교육청의 연수 지원도 있었습니다. 그럼에도 우리는 여전히 멘토, 코치, 퍼실로의 교사 역할 변화를 주요 담론으로 삼고 있습니다. 무엇이 문제일까요? 어떤 장벽에 가로막혀 있을까요?

생각건대, 그 이유는 크게 접근하면 교실에서 교사가 멘토로서 존재하기 어려운 여건이 있을 것입니다. 교사들이 좋은 코칭으로, 의미 있는 퍼실리테이터로 변화하는 역할을 수행할 수 있는 자유가 제한되어 있을 수 있습니다. 교과 등급과 대학수학능력시험이라는 대학 입시 전형에 영향력 있는 요소와 석차 등급 중심의 상대평가 체제를 고려하면 교과 교사가 자유롭게 관계 중심의 멘토 역할이나 프로젝트 중심의 학생 선택형 과제를 운영하기도 어렵기 때문입니다. 물론 학교급별로 차이가 있을 수 있을 것입니다. 초등학교의 경우에는 수업과 평가 혁신으로 교사의 역할 변화는 새로운 수준에 도달했을 것입니다. 중학교는 제한적이기는 하지만 그래도 교실 수업의 변화는 교사의 자발성으로 가능할 수 있을 것입니다. 그러나 고등학교의 경우에는 매우 제한적일 수밖에 없다는 것입니다.

또한 학급당 학생 수가 20명 정도로 편성되지 않는다면 새로운 교사 역할을 시도하기 어려울 수 있습니다. 가령, 교사가 지식 전달자에서 학습 촉진자가 되기 위해서는 학생들이 스스로 탐구하고 문제를 해결하도록 구조를 만들어 주고 질문과 토론을 설계하고 학습을 촉진해야 합니다. 그런데 지금처럼 각 교과 성취기준이 분명하고 정해진 시간에 성취기준을 학습해야 하는 여건에서는 실천하기 쉽지 않습니다. 학습 코치로서 교사 역할 수행의 경우에도 교사는 학생의 학습 과정을 관찰하고 인지적·정서적 성장을 지원하고 학생의 강점·약점을 분석해 피드백을 제공하는데, 실제로 학생 개별 학습 상담이나 루브릭 기반 피드백은 쉽지 않습니다. 더구나 현재의 교실 환경에서 학생의 진로·정서·관계 문제까지 종합적으로 돕는 멘토 역할은 민원의 민감성까지 고려해야 하는 여건입니다.

이에 교사의 역할 변화에 대한 사회적 요구와 담론이 현실성을 가지려면 제도적·정책적 지원이 필요합니다. 예비교사 교육과정이나 교사 생애주기별 연수 과정이 코칭, 멘토링, 퍼실 실습 중심으로 편성 운영되어야 합니다. 학교 내의 멘토링·코칭·퍼실리테이션 지원 시스템 구축도 필요할 것입니다. 무엇보다 중요한 일은 교육과정 운영 방식이 기존의 '수업시수 중심'에서 '학습 경험 중심'으로 패러다임이 전환되어야 할 것입니다. 학교 자체적으로 프로젝트 데이, 프로젝트 위크, 학생 맞춤형 코칭 시간 등을 운영할 수 있지만 이는 일시적이어서 학생 배움을 기대하기에는 한계가 큽니다.

물론 어떤 경우에도 교사는 스승으로서의 이정표를 잃지 않아야 합니다. 기능과 역할에 매몰되면 학교는 오히려 길을 잃을 수 있습니다. AI 문명기의 교사 역할에 대한 논의도 다르지 않습니다. 인간과 AI의 협업이 중요하다고 합니다. 그렇다면 "지금 우리는 무엇을 어떻게 가르쳐야 하나요?", "실제 교실에서 그 역할을 할 수 있는 자유는 허용되어 있나요?"라고 질문해야 합니다. 학교에서 교사는 시대정신에 민감하고 시대 변화를 주목하며 학생들을 만나고 교육합니다.

사회 변화가 시사하는 미래 역량은 학교가 이미 알고 있습니다. 학교는 미래를 살아갈 학생들에게 창의성, 공감과 소통, 참여와 협업, AI 리터러시, 비판적 사고, 평생 학습 대도를 학교교육의 중요한 목표로 삼고 교육계획을 수립하고 실행하는 의지가 있습니다. 그러나 잠재적 교육과정으로 실행할 뿐, 특히 고등학교 교실에서의 수업과 평가 과정은 수업시수와 성취기준 중심의 운영이 불가피하고 교사의 의지로 부분적으로 실행할 뿐입니다.

나아가서 AI를 활용한 피드백을 논의할 때, 교사의 존재를 단순히 글쓰기를 지도하고 피드백하는 AI 튜터로 여기는 관점을 경계해야 합니다. 교사는 기술자가 아니고 교육자입니다. 교사는 학생의 배움과 성장에 동행하는 전문성을 가진 스승입니다. 학생의 배움과 성장에 동행하는 교사의 존재를 AI 역할과 등치시키는 반교육적 프레임에는 단호하게 대응해야 합니다.

그러나 피드백 담론이 학생이 아닌 교사를 향하는 경우에는 학생과 다른 측면이 있습니다. 이는 교사가 학생을 가르치는 준비와 실행 과정에서 AI를 활용할 수 있고, 교사의 수업 환경을 설계하고 그 결과를 분석할 때 AI의 도움을 받을 수도 있기 때문에 교사를 향하는 AI 피드백에 대해서는 학교에서도 논의가 필요할 수 있을 것입니다.

학생을 위한
AI 혁신이 되어야 합니다

그래서 AI 앞에서 학교의 고민은 한결같습니다. AI 도입으로 무엇을 가르치고, 어떻게 가르치고, 어떻게 평가해야 하는가. 질문의 지향점이 변화하고 있는데 이에 대한 해답을 어디서 어떻게 찾을 것인가에 대한 고민이 깊습니다.

미래는 예측하기 어렵고, 변화막측하여 현재의 대학과 학과가 사라질 수도 있다는 위기 속에서, 학교는 무엇을 가르쳐야 할까요? 신입사원 채용이 사라지는 급변하는 산업 생태계에서 '생존하기 위해 필요한 역량'과 '학교교육'의 간극을 줄이려면 지금 무엇을 해야 할까요?

교사에게는 학습 환경을 만들고 활동을 설계하는 능력, 학습에 대한 이해가 여전히 중요할 것입니다. 학생들의 자발성과 창의성, 문제해결력을 확장하기 위한 교사의 역량이 더욱더 필요하며, 특히 평가 방식의 변화가 중요할 것입니다.

그래서 교사는 더 좋은 질문을 던지고, 신뢰와 협력을 이끌어 내고, AI와 협업할 수 있는 능력이 필요하게 될 것입니다. 지식 교육은 암기 위주에서 활용과 적용 위주로 변화되어야 하고 이를 위한 프로젝트 탐구학습이 일상화될 것입니다.

그런데 이렇듯 중요하고 필요한 역량을 지금 우리 교사들은 어떻게 준비하고 있을까요? 교육청은 교사의 역량을 지원하기 위해 무엇을 어떻게 하고 있을까요? 학교에는 교사의 역량을 지원하기 위한 최적의 학습조직 문화가 있을까요?

학교 공동체는 AI 앞에서 1인 기업으로 대응할 수 없고, 서로 협력이 절실하다는 절박감을 공유하고 있을까요?

지금은 '커밍 웨이브(coming wave)', 거대한 AI 혁신의 물결을 마주한 전환의 시간입니다. 이 파도를 어떻게 읽고 어떤 전략으로 대응하느냐에 따라 학교의 미래는 전혀 다른 궤적을 그리게 될 것입니다. 우리의 이정표는 언제나 단 하나여야 합니다. 바로 학생입니다. 학생을 위한 기술이어야 하고 학생을 위한 도구여야 하고 학생을 위한 AI여야 합니다. 학생 위의 기술, 학생 위의 도구, 학생 위의 AI여서는 안 됩니다. 정책은 일종의 도구일 뿐입니다. 분명한 이정표를 가지고 변화를 읽어 내야 합니다.

II.

주도성, 학교를 살리는 힘

스스로 길이 되는 삶을 살아야 합니다.
스스로 길을 열고,
스스로 길이 되는 존재로 자라야 합니다.
자신의 발걸음으로 길을 내고,
그 길을 스스로의 이름으로 부를 수 있어야 합니다.
학생과 교사가 함께 걷는 그 길 위에서
배움은 숨을 쉽니다.

1.
AI 보조교사가 있는 교실

　AI 문명기에 "학교의 존재, 교사의 존재는 어떤 모습일까?", "어떤 교사로 살고 있을까?", "어떤 수업을 하고 있을까?", "좋은 수업을 하기 위해 어떤 노력을 하고 있을까?"

　요즘 모든 교사가 스스로에게 이러한 질문을 던지며 답을 찾고 있습니다. 이정표를 찾는 중입니다. 학교 정체성, 교사 정체성이 흔들릴수록 질문으로 자신을 찾아갑니다. 지금은 격변기이고 학교는 흔들리고 있습니다. 무엇인가에 쫓기는 느낌도 있습니다.

　인터넷, 유튜브, 급속하게 진화하는 인공지능 때문입니다. 훌륭한 전문가 강의가 유튜브에 다 있고, 학생들이 궁금해하는 내용은 AI 학습 앱에 거의 다 있습니다. 학생들은 손안에 백과사전을 가지고 있고, 교실을 가지고 있고, 세계를 가지고 있습니다. 궁금한 내용은 언제든지 물으면 답을 주는 AI 교사와 함께 살고 있는 것입니다.

교실 안에 두 명의 교사가 있다고요?

경기도교육청이 개발한 AI 기반 개별 맞춤형 학습 플랫폼인 하이러닝은 개별 맞춤형 수업과 평가도 가능해서 학생들이 언제든지 자신의 학습 속도에 따라 필요한 도움을 받을 수 있습니다. 플랫폼 자체는 AI가 아니지만 AI가 핵심적으로 적용된 학습 서비스는 맞습니다. 여러 가지 해결해야 할 과제는 있지만, 그럼에도 선택적으로 혹은 필요한 영역에서 활용하고 있는 학교들이 있고, 학생들은 학교 안팎에서 언제 어디서나 배움을 지원받고 있습니다.

ChatGPT가 빠른 속도로 진화하면서 사설 학원도 비상이 걸렸다고 합니다. 사교육업체들도 ChatGPT라는 새로운 환경에서 살아남기 위한 대전환을 앞두고 있다는 증표입니다. 사교육업체의 대전환이 어떤 모습으로 나타날지 궁금해하는 사람들이 많습니다. ChatGPT는 공교육보다는 사교육에서 훨씬 적응력이 빠를 것으로 예측하기 때문입니다.

앞으로 AI의 존재는 교실을 채우고 학교를 채울 수 있습니다. 학습과 성장에 실제 동행하는 동반자가 될 수 있습니다. 학교의 방향, 교사의 길을 찾아야 합니다.

생각건대, 요즘 교실에서 수업하는 우리 선생님들은 여러 가지 부담을 느낄 것입니다. 지식이 너무 열려 있습니다. 우리가 알고 싶은 것은 모두 온라인에 있습니다. 좋은 강의는 유튜브에 많습니다. 새롭게 알고 싶은 지식은 우리 손안에 있습니다. AI와 스마트폰만 있으면 됩니다. 궁금한 질문은 모두 AI가 해결해 줍니다.

어디가 교실인지도 헷갈려서 당황할 수 있습니다. 학교와 교실에 대한 정의도 재정의가 필요할 것입니다. 이미 교실 없는 학교도 운영되고 있습니다. 우리가 교실을 배움의 공간이라고 한다면 이미 세계가 교실이 된 것입니다. 아이들은 손안에 교실을 가지고 다니는 셈입니다.

물론 현재 디지털 교과서를 포함하여 AI 보조교사라고 할 수 있는 학습 앱은 대부분 문제 풀이를 중심으로 피드백 등을 받기 때문에 학생의 성장으로 연동되는가의 문제는 답하기 이를 수 있습니다. 그러나 디지털 학습 기기는 사회 변화와 시대정신을 반영하여 일정한 트렌드로 계속 변화할 것입니다.

우리는 지금도 이미 교실 안에 두 명의 교사가 있다는 사실을 인정해야 합니다.

실제 인간 교과 담당 교사와 인공지능 보조교사가 있습니다. AI 스마트폰, 태블릿 등이 있습니다. 교실에서 교사의 수업을 들으면서 궁금한 내용이 생기면 이제는 교사에게 물을 필요가 없습니다. 그때 AI 스마트폰을 들고 검색하면 곧바로 응답해 줍니다. ChatGPT는 친절하고 신속하게 대부분 아주 정확하게 답해 줍니다.

교사에게 물으면 감정노동을 해야 합니다, 교사가 내 질문을 잘못 알아들으면(사실은 잘못 질문했을 수도 있는데) 괜히 "왜 내 질문을 잘못 이해하느냐?"라고 짜증이 날 수도 있습니다. 그런데 AI 스마트폰은 그럴 일이 없습니다. 내가 입력한 대로 답해 주기 때문입니다. 물론 답이 다르다고 해서 짜증 날 일도 없습니다. 내가 잘못 입력한 것이고, 내가 잘못 물었다고 생각하기 때문입니다.

내가 제대로 물었지만 AI 스마트폰이 제대로 답하지 못할 때도 나는 화나지 않습니다. 왜냐하면 그냥 AI 스마트폰은 비인간이니 답을 못할 수도 있다고 배려해 주는 겁니다. 이런 흐름을 보면 아이들은 이미 스스로 누가 가르쳐 주지 않아도, 자신의 일상과 교육과정을 자연스럽게 연계하면서 살고 있다는 생각도 듭니다.

우리가 처음 학생들을 만났던 설렘과 기쁨을 지켜 낸다면…

그런데 교사 입장은 매우 다른 상황에 직면해 있을 수 있습니다. 학생들이 30명이라면 교사는 30명의 학생과 수업하는 게 맞지만, 실제로는 60명의 학생을 대상으로 60명의 학생을 관리하면서 수업한다고 볼 수도 있습니다. 수업하는 교사는 실제 인간 학생과 학생들 각각이 가지고 있는 AI 보조교사까지 모두를 염두에 두고 관리하며 수업해야 하기 때문입니다.

우리는 교실이 변했다는 사실을 인정해야 합니다. 교사와 학생이 서로 칠판의 판서와 교과서를 통해 대화하며 수업하는 모습이 오래된 풍경으로 추억이 될 날도 멀지 않았습니다. 학생들에게 "교사인 나에게 배울래요? 아니면 인공지능에게 배울래요?"라고 물었을 때 학생들이 교사에게 어떤 대답을 할지에 대해서는 생각이 복잡해집니다.

그럼에도 우리가 교실을 잊지 않고 학생의 시선과 학부모의 시선, 그리고 함께했던 동료 교사의 시선을 잊지 않는다면 우리는 오히려 유튜브나 AI 보조교사를 활용하여 더욱 확장된 배움의 세계를 만들어 갈 수 있다고 생각합니다.

새로운 문명기, 새로운 학생, 새로운 학습 환경이 전방위적으로 우리에게 낯선 길을 열기를 요구하고 있습니다. 하지만 이 순간에 우리는 학생들의 선생님이기 때문에 우리가 지켜야 할 바가 분명히 있을 것입니다.

처음 교사로서 삶을 시작할 때의 그 설렘, 학생들과 보내면서 겪었던 기쁘고 아팠던 마음, 교실을 지켰던 그 마음, 동료 선생님과 함께한 그 마음, 어쩌다가 쓸쓸하기도 했던 그 마음, 어쩌다가 사면초가로 살았던 시절을 견뎌 냈던 그 마음 등 우리에게는 지켜야 할 지나온 삶과 마음이 있습니다.

교사마다 소중하게 지키면 지키는 것만으로도, 지키고 있다는 사실만으로도 오히려 스스로 더 성장하는 그런 삶의 서사가 있을 것입니다. 교사로서의 삶이 여전히 내 가슴에 살아 있을 때 오히려 내가 더 훌쩍 성장하는 그런 교사 풍경이 있을 것입니다.

우리가 처음 교단에서 학생들을 만났던 그 설렘과 기쁨을 지켜 낼 수 있다면 새로운 AI 문명의 파도 속에서도, 우리는 여전히 교사로서의 삶과 학교의 존재 이유를 지키고 키울 수 있을 것입니다.

2.
진화하는 교사의 얼굴

　과거에는 교사가 선한 권위를 지녔음을 아무도 부인하지 않았습니다. 학원에 다니기도 어려웠던 시절, 오로지 학교에서 모든 지적 욕구를 해결했던 그 시절에는 선생님이 수업 시간에 들려주셨던 말씀이 새로운 세상이고 세상 밖 세상이었습니다. 삶의 지평을 넓혀주고 내가 사는 세상 밖 세상을 볼 수 있었고 꿈꿀 수 있었던 것은 교실에서 선생님이 전해 주신 정보, 교과서에 있는 정보였습니다.
　정보를 가진 선생님, 내가 있는 '세상 밖 세상'을 말씀하시는 선생님은 당연히 선한 권위를 가질 수밖에 없었습니다.

우리가 배우고 익혔던
그 많은 앎을 넘어서 정보의 세계로

　그런데 요즘에는 세상 안팎의 정보가 학교 혹은 교실에만 있지 않습니다. 학교에 갇힌 정보, 교실에 갇힌 정보, 교과서에 갇힌 정보는 빠르게 움직이는 정보를 이겨 내지 못한다는 것을 우리는 익히

앞니다. 우리는 마음만 먹으면, 무엇이 필요하다고 생각만 하면, 그때마다 얼마든지 그 정보를 자유롭게 구할 수 있습니다. 학원까지 갈 이유도 없습니다.

우리가 모두 가지고 있는, 하루에 수백 번씩 보고 만지는 'AI가 살고 있는 스마트폰'이 있기 때문입니다.

과거 근대화 과정, 산업화 과정에서는 관료제 성격이 우리 사회 전반에 작동하고 있었음을 부인하기 어렵습니다. 관료제 시스템에서의 상급자의 권위는 상급자가 지닌 고급 정보, 이른바 전문성에 기인합니다.

학교에서의 교장과 교사의 관계도 다르지 않습니다. 과거에는 교장이 좋은 정보와 깊은 식견을 지녔다고 믿었기 때문에 권위가 있었습니다. 그런데 관료제적 특성에서 상급자는 좋은 정보를 독점할 수 있는 유리한 위치이지만, 그럼에도 하급자보다 좋은 정보를 못 가졌다면 곧바로 권위를 잃습니다.

관료적 권위는 단순히 직위로 직급으로 유지되지 않습니다. 관료제적 시스템이었기에 좋은 정보를 독점하는 유리한 위치에 있었던 것뿐입니다. 전문성, 좋은 정보가 관건입니다. 그래서 관료제적 시스템은 그걸 지키려고, 기득권을 지키느라 폐쇄적일 수밖에 없었습니다.

우리가 사는 현재는 개방 사회, 투명 사회라고 합니다. 숨을 곳이 없습니다. 당연히 누구나 정보에서 자유로울 수 없고 정보를 독점하는 것은 어렵습니다. 결국은 전문성으로 만나야 합니다. 교장은 교장에게 요구되는 직무가 있고 그 직무를 수행하는 데 요구되는 역량을 갖추고 있어야, 그때만이 교사를 만나고 학부모를 만나고 학생을 만나는 것이 자연스럽고 평화로울 것입니다.

교사도 그렇습니다. 과거에는 교사와 학생의 관계도 일종의 관료제적 권위 관계가 일정 부분 있었다고 봅니다. 이제 우리는 "내가 선생님인데 그럴 수 있어?"라는 말을 하기 어려운 시대에 살고 있습니다. 학생들은 교실이 아니더라도 교사의 가르침이 아니더라도 얼마든지 필요한 정보를 구할 수 있는 세상에서 살고 있기 때문입니다.

과거에 교사가 좋은 정보를 구하는 데 유리한 입장이었기 때문에 그리고 정보의 유통이 제한적이었기 때문에 교사는 교직에 들어서는 순간 자연스럽게 권위도 따라왔지만, 지금은 세상이 달라졌다는 것입니다.

그래서 지금 우리는 "우리가 성장하면서 배우고 익혔던 많은 앎들이 지금도 여전히 유효하고 유의미한 정보인가"를 성찰해야 합니다.

교사의 전문성은 무엇입니까?

우리가 만나는 학생들은 우리가 과거에 전혀 겪어 본 적이 없는 환경에서 우리가 생각하지 못했던 세상 밖 세상을 만나고 꿈꾸는 학생들입니다. 태어날 때부터 스마트폰을 만지면서 살아왔습니다. 단순히 우리가 아는 예전의 정보와 교과서로 학생들과 관계를 맺고 이어 가기가 어렵습니다.

따라서 교사에게 요구되는 역할이 달라졌습니다. 교사에게 요구되는 역할이 달라졌다면 역할 수행을 위한 역량 요인도 달라질 수밖에 없습니다. 이것이 우리가 끊임없이 교육과정, 수업, 평가, 생활교육 등의 여러 영역에서 "교사의 전문성은 무엇인가?" 하고 성찰해야 하는 이유입니다. 좋은 교육과정, 좋은 수업, 좋은 평가에 대한 관점이 달라졌습니다. 좋은 교사의 의미가 달라진 것입니다. 교사가 지닌 선한 권위를 재정의하게 되었습니다.

결국은 학교가 달라질 수밖에 없습니다. 우리가 달라질 수밖에 없습니다. 요구되는 역할이 달라졌습니다. 결국 전문성의 문제입니다.

또한 좋은 강의는 좋은 정보를 넘어서는 좋은 질문으로 이어집니다. 좋은 질문을 하고 답하면서 함께 만들어 가는 학교이고 교실이어야 합니다. 질문은 관계를 맺고, 좋은 질문은 관계를 돈독하게 하고, 상대와 내가 함께 동료가 될 수 있게 합니다. 교장과 교감 그리고 교사, 학부모, 학생이 동료가 되어 같은 방향을 보면서 함께 가는 길이기도 합니다. 그래서 '질문은 미래를 여는 등대이고 길'입니다. 내게서 일어나는 '모든 질문은 내 길'이 됩니다. 그 질문이 우리가 되었을 때, 그 길은 우리 길이 될 것입니다.

> "학교는 좋은 질문이다. 교실은 좋은 질문이다. 선생님은 좋은 질문을 통해 나 스스로 나의 배움을 만들어 가게 지원하는 선한 권위를 지닌 분이다."

지금은 모두 이렇게 재정의하게 되었고, 이는 시대정신을 반영하고 있기에 학교가 변해야 하고 교실이 변해야 합니다.

3.
길이 되는 학습자 주도성

사람이 살아가는 데에서 이정표는 중요합니다. 급변하는 성장기, 급변하는 사회일수록 이정표는 절실합니다.

지금 50대 이상의 어른들이 살았던 시대는 이정표가 있었습니다. 우리가 만든 것은 아니지만 우리는 윗세대가 만든 길을 따라 걸으면 어느 정도는 안전하게 목표를 향해 갈 수 있었습니다.

그래서 우리에게는 서산대사의 선시를 익숙하게 들으면서 좌우명으로 삼았던 시절도 있습니다.

踏雪野中去(답설야중거) 눈 덮인 들판을 밟아 갈 때
不須胡亂行(불수호난행) 함부로 어지럽게 걷지 말라
今日我行跡(금일아행적) 오늘 내가 걸어간 발자국은
遂作後人程(수작후인정) 마침내 뒷사람의 이정표가 되리니

물론 서산대사의 시가 아니라 조선 후기 시인 이양연의 작품이라고 하며, 시에 대한 메시지를 다르게 해석하는 경우도 있지만, "아이

는 부모의 등을 보고 자란다."라는 의미로 많이 읽힙니다.

이 선시는 인생이라는 큰 여정으로 보면 여전히 의미가 있습니다. "우리는 모두 각각 누구나 우주이다."라는 큰 시각으로 삶을 보면 여전히 의미가 있습니다.

지금 아이들에게 길이 되는 스승이 되려면…

그런데 이 선시에 대해 "형이상학적으로도 여전히 의미가 있다."라고 믿는 것은 지금 50대 이상인 오래된 사람의 생각이고, 우리 학생들은 다르게 생각할 수도 있습니다. 평생의 삶을 살아가야 할 기본 힘을 길러야 하는 지금 성장하는 학생들은 이 말에 동의하기 쉽지 않을 것입니다.

과거에는 어른을 따라가면 일반적으로는 안전하게 살았습니다. 학교에서 가르치는 학습 내용을 열심히 잘 배우면 그게 살아가는 힘이 되었습니다.

요즘에는 어른 말씀 잘 듣고, 어른을 잘 따라가면 도태된다고 합니다. 학교에서 가르쳐 주는 지식을 열심히 받아들이고 배우면 오히려 도태된다는 것입니다. 급변하는 AI 문명 전환기에 학교에서 가르쳐 주는 지식은 지난 세월의 경험이고, 가르쳐 주는 교사는 과거의 경험으로 현재를 살고 있는 어른들이기 때문입니다.

즉, 급변하는 사회 그리고 AI 사피엔스라고 명명하는 사람들이 생겨날 정도로 새로운 인류의 출현, 유적 존재의 급속한 진화라는 학교 밖 세계의 변화와 비추어 보면, 지금 어른의 경험, 곧 과거의 경험으로 현재를 사는 선생님들이 그들의 경험을 빅데이터로 삼아 학생들에게 미래를 사는 법을 가르치고 있기 때문입니다.

더구나 예전에는 시대를 앞서간 사람들이 있었습니다. 요즘에는 시대를 앞서 사는 사람들을 만나기도 어렵습니다. 학교에서도 시대를 앞서가는 선생님을 만나기가 어렵고, 시대를 앞서가는 지식을 얻기도 어렵습니다.

왜 그럴까요? 사회가 시시각각으로 변하기 때문입니다. 우리는 시대를 앞서간 사람들을 보면서 살았지만, 지금 아이들은 길이 되는 사람을 만나기가 어렵습니다.

과거의 학교에는 삶의 이정표가 되고 길이 되는 선생님도 계셨습니다. 과거의 학교는 마음을 중심에 두고 교육했기 때문입니다. 체벌도 있었고 교육자라고 보기 어려운 분도 어쩌다가 계셨지만 그런데 정말 스승이 되는 분들도 많았습니다.

과거의 선생님들은 스스로 스승이라고 믿고 그 길을 가고자 하는 지향성도 있었습니다. 그래서 은연중에 "나는 스승이야."라고 하는 그 마음이 학교에서는 학생들에게 전해졌을 것입니다.

'스스로 길이 되는 삶'과 '스승의 꿈'이 만나는 학교

지금 우리는 학교에서 스승의 지향성으로 살고 있는가에 대해 고민이 있습니다. 지금 우리는 학교에서 '스승의 길'을 꿈꾸어도 좋은 여건인지 자신이 없습니다. '교사 너머 스승'을 꿈꾸면서 학교의 일상을 사는 선생님들에게 현재 학교를 둘러싼 우리 사회의 여건이 지나치게 거칠고 험악하기 때문입니다. '스승의 삶'을 꿈꾸는 선생님들이 오히려 두렵고 불안하고 쓸쓸한 길에서 위협적 상황을 맞이할 수 있기 때문입니다.

학교의 교사는 어려움 속에서도 마음만은 '스승의 길'을 잊은 적이 없고, 잊을 수도 없습니다. 그러나 AI 문명기는 교사도 경험해 본 적이 없습니다. 학생들에게 이정표가 되기 쉽지 않습니다. 교사와 학생이 함께 맞이하고 있는 AI 시대입니다.

학생들은 '스스로 길이 되는 삶'을 살아야 합니다, '스스로 길을 열고, 스스로 길이 되는 삶'을 살아야 합니다. '스승의 꿈'으로 사는 교사들에게 힘이 되는 교육 여건은 당연히 중요하고 필요하기에 우리 사회가 만들어 가야 합니다. 동시에 학생들은 학교를 둘러싸고 있는 제도를 기다리기보다는 오히려 지금, 스스로 길이 되는 삶을 살아야 합니다.

우리가 지금 학교에서 교육과정과 수업, 심지어는 평가에 이르기까지 학생 주도형 프로젝트 탐구학습에 관심을 가지는 이유입니다. 우리는 AI 시대의 학습 능력은 곧 '질문하는 능력', '팩트를 체크하는 능력', '시비선악을 판별하는 능력'이라고 강조합니다. 이 역시 학생이 스스로 열고, 시도하고, 만드는 교육 경험으로 가능할 것입니다.

이제 우리는 학생들이 스스로 실생활의 과업을 수행하고, 스스로 수행 과정에서의 경험으로 성장하면서, 그 결과물에 이르러서는 다른 결과물과 내 결과물을 사실적·논리적으로 비교 평가하는 경험을 배움의 경로로 중시해야 합니다. 이런 일련의 경험들은 AI가 할 수 없는 학교 고유의 영역이고, 그 영역을 통해 학생들은 미래를 사는 힘을 키울 것입니다.

학습자 주도성에 대한 논의들

학생의 생각을 끄집어내는 교육, 학생의 생각을 키우는 교육은 당연히 중요합니다. 모두 '교육'이 주어입니다. 이제 우리는 '학습자'가 주어인 교육에 관심을 가져야 합니다. '학생이 스스로 자라는 학교'를 상상하고 실천해야 합니다. 우리가 '학습자 주도성'에 주목하는 이유입니다.

학습자 주도성에 대한 논의는 두 흐름이 있습니다. 하나는 존재론적 세계관을 기반으로 주도성을 해석하는 것이고, 다른 하나는 OECD에서 해석하는 학습자 주도성입니다. 이 두 흐름은 모두 맥락적으로 '나와 세계' 그리고 '질문과 응답'의 과정에서 맞닿아 있습니다.

존재론적 세계관의 흐름에서 학습자 주도성에 접근하는 관점은 열린 교육에서부터 시작합니다. 우리나라에서 1970년대부터 1990년대 초까지 상당한 영향력이 있었던 열린 교육은 '자율적이고 개별화된 학습자 중심 교육'을 추구합니다. 열린 교육은 듀이 등 진보주의 교육이론의 영향을 받았고, 개별화 학습, 프로젝트 수업, 협동학습 등 아동의 자율성과 창의성을 강조했던 아동 중심, 구성주의적 접근의 교육개혁 운동입니다. 1991년에는 한국열린교육연구회가 설립되고, 1995년 5·31교육개혁안과 제7차 교육과정의 '학습자 중심 교육'이라는 총론에 영향을 주었던 교육운동 사조였습니다.

학습자 중심 교육은 혁신학교 정책이 나온 2009년보다 40년 앞서 논의되었던 의미 있는 교육 사조였으나, 어느 순간 잊혀져 버렸습니다. 지금 우리의 교육 담론이라고 할 수 있는 개별화, 자율화, 다양화, 융통성, 교사와 학생의 적극적인 상호작용, 이런 것이 모두 열린 교육의 핵심 5대 원리였습니다. 지금의 혁신교육, 지금의 미래교육과 그 지향성이 다르지 않습니다.

특히, 열린 교육에서 자율화의 핵심은 학습자의 자기 주도성이었고, 열린 교육에서 교사와 학생의 적극적인 상호작용의 핵심은 학생 주도성과 교사 주도성이 발현되는 상호작용이었습니다. 우리가 산업화 시대의 주입식 교육, 암기식 교육이라고 비판하던 그 오랜 시간 동안에도 학습자 주도성에 대한 관심과 교육 이정표가 있었고, 학습자가 스스로 자라는 교육을 실현하기 위한 열린교육운동에서 이 취지가 살아 있었던 것입니다.

학습자 주도성에 대한 논쟁이 시작될 때, 우리는 "왜 학습자 중심에서 학습자 주도로 바뀌었을까?"에 대한 관심이 컸습니다. 학습자 중심과 학습자 주도성에 대한 논의는 진화의 관점에서 보면 "여기에는 어떤 고민이 담겨 있는가?"라고 하며 우리는 그 고민을 성찰하고자 했습니다.

간단하게 생각해 보면, 지금 학교교육의 트렌드, 수업 혁신의 트렌드를 학습자 중심만으로는 설명하기 어려웠기 때문입니다. 학습자 중심은 학습자를 중심에 두고 교사가 수업하는 것입니다. 교사 주도의 수업에 학습자 중심이 녹아 있는 건데, 이는 학습자 주도와는 다른 것입니다. 여전히 교사 주도에서 완전히 벗어났다고 보기 어렵다는 것을 보여 줍니다.

그런데 '학습자 주도'는 '주도'라는 말이 너무 강해서 '배제'를 안고 있는 듯이 보였습니다. 그래서 "교사는 어떤 존재인가?", "교사의 역할은 무엇인가?" 등의 고민을 하게 되었습니다.

우리가 익히 알고 있듯이 학령인구 감소, 학급당 학생 수 감소, 인공지능의 출현 등은 필연적으로 개별화 학습을 요구하는 것입니다. 개별화 학습에 대해서는 모두가 일반적으로 동의하였기 때문에, 초기에는 '학습자 주도 학습'을 '개별화 학습'과 같은 의미로 사용했습니다. 열린 교육에서도 개별화 학습의 의미로 학습자 주도성을 주로 사용했습니다. 열린교육운동 당시만 해도 교사의 권위가 있는 교사 중심 학교 체제였기 때문에 감히 '학습자 주도'까지 언급할 수 없었을 것입니다.

사회 변화가 학교교육에 개별 학생의 흥미와 적성과 요구에 맞추어서 교육을 제공하라고 요구하는 것입니다. 이를 실현하기 위해서는 학급당 학생 수가 적어야 하고, 과학기술이라는 학습 도구가 지원되어야 한다는 논리였습니다. 결국 학습자 주도 학습은 학령인구 감소와 과학기술의 발달이라는 사회적 배경에 의해 학교가 생존을 위해 불가피하게 수용해야 하는 것이었습니다.

물론 열린교육운동은 그 한계가 분명했습니다. 교육 혁신, 학교 혁신에 접근하는 관점에서 정치적·사회적 맥락이 없었고, 성적·입시 중심 교육 시스템과 충돌하면서 지속가능성도 담보하기 어려웠습니다.

열린교육운동이 지닌 한계는 전국교직원노동조합의 교육운동으로 극복된 부분이 있습니다. 전국교직원노동조합은 입시 경쟁과 학벌주의, 교육 불평등 문제를 비판하고 교육을 통해 민주시민 육성, 평등사회 구현을 목표로 하며 1989년 창립되었습니다. 학교와 교실이 교육의 방향과 이정표를 정하고 진화해 온 것입니다.

열린교육운동과 참교육운동은 서로 주체와 운동성은 다르지만,

학생 중심과 학습자 주도성을 지향하였습니다. 그 운동의 맥락이 미래로 이어질 것이라는 점은 분명합니다.

4.
교학상장, 자발적 운동성의 힘

학생들의 자존감을 높이는 교육을 하고 싶었습니다. 학생들이 스스로 꿈꾸고, 탐색하고, 질문하고, 시도하고, 성찰하는 과정을 제공하고 싶었습니다. 마찬가지로 교사의 전문성과 자존감을 살리는 교육을 일구고 싶었습니다. 교실에서 학생들과 함께 서로 질문하고, 응답하며, 학습자로서 동행하는 교실 수업을 응원하고 싶었습니다.

교사와 학생은 모두 학습자이며 학습자로서 동반자입니다. 이런 교육 철학을 교과 교육과정에 담아 주기를 희망했고, 창의적 체험활동 등 비교과 영역의 모든 교육 활동에 교사와 학생이 행위 주체성을 갖는 학습자 주도성을 녹여 주기를 바라는 마음을 교직원 선생님들과 공유했습니다.

> 학생의 주도성은 교사 주도성에 의해서
> 촉발될 수 있습니다

우선 교과 교육과정과 비교과 교육과정에서 학생 주도성을 어떻게 반영하고 실행할 것인가에 대한 이정표가 필요했습니다.

2020년 교육부에서 안내한 학교자율과정을 활용하기로 했습니다. 2020년 하반기에 교사회의 숙론 과정을 통해 모든 교사가 공동 설계자로 참여하여 학생 주도형 프로젝트 탐구학습 형태의 학교자율과정의 주제, 방침, 세부 계획 등을 세웠습니다. 학생의 자발성을 원칙으로 하는 프로젝트 탐구학습의 철학에 부합하지 않았지만, 첫 걸음을 떼고 경험하면서 길을 내어 보자는 생각이었습니다.

2021년 3월 학생 중심 프로젝트 탐구학습을 '생태'와 '환경'을 주제로 시작했고, 학기 말 수업 공유와 교사 회의를 통해 의의와 한계 등을 성찰하고 평가하며 2022학년도의 학교자율과정의 방향을 논의했습니다.

학교자율과정은 매년 진화하여 2023년부터 '학생 리더형' 학생 주도형 프로젝트 탐구학습과 '학생 리더형' 교과 융합형 탐구학습으로 정착하여 2025년에도 실행 중입니다.

이러한 일련의 실천 과정은 실천 리더 그룹의 전문성과 열정이 가장 큰 동력이었고, 학교 내 공동체 학습 문화도 큰 역할을 했습니다. 교사의 힘은 '설득'과 '동의'에서 오는 것이 아니고, '공동 참여자'라는 '자발성'이었습니다. 교사 '자발성'은 실제 교육과정을 운영하는 교사의 '실행력'이 되었습니다. 교사의 힘이 곧 교육의 힘이라는 사실은 언제 어디서나 확인할 수 있었습니다. 교사들이 자발적으로 '프로젝트 탐구학습 중심 교육과정을 설계하고 실행하는 과정 그 자체'가 이미 프로젝트였으며, 프로젝트를 중심에 두고 교육과정을 실천하는 교사 주도성은 학습자 주도성을 발현할 수 있다는 의미 있는 깨침도 있었습니다.

학생들의 자존감을 높이는 교육을 위해서는 학교자율과정 학생 리더제, 교육과정선택 편성 학생 리더제, 학생회 주관 학교 축제 및 체육대회, 모든 학생이 만들어 가는 동아리 활동 등의 취지에 맞게 학생 한 명 한 명이 주체가 되어 스스로 생각하고 시도하며 협력하고 연대하는 환경을 구축하기 위해 노력해야 합니다.

나아가서 학생이 스스로 시도하고 주도하는 과정에서 교사는 끊임없이 사실을 바탕으로 구체적으로 학생들을 관찰하고 의견을 경청하고 지지하고 응원하면서 촉진하는 역할을 해야 합니다. 학생의 주도성은 교사 주도성에 의해서 구체화하고 촉발될 수 있습니다. 교사는 가르치는 주체이면서 동시에 배우는 주체이기도 합니다. 교사를 배움의 주체, 학습의 주체로 접근하기 위해서는 '평생 학습 사회'라는 배경에 대한 이해가 필요합니다.

교사와 학생은 언제 어디서나 학습자입니다

세상이 시시각각 변화가 심할수록 사회 전체적으로 평생 학습에 대한 지원과 보장이 필요한데, 매년 새로운 학생들을 만나는 교사는 더욱 절실합니다. 변화가 극심할수록 교사 역시 부족함이 있을 것이기에 교사의 전문성은 평생에 걸쳐 학습해야 하는 여정이 필요합니다. 교사는 학생의 학습과 진로 멘토, 코치, 퍼실이면서 동시에 학생과 함께 학습자로서 살아가야 합니다. 우리가 학습자 주도성이라고 할 때 '학습자'는 학생과 교사 모두를 지칭합니다.

학습의 진행 과정에서 학생과 학생의 교류, 교사와 학생의 교류와 상호작용은 학생 주도성과 교사 주도성이 함께 살아나는 과정이며 교사와 학생이 함께 학습 주체로서 성장하는 과정입니다. 학생의 자발성, 주도성에만 의존하는 교실 수업은 학생 주도성이 온전하게 살아나기 어렵습니다. 교실에서 학습이 성장으로 이어지는 길은 교사와 학생이 서로 간에 견해를 바꾸기도 하고, 역할을 바꾸기도 하는 상호작용 과정에서 살아나는 교사 주도성과 학생 주도성이 발현되는 지점들에서 일어난다는 것을 우리는 알아야 합니다.

우리는 누구나 교학상장이 중요하다는 사실에 동의합니다. 우리가 동의하는 교학상장의 진정한 힘은 교수자와 학습자가 별도로 존재하지 않고, 언제든지 상호 역할 교환이 가능하고, 역할 교환 과정이 자연스럽고 자발적일수록 더불어 성장하는 에너지가 강해진다는 사실에서 연유합니다.

학교교육에서의 학습과 성장은 정책으로 이끄는 데 한계가 있습니다. 오히려 학교 내 구성원들의 자발적 운동성에 의존하는 바가 큽니다. 우리가 학교 공동체 구성원들의 공동화 과정을 통해 깨달은 바, 학습자로서의 교사와 학생의 성장하는 힘을 키우는 최고의 가치는 사랑이라고 생각합니다.

사랑은 교사와 학생이 함께 만드는 땀방울입니다. 흐르는 시간조차 그 흔적을 지우지 못합니다. 교학상장은 교사와 학생, 교사와 교사, 학생과 학생이 서로 진화하며 성장하는 운동성이고, 그 운동성이 새긴 흔적은 연대하는 사랑입니다. 그 흔적은 시간이 흘러도 지워지지 않습니다. 살아가는 생명의 끈, 학습으로 성장하는 추진체가 될 것입니다.

학교는 서두르지 않아야 합니다. 학교마다 여건이 다르고 내적 역량은 서로 다를 수밖에 없습니다. 교사와 학생을 학습자의 길에 동행하는 지향성은 강요한다고 되는 일이 아닙니다. 어떤 주장도 절대적인 선이라고 할 수 없고, 설혹 시비가 분명하더라도 강요해서는 안 됩니다. 한 사람이 천 걸음을 가려고 해서는 안 됩니다. 천 사람이 한 걸음을 내딛는 순간이 훨씬 중요합니다. 구성원의 마음을 살피고 마음과 마음을 이으면서 마음을 모아 가는 일이 중요합니다. 교학상장은 기다림의 미학이 필요합니다.

교사와 학생은 언제 어디서나 학습자입니다. 학습자로서 배움을 동행하는 동반자입니다. 교사와 학생의 학습하는 목적이 다르고, 교실에서의 역할이 다르기에 교사의 배움과 학생의 배움은 다릅니다. 이는 교사와 학생의 존재 영역이 다르기 때문입니다. 그러나 본질은 교사와 학생 모두 학습자입니다. 평생 학습자입니다.

5.
학생 주도성과 교사 주도성의 발현

학교교육에서 교사와 학생의 주도성이 만나고 교류하는 영역은 크게 교육과정, 수업, 평가입니다. 이 세 영역에서 교사 주도성과 학생 주도성이 상호작용하면서 학생의 학습과 성장이 촉발됩니다. 시대에 따라 세 가지 영역에서의 주도성을 겪게 되고, 지금 그 변화는 사회적 쟁점으로 나타나기도 합니다.

가. 교육과정 선택권과 주도성

교육과정은 국가공통교육과정, 지역교육과정, 학교교육과정으로 구분합니다. 지방교육자치 역량이 강화되면서 국가공통교육과정이 축소되고, 지역교육과정, 학교교육과정이 확대되는 흐름입니다.

현재 학교교육과정 편성권은 교육부, 교육청의 지침을 반영하여 학교가 정합니다. 고등학교의 경우에는 1학년 공통 필수과목을 제외하면 대부분이 학생 선택으로 교과를 편성합니다. 그만큼 교육과정에 대한 학생 선택권이 중심이 되었고 교과 교사의 영향력이 크지 않습니다.

공통과목, 필수과목이 있지만, 공통과목과 필수과목도 고등학교 같은 경우에는 대학 진학과 취업과 연결해서 해석합니다. 예를 들어, 국어, 영어, 수학, 공통 사회, 공통 과학은 현재 1학년 학생들이 응시하는 2028학년도 대학수학능력시험 과목입니다. 따라서 이 과목들은 학생들과 학교와 무관하게 이미 제도적으로 정해져 있습니다.

학교교육과정 편성 및 조직 과정에서 학생 선택권 보장이라는 권리의 차원, 그리고 학생들이 자신의 진로 진학 중심으로 교과를 선택하는 흐름은 모두 교육과정에서 학생의 파이를 키웠습니다. 학교교육과정은 교사보다는 학생 중심 교육과정입니다. 교사와 비교하면 학생 주도성이 크게 살아났다고 볼 수 있습니다.

교과 시수 조정도 마찬가지입니다. 가령 고등학교 1학년 교육과정에는 정보와 기술·가정 과목을 모두 편성할 수 있습니다. 음악, 미술, 체육도 가르칠 수 있고, 가르쳐야 합니다. 기술·가정도 필요하고 대학 진학을 고려하더라도 공학 일반을 학습하는 데에서 크게 도움이 되는 과목입니다. 그러나 고등학교에서의 현실은 정보와 기술·가정 교과의 경우는 정보 교과 선택이 많아지는 추세이고 이는 AI 시대가 반영되었기 때문입니다.

음악이나 미술은 3시간 정도 설계할 수 있는데, 현재 1학년 학생들이 응시하는 2028학년도 수능 시험 과목은 1학년에서 배우는 국어, 영어, 수학, 공통 사회, 공통 과학이므로 예체능 과목 시수를 2시간으로 줄이기도 합니다. 줄인 두 시간을 공통 사회와 공통 과학으로 보냅니다. 공통 사회와 공통 과학에 한 시간씩 추가할 수 있으므로 공통 사회와 공통 과학이 4시간이 될 수 있습니다.

이 과정은 정부와 대학이 강제한 것입니다. 학생들은 대학이 정한 입시 전형 제도의 방향을 따라갈 수밖에 없습니다. 공통 필수과목이라 할지라도 과목은 바꿀 수 없지만 학생들의 요구에 따라서 과목 간 시수 조정이 되고 있습니다. 따라서 공통과목에도 이미 학생들의 선택권이 들어와 있는 것입니다.

학교교육과정을 편성 조직하는 근본적 취지는 학생 선택권의 보장입니다. 학생이 교육과정 선택권을 가지고 있다고 볼 수 있습니다. 교육과정은 학생들이 살아가야 할 미래를 지금 준비시키는 과정이므로 학생이 중심이어야 하는 맥락은 적절합니다. 현재의 교육과정으로 미래를 사는 사람은 학생입니다. 바로 이 지점에서 교사 주도성에 대한 성찰이 필요합니다.

안타깝지만, 교사는 자기가 가르치는 교과의 존재 이유, 필요성을 학생들에게 입증할 책임을 갖습니다. 교과 담당 교사가 교과의 존재 이유를 입증하는 결과에 따라 학생 선택을 받는 정량적 크기가 달라질 것입니다. 심각한 경우에는 교과 편성이 어려워질 수도 있습니다. 현실적으로 학생들은 대학 입시 전형을 염두에 두고 이익과 불이익의 정도를 가늠하여 과목을 선택하는 추세입니다.

그럼에도 교사가 학생의 요구를 반영해서 자신의 교과를 학생들의 이해에 맞게 재구성하여 가르치는 노력으로 교과의 존재 이유를 입증한다면 그 교과는 학생 선택을 받을 확률이 커집니다. 대학 입시 전형을 기준으로 수시와 정시에 유리한 전략을 수립할 때의 시작점은 교과 선택입니다. 교과 선택으로 수시 정시에 대한 자신의 로드맵을 그리는 것입니다.

교사는 스스로 교과를 재정의하고 재구성하는 역량을 키워야 합니다

요즘 교과 담당 교사들은 수시와 정시를 모두 고려한 수업과 평가 계획을 수립해야 합니다. 따라서 학교의 교사는 두 가지를 동시에 고민해야 합니다. 하나는 교과마다 교과의 존재 이유, 교과 교육 목표를 분명하게 하는 것입니다. 교과 교육의 목표, 즉 교과 교육을 통해서 학생들한테 도움을 주고자 하는 목적이 분명하게 제시되어야 합니다. 교과 고유의 목표, 취지, 정체성이 있어야 합니다.

하지만 어떤 교과 교육 목표나 학교교육의 목표도 학생의 현실적 요구와 이익에 별개로 존재하기 어렵습니다. 모든 교과는 각 교과 교육의 정체성을 살려내면서 수시 전형의 논술을 준비할 수 있도록 한다거나 혹은 정시 전형을 위한 수능 시험 준비에 도움이 될 수 있도록 수업과 평가를 학생 중심으로 재구조화해야 합니다. 교사는 자기 교과의 정해진 성취기준을 학생의 삶의 이해와 연결할 수 있어야 하는 과제를 마주하고 삽니다.

교사는 교과 전문성을 위해서 학습했던 과거의 배움을 사유와 질문으로 성찰하고 시대의 변화 추세에 맞게, 학교의 요구에 맞게, 학생과 학부모의 요구에 맞게, 그러면서 교육적 차원에서 자기 교과의 정당성을 지키면서 재구성하는 노력이 필요합니다. 이 과정이 바로 자기 교과를 입증하는 노력이고 교사 주도성이 발현되는 과정입니다.

이제 교원양성기관에서 배운 대로 가르치며 살 수 있는 시대는 지났습니다. 교원양성기관의 교육과정이 학교 현실을 따라오지 못하기 때문에 교직 입직 순간부터 교사는 스스로 교과를 재정의하고 재구성하는 역량을 키워야 합니다. 학생의 현재와 연결하여 교과를 설계하려면 교사도 대학 입시 전형의 변화 흐름, 채용시장의 변화 추이를 알아야 합니다.

대학수학능력시험과 논술 전형, 면접 전형, 학생부종합 전형 등의 대입 전형을 알아야 합니다. 전형 요소별 변화 추이를 각 교과의 성취기준으로 연결하고 이를 재구성할 수 있어야 합니다. 수업과 평가를 풍부하게 해야 하고, 피드백 전문성을 지녀야 하며, 이 과정과 결과를 학교생활기록부의 교과세부능력 및 특기사항의 기록으로 연결할 수 있어야 합니다.

전통적 교과 교육에 매몰되어서는 자기 교과를 입증할 수 없습니다. 자기 교과를 입증하는 교사 주도성은 학생의 현재와 미래의 이해를 통찰하는 데서 출발해야 합니다. 교육의 본질을 지키면서도 학생의 현실적 요구를 살펴야 하는 교사의 길은 쉽지 않습니다. 그러나 학교를 생태계로 접근하면 길을 낼 수 있습니다. 교육과정 생태계, 학습자 생태계를 고려하면 각 교과 교사는 성취기준 중심으로 서로 협력할 수 있습니다. 이는 학생들의 이해에도 부합합니다. 교과 간을 연결 짓는 융합의 과정을 여는 길이기도 합니다.

학교에서는 교사별로 각각의 자기 전공 교과를 가르치고, 학생들에게는 융합적인 인재가 되라고 합니다. 실제 세계에서 삶을 사는 사람은 학생들입니다. 학교에서 학생들에게 "교과별로 각 성취기준을 배우고, 융합해서 살아라."라고 하면, 교과별로 단절된 학습의 경험을 학생이 연결해야 하는 책임을 갖게 됩니다. 이는 학생에 따라 부담이 될 수도 있습니다.

대부분 학생은 연결하고 융합하는 데 어려움을 겪을 수도 있습니다. 이런 현실적 문제를 어떻게 해결할 수 있을까요? 교사 주도성이 필요합니다. 교사가 자기 교과의 존재를 입증하는 과정은 필연적으로 융합적으로 가르치는 과정이 될 것입니다.

교사는 학생이 직면한 진학 현실을 교과 교육에 반영해야 합니다

교육과정 편성 조직에서 학생 선택권 확대는 교사 역할의 축소로 이어질 수 있다는 우려가 있습니다. 학생 주도성을 살리고, 교육과정 선택권을 보장한다는 것은 학생에게 융합적인 학습 환경을 제공할 수 있는 교사의 역할 범위를 확대하는 것입니다. 교사는 양성기관에서 전공과목으로 배우고, 표시 교과 자격증을 취득하고, 표시 교과로 교직에 입직했으므로, 자기 교과의 성취기준을 타 교과와 융합하여 재구성하는 경험은 낯설고 부담이 있습니다. 그래서 지금 학교는 이러한 변화를 받아들이지 못하고 있는 부분이 있습니다.

AI 문명기라고 할 수 있을 정도로 사회적으로 교육적으로 그리고 학교에서도 교실에서도 지금은 매우 중요한 과도기입니다. 과도기이면서 격변기이고 결국 전환기입니다. 학교의 미래를 알 수 없을 정도로 새롭고 강력한 파도가 몰려오고 있습니다. 이 시점에서 학교교육의 지속가능성을 담보하기 위한 가장 중요한 열쇠는 교사 주도성의 발현에서 찾아야 합니다. 그 지점은 학생의 현실적 이해를 교과 간의 성취기준으로 연결하고 융합하는 역량과 실천입니다. 이는 교육적 차원에서 그리고 교육과정에서 교사 주도성이라고 할 수 있습니다.

교육과정 선택권과 대학 입시 전형, 학생의 진로, 교사의 주도성을 통합적으로 조망해야 합니다. 학생들은 내신이 수시와 정시 모두에서 중요하기에 내신에 유리한 과목을 선택할 수밖에 없습니다. 학생들은 수시도 준비하고 수능도 준비해야 합니다. 옳고 그름의 문제가 아닙니다.

수도권 대학의 수시는 많은 전형에서 수능 최저 등급을 맞춰야 합니다. 그래서 수시도 수능 시험 과목인 국어, 영어, 수학, 사회, 과학 교과와 연관이 깊습니다. 국어, 영어, 수학, 사회, 과학을 심화하고 확장하는 과목을 선택할 수밖에 없습니다. 학생 수가 많은 과목을 선택하는 이유는 내신 등급 올리기에 유리하기 때문입니다.

또한 수시는 내신도 중요하지만, 전공 적합성을 고려합니다. 학생이 이수한 과목이 지원 전공에 적합한가에 대해 과거에는 이수 교과만으로 판단했습니다. 하지만 지금 대입 수시 전형의 추세는 이수 교과보다도 교과에서 학생의 수행 활동 이력과 수행 활동 역량을 살펴봅니다. 이는 학교생활기록부의 교과 성적과 교과세부능력 및 특기사항의 기록에 나타나 있어야 합니다. 수능 과목과 관련된 심화 확장 교과는 얼마든지 진로 전공에 맞게 수행을 설계하고 실행할 수 있습니다.

교과 교사는 학생이 직면한 진학 현실을 교과 교육에 반영해야 합니다. 확장된 영역, 심화된 영역으로 수업 설계를 해 줘야 합니다. 바로 여기서 교사의 주도성이 살아나는 것입니다. 교사의 주도성은 교육과정 설계, 융합적 수업 설계, 융합적 평가 설계 영역의 3단계를 거치면서 발현됩니다. 교육과정 선택을 학생들한테 '빼앗겼다'라고 인식하는 데는 분명 오류가 있습니다. 자기 교과의 존재 이유를 입증하는 과정에서 그리고 교사의 융합적 교과 재구성 역량이 살아날 때 교사 주도성이 학생 주도성과 만나 서로 상생하는 흐름을 이어 갈 것입니다.

나. 교수학습과 주도성

1) 팀 프로젝트와 주도성

수업에서의 교사 주도성은 어떻게 발현될까요? 학급당 학생 수가 25명 정도가 되는 일반계 고등학교 같은 경우에는 사실 수업 시간에 모든 학생을 동시에 개별화 지도하기는 쉽지 않습니다. 하지만 일반, 교양, 진로 선택과목에서 그룹별 지도하기는 가능합니다.

우리가 50분 수업을 할 때 한 그룹에 5분 정도를 지도한다면, 25명 기준 5명이 한 그룹이라면 25분으로 충분합니다. 지도는 정답을 주는 게 아니라 관심이고 안내입니다. 선택과목이므로 한 학기 동안의 팀별 수행 과제를 제시하고 그 수행 수준과 진행 속도 등을 중간 점검하는 과정이 교사와 학생 간 교류가 일어나는 지점입니다. 이 지점이 팀 지도입니다.

> *교사는 학생에게 관찰 역량, 통찰력이 촉발될 기회를 제공해야 합니다*

최근에 이와 같은 협동 수업, 프로젝트 수업, 문제 기반 수업 등의 다양하고 유연한 수업 방식이 더 필요해지고 있습니다. 교사 주도성이 수업에서 살아날 수 있기 때문입니다. 실제로 학생들은 수행 과제를 수행하는 주체입니다. 학생들은 수행 결과도 만들고, 수행 보고서도 만들 것입니다. 실제 수행 과정에서 교사가 각각의 팀을 묶어 주고 그 팀들의 고유성과 개별성을 인정해 주는 역할을 하게 됩니다.

여기서 주의할 점은 교사는 팀 내 수행 과정에서 특정 학생이 수행 과정을 독점하거나 어떤 학생도 소외됨이 없이, 모두가 다 주체가 되어 수행하여 보고서를 작성하고 발표할 수 있도록 지도하고 안내하는 일을 합니다. 이는 교사 주도성이 발현되는 과정이고 이 과정에는 교사의 중요한 역할들이 있습니다.

학생들이 팀 안에서 수행 과제를 해결하기 위해 협력할 때, 흔히 성취기준, 교수학습 필수 요소라고 하는 지식만을 배우지는 않습니다. 그 지식의 생성과 현실에서의 적용에 대해 배웁니다. 학생의 자발성으로 이를 배우도록 끌어내는 일이 교사 역할입니다. 또한 이 수행 과정에서 본질적으로 중요한 교육적 과업은 팀 안에서 학생들이 서로 협업하고, 자기 의견을 충분히 표현하고, 의견을 경청하고, 자기가 부족한 것을 해결하는 방법을 구하면서 공동의 작품을 만들어 가는 과정입니다.

이 과정에서 네트워크 구축 역량, 의사소통 역량, 대인관계 역량이 쌓이게 될 것입니다. 통찰력과 문제해결 역량도 축적될 것입니다. 교사는 학생에게 관찰 역량이나 통찰력 등이 촉발될 기회를 제공해야 합니다. 팀을 구성할 때 동질 집단으로 구성할까? 이질 집단으로 구성할까? 등에 대한 고민이 있을 수 있습니다. 교사 주도성이 필요한 고민입니다.

교사 주도성은 수업 설계부터 시작해서 진행 과정 그리고 피드백에 이르기까지, 끊이지 않고 중요하게 작용하는 것입니다. 팀별 학생 리더들은 있지만, 학생 리더들은 교사가 이끄는 힘이 없으면 성장에 한계가 있습니다. 팀 활동을 살려내는 역할 또한 교사 주도성입니다.

2) 발표수업과 주도성

질문 없는 주도성이 가능할까요? 사유 없는 주도성이 가능할까요? 학생과 교사 모두 주도성을 발현하기 위해서는 질문하고 사유해야 합니다. 사유하고 질문하는 행위 자체는 자발적인 행위 주체성 발현이라고 할 수 있습니다. 결국, 글을 쓰고 토론하고 협동학습하고 발표하는 등의 활동을 통해 답을 찾아가는 과정은 사유와 질문으로부터 시작합니다. 좋은 질문이 좋은 과정을 낳고 좋은 답을 찾는 단서가 되는데 그 출발과 과정 전반에 '행위 주체성', 즉 자발성이 있습니다.

오랫동안 학교에서 주력해 왔던 교육 방법은 학생의 자발성을 끌어내는 방법이었습니다. 우리가 질문생성 수업을 하면서 좋은 질문에 관한 연구도 많았습니다. 좋은 질문은 학생의 자발성을 촉진하는 중요한 역할을 한다고 믿었기 때문입니다.

질문을 사유와 연동하고 질문과 사유를 통한 학습을 성장이라고 보는 근간에는 '자발성'이라는 동력이 있기 때문이고, 자발성은 학생의 행위 주체성을 강화하는 교육의 방향으로서 학교교육의 이정표라 할 수 있습니다.

결국 학생 자발성을 이끌어 내기 위한 교수법, 즉 학생의 자발성을 끌어내기 위해 질문과 답변을 활용하고, 질문 능력을 키우는 수업 방식으로 전환해야 합니다. 이를 교실에서 실천하는 방안 중 하나는 교수학습의 교과별 학생 리더제이고, 학생 리더가 교사 역할을 하는 수업 방법으로 학생 주도형 프로젝트 탐구학습에 관심을 가질 수 있습니다.

또한 모든 수업은 글쓰기와 발표하기를 중요한 학습의 장면으로 설정해야 합니다. 스스로 사유 과정, 사고실험의 과정을 정리하고 체계화하는 데 글쓰기의 의의가 있다면, 학생들은 발표를 통해 자기 자신을 표현하고 융합적인 요소를 깨달으며, 동료 평가를 통해 피드백을 주고받을 수 있습니다. 발표하기는 학습을 내면화하고 이를 기반으로 실행으로 연계하는 중요한 역할을 하므로 교실 수업 정상화를 위한 핵심 활동으로 설정해야 합니다.

학생 개인의 자발성은 학급의 자발성, 그리고 학교의 자발성으로 확장하고 학급 자치, 학교 자치 역량을 강화하는 질적 자치 문화를 형성하게 합니다. 따라서 교과 교육에서의 자발성 이전에 비교과 활동에서의 자발성 교육에 관심을 가져야 합니다.

비교과 활동에서의 학생 한 명 한 명의 행위 주체성을 발현할 수 있는 교육 프로세스를 강화하고, 개인의 자발성이 학생의 자치 문화로 진화할 수 있도록 학교에서 관심을 가져야 합니다. 이를 위해 학생회 주도의 자치 활동을 적극적으로 지원하는 것도 필요하고, 공식적인 학생자치회와 함께 학교 안의 다양한 학생 결사체를 인정하고 활성화하는 교육 환경을 갖추도록 해야 합니다. 물론 선후배 간의 연결을 통해 경험과 노하우를 전수하도록 하는 것도 중요합니다.

교사 주도성과 학생 주도성이 상호작용하는 교실이 되어야 합니다

 이제 교사가 학생을 일방적으로 가르치던 시대는 끝났습니다. 지금은 학생이 자기가 원하는 걸 학습할 수 있는 시대가 된 것입니다. 교사들이 가르치지 않아도 학생 스스로 하고자 하는 의욕만 있다면 어떤 방법으로도 배울 수 있는 시대입니다.
 또한 교사가 학생의 자발성과 주도성으로 활동 중심 교수학습 과정을 실천하고자 한다면, 교사는 평가에 대한 새로운 관점을 고민해야 합니다. 그동안 지필평가 채점을 곧 평가라고 했던 관점으로 학생의 자발성과 행위 주체성 발현을 평가하기는 쉽지 않습니다. 교사의 평가권과 교사의 권위는 더욱 중요해집니다.
 교사는 학생들에게 스승으로서의 자리를 지키고, 평가권을 통해 학생들에게 동기 부여나 거울 역할을 해야 합니다. 교사는 학생들에게 닮고 싶은 존재가 되어야 하며, 권위를 잃지 않기 위해 시대에 뒤처지지 않도록 역량을 키워야 합니다. 교사 주도성과 학생 주도성이 상호작용하며 동반 성장하는 계기는 상호 간에 자발성을 키우는 과정에 있고 이 과정에서 사회적으로 교사의 권위를 인정하는 문화가 중요합니다. 교사에 대한 사회적 신뢰는 학생의 학습과 성장에 매우 직접적인 연관이 있습니다.
 교과에서 자발성을 끌어내는 방법은 생각보다 다양하고 간단할 수 있습니다. 교과 성취기준에 따른 내용 요소를 학습해야 하기에 그 틀을 그대로 유지하면서 하브루타 학습법을 적용해 볼 수 있습니다. 매 수업 시간 10분간 학생들이 서로 묻고 답하는 장면을 설정할 수도 있습니다. 교과 수업 시간을 질문 시간으로 완전하게 바꿀 수도 있습니다.

가령, 단계적 프로세스를 만든다면, 우선 '묻고 답하기'로 분위기를 자연스럽게 만든 후에 '질문 능력 키우기' 단계를 두어 좋은 질문을 만들고 던지는 능력을 키우는 데 필요한 지식, 경험, 표현 등에 대해 학습합니다. 마지막으로 '발표하기'를 통해 질문하는 능력을 '말로 표현하기'로 마무리한다면 수업의 전 과정이 학생의 자발성에 기반한 사유와 질문 중심 수업이 될 수 있습니다.

자발성과 행위 주체성을 중심에 두고 교과 활동을 하게 되면 어느 순간 자연스럽게 학생 리더가 나타나게 됩니다. 학생 리더는 교과별로 나올 수도 있고, 학급별로 나올 수도 있습니다.

자발성 중심 교과 활동의 중요한 효과 중의 하나는 학생은 자신이 잘하는 것을 발견하는 기회가 될 수 있고, 학생 리더는 수업에 참여하는 친구들의 발표 순서를 정하는 기준 등을 협의하고 만들어서 공평하게 발표하는 기회를 주는 등의 리더십을 익힐 수 있기 때문입니다.

이정표가 되는 교사, 학생을 이해하고 지켜 주는 교사

정리하면, 첫째는 하브루타 형식의 묻고 답하기, 둘째는 질문하기인데 질문도 단계가 있어서 단순 질문하기, 깊이 있는 질문하기로 이어 갈 수 있습니다. 마지막 발표하기는 발표를 통해 자신을 표현하고 친구들을 설득하고 동의를 구하는 활동으로 자기와 세계를 연결하는 것을 경험해 보게 하는 일종의 자기 프로젝트입니다.

교사들과 다르게 학생 리더에게 맡기면 학생들의 세계가 따로 있다는 생각이 들 정도로 새로운 시각에서 발표수업 프로그램을 잘 준비합니다. 결국 발표수업을 하게 되면 학생들이 원하는 수업을 자연스럽게 하게 되는 것입니다.

발표하기는 어느 하나의 지식이나 어느 하나의 질문으로 되는 게 아니고 자신의 앎, 감정, 동작, 관계, 상황이 융합되어 나타나는 일종의 종합예술입니다. '발표하기'는 발표하는 학생 자신에게는 강화 작용의 효과를 나타낼 것이고, 융합적인 요소가 많아서 인문학적 소양의 측면에서도 스스로 깨닫는 게 있을 것이고, 의사소통 능력도 배울 수 있어서 결국 종합예술이 되는 것입니다.

발표하기 수업이 끝나고 나면 평가를 해야 합니다. 그런데 발표하기 자체가 평가가 될 수도 있습니다. 발표하기는 그 과정에서 자기 평가와 동료 평가가 자연스럽게 진행됩니다. 학급 친구들이 해 주는 동료 평가는 자기 자신에게 중요한 피드백이 됩니다. 피드백의 출발은 관심이고 관계입니다.

누군가 나를 봐주고 있고, 나에게 관심이 있다는 증표가 피드백입니다. '나 괜찮은 사람이다'라는 말을 스스로 열 번 하는 것보다 동료가 "너 괜찮은 사람이야."라고 한 번 말해 주는 것이 훨씬 효과적입니다. 수업을 통해 학급에서 서로 응원하는 관계 맺기를 할 수 있습니다.

또한 발표하기는 자신을 표현하는 매우 중요한 작업인데, 피드백이 따라오기 때문에 스스로에게 평가가 되는 것입니다. 교사의 평가는 학생들의 자기 평가, 동료 평가를 아우르는 종합적이고 전문적인 평가여야 하고 반드시 피드백으로 연결되어야 합니다.

바로 이 점에서 교사의 교수학습 역량은 내용 전문성과 함께 피드백 역량이 될 것입니다. 그래서 '친구 같은 교사'도 당연히 좋은 일이지만 '스승이 되는 교사, 이정표가 되는 교사, 학생을 봐주고 이해하고 지켜 주는 교사'가 되어야 합니다. 그래서 교사의 평가권과 평가 역량은 교사의 권위를 나타내는 명징한 징표이자 교사의 지위를 신뢰하게 하는 근거입니다.

다. 평가 피드백과 교사 주도성

1) 내신과 수능, 변별의 늪

고등학교의 경우, 가장 넓은 영역의 공적 평가는 학교생활기록부와 대학수학능력시험입니다. 내신과 수능은 모두 대학 입학시험에서 중요한 정보로서 영향력을 갖습니다. 고등학생의 평가를 논할 때 어김없이 내신과 수능이 쟁점이 되고 있고, 공통으로 학생들의 사고력과 창의력을 평가해야 하는 본래 취지를 잃고 한 줄 세우기 평가라는 오래된 비판에 직면하고 있습니다.

1993년 학력고사가 수능으로 전환하는 당시에 수능은 '사고력과 창의력을 측정하기 위한 평가'라는 취지를 내세웠습니다. 그런데 어느 순간부터 수능은 '암기력 시험'이라는 비판에 맞닥뜨리게 됩니다. 이는 사람이 살아가는 데 '암기'는 필요한 역량이지만, '암기만으로 해결할 수 있는 문항'에서 벗어나야 한다는 의미로 해석됩니다.

"수능은 선다형 객관식 문항이라서 비판적 사고력을 측정할 수 없다."라는 주장도 있습니다. 수능의 문항 형식을 비판하는 기저에는 "선다형은 나쁘고, 서·논술형은 좋다."라는 평가관이 있을 것입니다.

그런데 발문-제시문-선지의 문항 구조를 지닌 수능의 선다형 문항은 결코 암기력만으로 해결하기 쉽지 않습니다. 현재의 수능 문항을 암기력만으로 해결할 수 있다고 믿는 사람은 없을 것입니다. 발문-제시문-선지의 관계도 파악해야 하고, 발문에서 평가 요소를 알고 이를 제시문에서 사실관계와 논리 관계를 확인해서 다섯 개 선지의 적절성을 평가한 후에 정답을 찾을 수 있는 구조입니다.

이러한 수능형 문제해결의 과정에는 추론과 논증 그리고 비판적 사고력이 작동하지 않을 수 없습니다. 단순히 개념에 대한 이해를 묻는 문항에서 개념을 알고 이를 적용하는 문항, 개념 간의 상호 비판적 관점을 묻는 문항에 이르기까지 수험생의 독해력, 이해력, 분석력, 추리력, 논증력, 문제해결력, 비판적 사고력을 측정할 수 있습니다.

물론 출제자가 정해 놓은 정답을 찾는 과정입니다만, 출제자의 의도는 곧 평가 요소이므로 평가 요소에 대한 이해와 적용은 교과별 성취기준에 맞닿아 있기에 교육적 취지에 반하는 것은 아닙니다.

수능에 대한 비판적 관점의 출발은 문항 형식보다는 오히려 수능 문항의 목적이 변별에 있다는 점이어야 합니다. 변별을 강조하다 보니, 원래 측정하고자 하는 교육 평가의 본질에서 벗어날 수밖에 없는 한계를 갖고 있습니다. 수능이 문제가 되는 점은 문항 형식이나 점수 산출 방법보다는 오히려 점수로 인해 매겨지는 '등수', '등급'입니다.

현재 평가 체제가 지닌 질곡은 등급에 있습니다. 수능은 상대평가로서 등급을 내야 하고, 등급은 정시에서 절대적인 영향력이 있습니다. 최저학력기준이 적용되는 수시 전형에서 역시 매우 강력한 합격 혹은 불합격 결정 요인으로 작용합니다.

그래서 수능은 대학에서 학업을 수행할 수 있는 역량을 측정하고 평가한다기보다는 오히려 줄 세우는 변별력을 주요한 목표로 설정하고 변별력 중심으로 문항을 출제하고 시행합니다. 수능이 대입 전형의 늪에 빠져 있습니다.

평가 체제에 대한 대전환을 모색해야 합니다

수능에 대한 비판적 접근 그리고 새로운 수능 체제에 대한 논의의 시작점은 절대평가로의 전환이라는 이정표가 분명해야 합니다. 지금처럼 한 줄 세우기 상대평가라면 서·논술형으로 바뀐다고 해서 현재의 선다형 평가의 한계를 해결할 수 없습니다.

상대평가 체제에서는 논술형 평가를 도입하더라도 변별력을 고려해야 하기에 '정답이 명징한 논술형'일 수밖에 없고, 창의력과 사고력 측정이라는 논술형 평가의 취지나 의의를 구현하기 어렵습니다.

학교에서의 교과 내신 평가 역시 대입 전형의 늪에 갇혀 있습니다. 수능이 지닌 어려움과 한계를 그대로 안고 있습니다. 상대평가 체제를 유지하는 한 사고력과 창의력, 고등사고력과 문제해결력을 측정하는 논술형 문항을 출제하는 것은 불가능에 가깝습니다.

논술형 평가인데도 불구하고 학생 답안의 자유도를 극도로 제한할 수밖에 없습니다. 결국 논술 문항에 각종 조건과 단서를 두거나 혹은 정답의 범위를 최대로 제한하여 이의 제기 가능성을 줄이고자 '정답이 분명한 논술'이 될 것입니다. 이는 평가 루브릭의 정교성과 객관성의 차원을 넘어서는 현실적인 문제입니다.

2) 피드백, 교실을 살리는 힘

학교에서의 학생 평가는 과정과 결과를 포함한 평가 자체가 그대로 수업으로 살아나는 지향성을 튼튼하게 붙잡고 있어야 합니다.

지난 산업화 시대의 학교에서의 평가는 수업의 결과로 해석하는 경향이 있었고 이는 "수업은 평가로 살아나야 한다."라는 주장으로 동의를 구하기도 했습니다. 이는 전통적인 수업의 결과를 평가하고 성취 정도를 결과적으로 측정할 때 해당할 것입니다.

현재, 학교의 존재 이유는 최소한 20여 년 전에 비해 질적 전환이 일어났다고 할 수 있습니다. 학생들이 학교에 다니는 이유가 곧 학교의 존재 이유가 될 수도 있을 것입니다. 학생들은 수업으로 배움을 얻기 위해서 학교에 다니는 것이 아니고 오히려 평가의 결과를 토대로 진학 진로의 경로를 스스로 만들기 위해서 학교에 다닌다는 주장이 훨씬 현실적이고 설득력을 얻을 것입니다.

또한 수업과 평가 관계에 대한 패러다임이 바뀌었습니다. 수업과 평가를 이원적 체제로 구분하고 수업과 평가를 학습의 순서로 접근하지 않습니다. 오히려 수업의 과정을 평가의 과정으로, 평가의 과정을 수업의 과정으로 해석하고 받아들여야 합니다. '학습'과 '배움'에서 수업과 평가는 통합되어 있습니다.

결국, 학교에 대한 학생의 현실적 기대와 학교의 존재 이유와 변화, 그리고 수업과 평가에 대한 패러다임의 전환으로 현재 우리가 직면한 과제는 평가로 수업을 풍성하게 하고 수업의 가치를 평가의 힘으로 살려내는 일입니다. 학생들의 기대를 수용할 때, 학생들의 수업 참여도가 높아질 것이고 수업과 평가의 상관성도 강화될 것입니다.

그렇다면 평가는 어떻게 수업에서 제대로 살아날 수 있을까요? '학습'과 '배움'으로 수업과 평가를 살려내는 데에서 어떤 것이 지렛대 역할을 할까요? 피드백입니다. 우리는 수업 시간에 수업의 내용으로 피드백하기가 쉽지 않습니다. 협동학습, 프로젝트 탐구학습, 질문 기반 수업 등 수업의 형태에 따라 피드백의 수준이 다를 수 있지만, 학교에서 교수학습 필수 내용 요소인 성취기준 중심의 수업에서는 차시별 수업량이 있기에 시시각각 피드백하기가 쉽지 않습니다.

교사의 모든 수업 과정은 평가 피드백 과정이어야 합니다

수업은 평가와 통합되어 동시에 실행되어야 합니다. 평가는 여전히 교사에게 주도권이 있기에 평가에 대한 피드백은 수업으로 연결할 수 있을 것입니다. 그래서 교사의 수업은 평가 피드백과 매우 긴밀해야 합니다.

학교 현실을 돌아보면, 많은 경우 학생 평가는 수행평가 혹은 지필평가를 마치고 나면 학생들이 취득한 점수만 확인하고 '이상 없음'을 서명하고 평가의 전 과정을 마치게 됩니다. 평가 과정과 그 결과에 대한 처치에서 수업과 평가를 잇는 지렛대가 없습니다. 피드백이 없습니다. 점수에 따른 등수만 존재할 뿐입니다.

피드백은 수업과 평가를 모두 아우르는 교실 정상화와 교사 주도성의 핵심적인 과정입니다. 평가 피드백은 교사가 학생 한 명 한 명과 평가 요소를 연결고리로 삼아 대화하는 것입니다. 교사 입장에서 "나는 이런저런 이유로 평가 요소와 평가 장면을 설계했고, 기대한 답은 ②이었다. ③으로 답을 했는데 그 이유는 무엇일까?"라고 학생 한 명 한 명과 평가로 학습 교류할 수도 있습니다.

교실에서 학생 전체와 문항별로 집단 교류할 수도 있습니다. "우리 학생들 60%가 ③에 답했는데 그 이유가 뭘까요? 정답률이 40%인데요. 저는 출제 과정에서 예측 정답률을 70%로 보았거든요. 제 생각과 여러분의 생각이 어디서 다르게 접근했는지 얘기 나눠 보고 싶어요."

피드백은 정답률 등 문항 분석 후에 문항 출제 의도와 학생들의 사유를 나누는 과정입니다. 이는 교사의 문항별 예측 곤란도와 실제 정답률의 차이를 살피는 과정이기도 하고, 학생들의 성취수준을 질적으로 확인하는 과정이기도 합니다.

교사와 학생이 문항별 평가 요소를 묻고 대답을 듣고 또 묻는 과정에서 학생들이 성취기준에 도달할 수 있도록 하는 학습의 과정입니다. 교사와 학생의 질의응답 과정은 교사와 학생이 모두 질의자, 응답자 역할을 하게 되기 때문에 서로 성장하는 과정이기도 합니다.

평가 요소를 모르거나 평가 장면을 이해하지 못하는 학생도 있을 것입니다. 문항의 난이도와 정답률을 보면 대부분 학생이 답을 찍었을 수도 있습니다. 이 경우에는 선다형의 경우에 5개의 선지 중에 하나를 소위 찍을 것입니다. 학습 속도가 느리거나, 경계선 지능에 있거나, 기초학력 미도달 학생들의 경우에는 거의 모든 교과의 문항에서 답을 찍었을 수도 있습니다.

경계선 학습자, 느린 학습자, 기초학력 미도달자, 평가 요소에 대한 기본 개념 이해가 안 되는 학생 등 문항을 이해하지 못하는 학생의 학급별 비율을 진단하는 과정은 매우 중요합니다. 학생 중심의 수업 계획을 위해 중요합니다. 또한 평가 요소 관련해서 기본 개념을 이해하지 못하는 학생은 시험을 칠 때마다 누가 가르쳐 주는 사람이 없으니 결국 모르는 내용이 누적되어 학습의 속도는 더욱 늦어질 수밖에 없습니다.

학습 속도가 늦은 학생들은 시험이 반복되면서 모르는 내용이 더욱 많아지고 누적됩니다. 이런 과정이 악순환되면서 모르는 문항을 경험한 학생들에게 특별한 피드백이 없으면 이 학생들의 학업성취도는 계속 낮아질 것입니다. 학업성취도가 낮아지고 회복력을 잃게 되면 자존감과 효능감도 낮아질 수밖에 없습니다. 반면에, 교실 풍경은 학업성취도가 높은 학생들 중심의 수업 장면이 일상화될 수 있습니다.

더구나 학업 의욕과 학업성취도가 높은 학생들은 시험이 끝나고 나서 교사들의 관심도 독점하는 경향성이 있습니다. 교사의 관심이 모르는 문항에 대해서 스스로 학습해서 이를 보완할 수 있는 자기 주도 학습력이 탁월한 학생들에게 오히려 집중될 수 있습니다.

사회적·경제적 부의 확대재생산 시장 메커니즘처럼 학교의 학생 평가에서 학업성취도에 따른 학생 간 격차는 시간이 갈수록 심화할 수밖에 없습니다. 초등학교에서 학업성취도가 낮은 학생은 중고등학교에 진급하면서 학교에서 관심, 배려, 처치를 받을 경험 가능성은 더욱 낮아집니다. 평가로 인해 더욱 소외되고 배제되는 비교육적인 상황으로 내몰릴 수도 있습니다.

누구도 의도하지 않았지만 '피드백 없는 평가'는 학업성취도가 낮은 학생들을 마치 그림자처럼 교실에 '없는 존재'로 살아가게 할 수도 있습니다.

이는 상대평가와 피드백 없는 평가의 산물입니다. 가령, 고등학교 입학한 이후 1학년 1학기 1차 지필평가까지는 관심받고 밝게 학교생활하던 꿈도 많고 의욕도 있었던 A라는 학생은 1차 지필평가 결과로 약간 소외되기 시작합니다.

그리고 1학기 2차 지필평가, 2학기 1차 지필평가를 마치고 난 후에는 학생 스스로 '없는 사람'으로 느낄 수도 있습니다. 누구도 의도하지 않았지만, 마치 정해진 길인 듯이 교실에서의 소외와 배제의 과정으로 내몰리는 학생들이 나타나고 그룹화되고 고착하는 과정이 있습니다.

> 교실 소외 문제를 방기하지 않는
> 평가가 되어야 합니다

다른 중대한 변화가 없다면, 이 학생들은 졸업하기까지 남은 2년을 이렇게 보낼 수도 있습니다. 상대평가라는 평가제도와 '피드백 없는 교실'의 분위기는 불가피하게 평가를 통해서 교실에서의 학생 소외를 고착시킨 측면이 있습니다.

상대평가 체제의 학교는 평가를 통해서 이른바 부를 대물림하고 가난을 대물림하는 데까지 이를 수도 있습니다. 권력을 재생산하는 데까지 이를 수도 있습니다. 우리 어른들이 익히 알고 있으면서도 공정 경쟁이라는 명분으로 교실 소외의 문제를 방기했다는 책임을 피하기는 어렵습니다.

교사가 수업 시간에 모든 학생에게 골고루 공평하게 배려와 관심을 주기는 어려울 수 있습니다. 학급당 학생 수가 많기도 하지만, 수업은 정해진 시간이 있고 그에 맞는 진도 계획이 있기 때문입니다.

하지만 평가는 달라야 합니다. 평가의 전체 과정은 교과협의회-출제계획-문항 출제-채점-피드백-점수 확인-피드백-출제계획으로의 선순환 과정이어야 합니다. 교사의 출제 의도와 학생의 생각을 교류해야 하고, 학생 한 명 한 명이 문항을 '지렛대'로 교사와 교류할 수 있어야 합니다. 수업은 제한된 시간 속에 수행할 진도가 있지만, 평가 피드백은 다음 평가 때까지는 피드백할 시간적 여유가 있는 것입니다.

가령, 매 수업 시간에 5분 정도 평가 피드백 시간을 가질 수도 있습니다. 전체 문항을 피드백하면서 교사는 자기 고백, 자기 성찰하는 기회도 있을 것입니다. 학급 전체 학생들과의 피드백은 교사의 자기 고백으로부터 시작해야 할 수도 있습니다. 문항 정답의 근거를 교과서에 두고 문항을 출제함으로써 "비판적 사고력을 측정하기보다는 이의 제기를 피하기 위해 문항 완성도에 치중한 부분이 있다."라고 자기 고백하는 시간을 가져야 할 수도 있습니다.

3) 자기 성찰과 교사 주도성

출제 의도와 전혀 다른 평가 결과에 대해 교사 스스로 예측 오류를 고백할 수도 있습니다. 평가 피드백은 교사가 학생을 도와주는 시간이 아니고 본질적인 출발점은 교사의 고백 시간입니다. 바로 이 점에서 교사 주도성은 평가의 본질로 발현되는 것이라 할 수 있습니다. 학생들과 함께 교사의 자기 고백을 통한 성찰이 일어나는 시간이 피드백입니다.

교사는 학생 평가의 평가권자입니다. 피드백 시간은 오히려 평가권자가 평가 대상자들 앞에서 자기를 고백하는 시간입니다. 교사의 자기 고백과 자기 성찰은 학생들의 질문을 여는 최선의 길이기도 합니다. 이 시간을 통해 교사와 학생의 신뢰는 강화되고, 학생들의 자존감은 높아지고, 교사와 학생의 교류는 활성화할 것입니다.

어떤 학생은 "왜 '만'을 넣어서 오답을 암시했나요?"라고 묻습니다. "선생님! 텍스트는 왜 제시한 건가요? 텍스트 없어도 풀 수 있는 문제였는데요. 저는 텍스트 의미 분석하며 읽느라고 시간 너무 많이 소비했어요. 그래서 다른 문항 풀이에 지장 있었어요.", "선생님! 그림도 있고, 텍스트도 있던데, 텍스트만 봐도 답을 찾아서 맞았는데요. 그림은 그냥 정답을 오히려 더 분명하게 하려고 한 걸까요?"라고 묻기도 합니다.

학교의 교사들에게 선다형 평가에서 오랜 질문 중 하나인 "매력 있는 오답은 오답의 가치를 높이는 것인가?", "오답의 가치와 정답의 가치는?" 등의 질문도 사실은 자기 고백을 통해서 증명해야 합니다. 자기 고백과 성찰로부터 시작한 피드백은 학생에게는 학습으로의 평가를 제공하고 교사에게는 자기 성장을 가져다줍니다.

지금, 교실 정상화를 위한 키워드는 바로 피드백입니다

그래서 교사는 먼저 솔직하게 터놓고 출발할 때 학생들과 가까워집니다. 평가권은 교사한테 있지만 평가를 실제로 만들어 가고 완성하는 것은 교사와 학생의 공동 작품입니다. 교사가 학생에게 도움을 받지 않으면 교사도 평가를 완성해 낼 수가 없습니다.

피드백은 또 다른 피드백을 낳습니다. 피드백이 피드백을 만들어 냅니다. 수업과 평가는 피드백으로 새로운 교실을 만들 것입니다. 수업 시간 중 5분을 할애하여 이전 학기까지 소외된 학생들에게 더 관심을 기울이고, 지난 지필평가 때 다소 소극적으로 피드백을 했던 학생들에게 다음 평가 때는 더 많은 관심을 보여야 합니다.

그래서 그 학생들에게 "다음에는 우리 이렇게 약속 하나 하자. 모든 걸 다 공부하려고 하지 말고 네가 정말 잘 맞힐 수 있는 거 하나만 공부해 보자. 혹시 시험에 나올지도 모르잖아."라고 피드백할 수도 있습니다. 다음에 그 문제를 그 학생이 해결했을 때 그다음에 또 다른 과제를 제시하면서 교사와 학생이 함께 로드맵을 만들어 갈 수도 있을 것입니다. 물론 수업 시간 외에 방과 후 교무실에서 일대일 피드백의 기회도 가질 수가 있을 것입니다.

요즘 학교 분위기를 고려한다면, 학생들이 질문을 위해 교무실을 찾아온다는 것은 평가의 중요한 효과이기도 합니다. 질문을 품고 교사에게 관계 맺기를 바라는 학생은 이미 자기 자존감을 회복하는 탄력성을 갖기 시작했다고 볼 수 있기 때문입니다. 결국 교실 정상화를 위한 시대적 키워드는 피드백입니다.

라. 질문과 주도성

평가를 대할 때 우리가 논의할 수 있는 교사 주도성의 다른 하나는 질문입니다. 평가는 평가 결과를 매개 수단으로 학생들이 교사에게 질문할 수 있도록 유도하는 유인책이 됩니다. 대부분 학생은 수업 시간에 질문하지 않습니다.

질문은 기본적으로 학생 스스로가 몰라서 하는 것이므로 자기 검증 과정을 겪어야 하고, 제대로 질문하기 위해서 검토해야 하고, 자기 자존감도 지켜야 하고, 뭔가 부끄러운 감정을 이겨 내는 의지도 있어야 하고, 교사가 부담스러워하거나 혹시 모르면 어떡하나 하는 두려움도 있을 수 있습니다.

물론 학생들은 학교에서 교사에게 질문하지 않아도, 학원에서 질문할 수 있습니다. 또 ChatGPT 등 인공지능 앱이 있어서 교사에게 질문할 생각을 하지 않는 경우가 많습니다. 질문도 연습이고 경험입니다. 질문하지 않으면, 질문 경험이 없는 학생이 질문을 시도하기는 쉽지 않습니다. 오히려 침묵하게 될 것입니다. 결국 여러 요인이 있겠지만 '질문이 사라진 교실'의 풍경이 일반화되어 있습니다.

과거 교실 수업에서는 학생들의 질문이 낯설지 않았습니다. 쉬는 시간, 방과 후 자기 주도 학습 시간에 질문하려는 학생들이 교무실 밖 복도에 서서 책을 보면서 자기 질문 시간을 기다리는 풍경을 보는 일도 있었습니다. 수학, 과학과 교사들은 입술에 버짐이 생길 정도로 말라서 립밤을 발랐을 정도였습니다.

그러나 요즘에는 교실에서 질문하는 풍경을 보기가 쉽지 않습니다. 교무실에 질문하러 오는 학생들을 만나는 일도 어렵습니다. 교실 질문이 사라졌습니다. 평가를 마치고 나면 질문은 없고, 이의 제기로 긴장이 팽팽한 교실이 오히려 익숙합니다.

질문은 어디서 올까요? 문제에서 옵니다. 세상에 완전한 지식도 없고, 무결한 주장도 없어 각기 문제를 안고 있습니다. 그 문제가 곧 질문입니다. 질문과 문제는 서로 의존합니다. 문제는 질문을 낳고 질문으로 문제를 드러냅니다.

그렇다면 어떻게 하면 평가를 통해 질문을 살려낼 수 있을까요? 관계입니다. 교사와 학생의 일상에서의 관계 맺음입니다. 정서적·심리적 신뢰를 형성한 관계라면, 학생들이 교사에게 질문하는 일은 오히려 자연스럽게 여길 수 있습니다. 감정적 긴장을 견뎌 내지 못하고 질문을 포기하는 경우는 줄어들 것입니다.

교사와 학생의 신뢰 관계가 형성되어 있는 여건에서는 질의응답 과정이 반복될수록, 교사에게 질문하는 학생의 자존감은 남다르게 성장할 것입니다. 모든 학생이 각각 질문하면 더없이 좋지만, 교실에서 소외된 학생을 대상으로 교사가 의도적으로 질문을 하며 신뢰 관계를 형성하는 특별한 노력도 필요합니다. 학원에서도 잘 배우기 어려운 학생들이 학교에 있는 교사에게 질문의 공간을 따뜻하게 허용하는 것입니다. 학생들이 학교에서 질문할 수 있는 자유를 허용해 주어야 합니다.

관계 형성 역량, 교사의 수업 전문성을 강하게 합니다

피드백과 질문은 평가를 통해서 온전하게 교사가 자기 정체성, 자기 존재를 확보하는 길입니다. 교실이 교실답게 정상화하고, 교사도 살고, 학교가 학교다운 학교로 제대로 살아나는 길입니다.

피드백과 질문을 위해 가장 중요한 주체는 교사입니다. 교사 주도성이 발현되어야 합니다. 우리가 그동안 힘써 왔던 교과 내용 전문성은 여전히 중요하고 본질적인 교사 역량입니다. 그런데 동시에 중요한 전문적 역량 결정 요인이 있습니다. 관계 형성 역량입니다. 학생들과 좋은 관계를 맺는 역량이 있어야 피드백 역량을 쌓을 수 있습니다. 피드백은 받아들이는 학생들이 제대로 받아들여야 합니다.

교사와 학생 관계의 친밀도 및 신뢰도 그리고 피드백은 상관성을 갖습니다. 신뢰하는 관계에서의 피드백은 효과가 큽니다. 신뢰가 약하면 학생은 오히려 귀찮게 여길 수도 있습니다. 이런 학생들에게 피드백은 정서적·심리적·감정적 긴장이 있기 때문입니다.

그래서 피드백의 출발은 지식이 오가는 과정이라기보다 오히려 교사와 학생 간의 감정 교류 과정입니다. 서로 간에 인정 욕구가 오가는 과정입니다. 감정이나 인정 욕구는 일상의 관계에서 생기는 것입니다. 학생의 일상이라고 하면 수업입니다. 그 일상에서 얼마나 관계를 잘 형성했느냐 하는 것은 매우 중요합니다.

따라서 교사의 수업 전문성을 논할 때 우리는 '관계 형성 역량'을 중요하게 접근해야 합니다. 관계 형성 역량이 있으면 수입 피드백 능력은 자연스럽게 형성될 수도 있습니다. 관계성과 피드백은 원래 하나의 뿌리를 갖고 있습니다. 수업과 평가 역시 하나의 뿌리를 갖고 있습니다.

그래서 수업과 평가는 관계성과 피드백이라는 뿌리에 자양분을 주어 수업과 평가를 학습의 과정으로 만들어 갈 수 있습니다. 평가에서의 교사 주도성은 곧 수업에서의 교사 주도성과 상호 침투하는 과정입니다. 지금 교사 전문성의 이정표가 되어야 합니다. 교사 전문성과 교사 주도성의 재정의가 필요한 시점입니다. 우리 모두의 의식 대전환이 필요한 시점입니다.

III.

학생 주도형 프로젝트 탐구학습

자주 생각하는 학생들이 더 생각을 잘할 수 있습니다.
작은 시도라도 자주 해 본 학생이 큰 시도를 할 수 있습니다.
작은 성공을 여러 번 경험한 학생이 큰 성공도 할 수 있습니다.
살아가는 힘을 키우는 학생들의 교육 활동에 실패는 없습니다.
의미 있는 경험의 과정일 뿐입니다.
생각하고 시도하고 성공하는 경험들은
모두 배움이 되고 성장이 됩니다.

1. 교육과정의 변천과 주도성

가. 교육과정의 변천과 주도성

과거는 미래를 여는 열쇠입니다. 지금까지 교육과정의 변천 과정에는 두 개의 큰 흐름이 있었습니다. 우선, 교육과정의 중심이 '국가에서 지역으로', '지역에서 학교로' 이동하는 과정이었습니다. 또한 '공통에서 선택'으로 진화하여 학생 주도성의 발현이 중요한 교육의 목적이고 지향점임을 알 수 있습니다.

우리나라 교육과정은 긴급조치기, 교수요목기를 거쳐 1954년에 제1차 교육과정이 발표되었습니다. 이때 처음으로 교육과정이라는 언어를 사용했다고 볼 수 있습니다. 그로부터 10년 뒤 1963년에 제2차 교육과정 총론이 고시되었는데 그 내용을 보면 현재의 관점에서도 매우 낯익다는 생각이 듭니다.

지역사회에 대한 경험과
앎으로 '살아가는 힘'을 익히자

먼저, 2025년 기준으로 60년 전에 발표된 제2차 교육과정에서 지역사회를 주목했다는 사실입니다. 물론 당시에 지역사회를 주목한 교육과정은 지금의 지역교육과정과 다소 차이가 있습니다. 제2차 교육과정에서의 학교가 교육과정을 편성할 때 지역적 특수성을 반영하라는 메시지는 지역사회의 요구를 반영하라는 것입니다. 이를테면 지역사회 공동의 발전을 위해서 요구되는 노동력을 제공하라는 의미로 해석되기 때문입니다.

물론 지금 우리가 광범위하게 논하는 지역교육과정은 그 본질에서는 '지역'에 방점이 있는 것은 아닙니다. 학생 한 명 한 명에게 방점이 있습니다.

우리는 지역교육과정을 논하면서 지역사회의 요구를 우선시하는 경향성이 있습니다. 하지만 지역교육과정의 이정표는 "학생들이 지역에서 어떻게 생존하는 힘을 익히는가?"에 있어야 합니다. 지역사회를 많이 알고, 지역사회의 요구를 학교가 반영하는 것에서 더 나아가 지역사회에 대한 경험과 앎으로 '살아가는 힘'을 익히자는 지향성이 있어야 합니다. '살아가는 힘'은 학생 한 명 한 명의 특성에 따라 다를 것이니만큼 모든 학생에게 스스로 표현하고 실천하고 참여하는 기회를 많이 주어야 합니다.

모든 사물이 지역성과 역사성을 가지듯, 학교는 지역사회와 불가분의 관계에 있습니다. 그러므로 학교는 교육과정을 편성할 때 교육 목적, 교육 방법, 교육 평가 등을 획일적으로 설계하고 운영하는 것을 지양해야 합니다. 학교는 학생들이 태어나고 살아가는 삶의 터전인 지역사회의 교육적 필요를 고려하고, 지역에서의 경험을 재조직하여 학생 한 명 한 명이 미래를 살아갈 힘을 기를 수 있도록 하라는 지향성이 있습니다.

바로 이 점에서 제2차 교육과정은 시사하는 바가 있습니다. 제5차 경제개발 5개년 계획을 발표하고, 근대화의 삽을 뜨기 시작하는 국가주의 정권 시절에 학교와 지역, 지역과 학생의 관계를 '지역성'으로 접근하는 논리를 정부가 주도했다는 사실은 의미가 있습니다.

제2차 교육과정이 발표된 지 60년이 지난 지금 마을교육과정은 교육과정 변천의 트렌드로 자리 잡았습니다. 지난 시기 경기도교육청 혁신학교 정책의 주요 방향 중 하나도 마을교육과정이었습니다. 심지어 혁신교육 정책 3기의 주요 방향은 '지역화'였습니다.

지역 간 교육격차를 넘어서는 지역교육과정이 필요합니다

경기도교육청에서는 지역사회의 교육 생태계를 혁신의 가치로 재구조화하여 지역교육 공동체성을 발현하고 이를 기반으로 지역교육 자치를 모색한다는 취지로 지역혁신교육포럼을 31개 시군에 조직하고 교육장-시장-시군의회의장이 공동의장이 되어 포럼을 운영하였습니다. 지역혁신교육포럼은 경기도 대부분의 시군에서 현재 지역미래교육포럼으로 운영 중입니다.

또한 2022 개정 교육과정은 향후 추진 과제에서 지역을 살려낸다는 시사점이 있습니다. 그런데 여기서 지역은 조금 다른 차원입니다. 지역의 여건을 반영하는 데 그치지 않고, 지역 간 격차, 학교 간 격차를 우려하고 극복하고자 하는 고민이 녹아 있습니다. 수도권 집중, 17개 시도교육청 내의 교육격차 등 격차사회 및 격차교육이 쟁점이 되는 우리나라의 현재 여건을 반영하고 있다고 봅니다.

경기도 내 31개 시군의 지역 간 교육격차는 고착화하는 경향성이 있습니다. 또한 시군 내에서의 동 간의 격차도 존재합니다. 하물며 전국 17개 시도교육청으로 넓혀 보면 지역 간 교육격차는 어찌 보면 심각한 수준일 수도 있습니다. 물론 인구절벽이 가장 큰 요인일 수 있지만, 인구절벽 이전에 수도권 중심주의 혹은 한 줄 세우기 교육이라는 우리 사회의 구조적 모순이 반영된 것일 수도 있습니다.

현재 정치 경제적 주도권은 수도권에 있습니다. 지역이 자생적으로 지속가능한 발전을 하기 어려운 여건입니다. 여기에 지역의 지속가능성을 담보하는 요인 중에 교육, 즉 학교 소멸 위험을 고려하면 지역 소멸의 위험성은 더욱 가속화될 수도 있습니다. 인구절벽은 학령인구 감소로 이어지고 결국에는 지방에서의 학교 소멸 위험으로 나타날 수 있습니다.

따라서 지역교육과정, 마을교육과정의 지향점이 분명해야 합니다. '마을의 특색을 반영하는 교육과정'을 넘어서는 '마을의 지속가능성을 담보하기 위한 교육과정'이어야 합니다. 지역 간 교육격차를 넘어서는 지역교육과정이 필요합니다. 국가가 제도적으로 지원해 주는 데는 한계가 있을 것입니다.

지역교육과정과 학교교육과정이 적극적으로 살아나는 시점은 제6차 교육과정입니다.

제6차 교육과정의 인간상은 "21세기를 주도할 건강하고 자주적이며 창의적이고 도덕적인 한국인"이었습니다. 이 시기는 21세기를 앞두고 있었기 때문에 "오늘의 교육은 곧 21세기를 준비하는 교육이 되어야 한다.", "교과서 중심에서 벗어나 교육과정 중심으로 전환하여야 한다."로 요약할 수 있습니다.

돌이켜 보면 제1차 교육과정부터 제5차 교육과정까지는 패러다임 전환이라고 할 만한 점을 찾기가 어렵습니다. 그러나 제6차 교육과정은 오늘날의 학교와 교육을 잉태하는 메시지가 있었다고 볼 수 있습니다.

'지역수준교육과정'과 '학교수준교육과정'은 제6차 교육과정에서 처음으로 제시되었습니다. 제6차 교육과정에서 처음으로 '시도교육과정 편성 운영 지침 및 학교교육과정 편성 의무화'가 제시되고 실행되었다는 사실은 학교교육에서 중요한 의미입니다.

결국, 우리나라 교육과정 변천사에서 제6차 교육과정이 중요한 변곡점이었다고 볼 수 있습니다. 그간의 중앙집권형 교육과정을 지방분권형 교육과정으로 전환하고, 시도교육청과 학교의 자율 재량 권한을 확대하고자 했다는 메시지를 담고 있기 때문입니다.

특히 이때는 21세기를 앞두고 있었기 때문에 '21세기를 준비하는 교육' 혹은 '교과서 중심에서 벗어나 교육과정 중심으로 전환'하는 미래지향적 메시지도 담겨 있습니다.

1997년 12월 30일에 고시된 제7차 교육과정에 이르러서 학습자 중심 자기 주도적 학습이 강조되고, 수행평가 등 다양한 평가 방법이 등장하고, 국민공통기본교육과정과 선택중심교육과정이 등장합니다.

따라서 제7차 교육과정은 2022 개정 교육과정의 모태라고도 할 수 있습니다. 1995년 5·31교육개혁안이 발표되고 난 후 그 방향성과 내용을 그대로 담아내어 5·31교육개혁안을 뒷받침하기 위해서 나온 것이 제7차 교육과정이기 때문입니다.

그 후, 부분적인 개정 교육과정은 제7차 교육과정이 담고 있는 메시지가 사회의 변화 환경에 맞추어 진화하는 과정으로 이해될 수 있습니다.

나. 학생들의 삶과 연계한 역량 중심 교육과정

2009 개정 교육과정에서 주목할 점은 창의적 체험활동 도입입니다. 단위 학교에 더 많은 자율권을 부여하여 실질적인 학교의 다양화와 특성화를 유도했기에 과학, 영어, 예술 등 영역별 중점학교 운영이 가능했습니다.

그 후 2013년 10월 25일 발표한 2015 개정 교육과정에서는 문·이과 구분에 따른 지식 편식 현상을 극복하고 융합형 인재를 육성해야 한다는 사회적 요구를 반영했습니다.

이에 인문학적 상상력과 과학기술 창조력을 갖춘 창의융합형 인재 육성, 창의융합형 인재로서 '인문학적 상상력, 과학기술 창조력을 갖추고 바른 인성을 겸비하여 새로운 지식을 창조하고 다양한 지식을 융합하여 새로운 가치를 창출할 수 있는 사람'을 인재상으로 제시합니다.

이러한 인재상을 기르기 위해 고등학교에 문·이과 구분 없이 모든 학생이 배우는 공통과목을 도입하고, 통합적 사고력을 키우는 통합사회와 통합과학을 신설하고, 중학교 한 학기를 자유학기제로 운영할 수 있는 근거를 마련하였으며, 미래 핵심역량을 함양하는 교육과정을 강조하고, 진로 적성을 중심으로 하는 다양한 선택과목을 개설합니다.

> 미래교육에서 강조되어야 할 역량과 요인들은 무엇일까요?

  2022 개정 교육과정은 2015 개정 교육과정의 연속선상에서 미래교육에서 강조되어야 할 역량과 요인들을 재개념화하고 재구조화하는 등 학생들의 삶과 연계한 역량 함양을 위한 교육과정을 구현하기 위해 새로운 교육과정 체제를 구안하고자 하는 취지를 내포하고 있습니다.

  2015 개정 교육과정과 2022 개정 교육과정은 맥락적으로 하나의 흐름이기 때문에 큰 차이가 없습니다. 사회 환경의 변화를 반영하면서 맥락적으로 진화하는 과정이라 해석할 수 있습니다.

  그럼에도 우리가 그 차이를 주목한다면, 2015 개정 교육과정에서는 '창의융합형 인재 양성'을 강조하는데, 2022 개정 교육과정은 '자기 주도적인 인재'를 강조한다는 사실입니다. 거시적 수준과 미시적 수준, 일반화와 개별화, 보편성과 특수성의 차원에서 다른 메시지로 읽힐 수 있습니다. 미시적 삶, 개별화된 삶, 각 개인의 특수한 여건 등은 모두 실생활입니다. 2022 개정 교육과정에서는 '실생활 중심의 삶을 행복하게 살 수 있는 교육'을 하자는 것으로 메시지가 바뀌었다고 볼 수 있습니다.

일상의 삶을 행복하게 하는 교육으로 메시지가 바뀐 것입니다. 그리고 일상의 삶을 행복하게 살려면, 학생들 스스로 자기 주도적으로 삶을 설계하고 운영하는 힘이 있어야 합니다. 스스로 살아가는 힘을 기르는 교육에 관심을 가져야 한다는 것입니다.

이러한 진화의 맥락을 학교의 교과 교육과정에서 실행할 수 있도록 지원하는 정책으로 제시된 것은 진로 학기제와 학교자율과정(2015 개정 교육과정, 2022 개정 교육과정에서 학교자율시간)입니다.

고등학교의 학교자율과정은 학교교육과정 운영의 취약기, 학교교육과정의 안정적 운영 혹은 정상적 운영이 어려운 학기 말에 실행하는 경우가 많습니다. 이는 교과 수업 시간에는 학습 진도 등으로 프로젝트 학습을 매시간 적용하기 어렵기에 교육과정 운영 취약기인 학기 말에 학생 주도성으로 살려내는 학생 주도형 프로젝트 탐구학습을 운영할 기회를 주는 것입니다.

교육과정의 변천과 진화 맥락으로 접근하면 제도적으로도 학습자 주도 프로젝트 탐구학습을 할 수 있는 여건이 갖추어졌고, 실행할 길을 열어 두었다고 볼 수 있습니다.

다. 학습자 주도성을 기르는 교육과정

학습자 주도성은 교육과정의 유연화, 학습자 선택권 존중 확대, 수업량 유연화 등의 맥락과도 일치합니다.

물론 교육과정 편성 조직에서 학생 선택을 존중하게 되면 교과 편성 과정에서 교과 간 갈등 혹은 교사 정원 문제가 발생하고, 이동 수업이 많아서 수업 시간표 작성에 어려움이 있다는 문제 제기가 있습니다. 학교에서 겪는 실제적 어려움입니다.

학교교육과정 운영에서 중요한 것은 학생 선택권을 존중하고 교육과정을 다양화하는 것입니다. 학교에서는 "다교과와 다학년을 담당하는 교사의 수업일 경우에 과연 좋은 수업이 가능한가?" 등의 고민이 깊습니다. '다교과와 다학년 담당 교사'와 '단일 교과와 단일 학년 담당 교사' 간 갈등도 생길 수 있습니다.

학생 선택권 존중의 질적 의미를 새겨야 한다고 봅니다. 학생 선택권 존중의 본질적 의미는 좋은 수업을 전제합니다. 좋은 수업이 전제되지 않는 선택권은 모순입니다. 선택권과 수업의 질은 정합성이 있어야 합니다. 선택권을 존중함으로써 학생들에게 필요한 좋은 수업이 보장되어야 합니다. 학교에서의 교사의 수업시수, 담당 업무 등의 업무량을 현실적으로 고려할 때, '다교과'를 맡으면서 좋은 수업을 하기는 매우 힘든 일입니다. 그래서 '다교과와 다학년'을 담당하는 것은 학교에 새로운 위협 요인이 될 수 있습니다.

수업은 성취기준을 가르치는 데 그치지 않고 그 과정에서 학생 한 명 한 명에 대한 정서적·심리적 돌봄도 하기에 교사에게는 일종의 감정노동적인 성격이 있습니다. 여기에 학생에게 민감한 평가까지 생각하면 학생 선택권을 존중하는 교육과정 다양화가 쉬운 일은 아닙니다.

'다교과'와 '다학년' 수업을 맡은 교사는 그 교과와 학년만큼의 평가 내용과 평가량이 많아집니다. 학교에서는 이런 점들을 고려하여 수업 시간을 배당하고 업무를 분장해야 하는데, 이 과정이 쉽지 않습니다. 왜냐하면 전통적으로 학교에서는 수업 시간 기준으로 교사의 업무량을 분배하는 경향이 있기 때문입니다.

학교에서의 교사 정원을 안정적으로 관리하는 일이 중요합니다. 교사들이 전입해 오면 "나는 이 학교에서 5년을 근무할 수 있다." 등의 근무 여건에 대한 예측 가능성이 있어야 합니다. 이게 불안정해지면 소속감도 떨어지고 교사 자존감도 낮아져서 인사체계가 불안정하게 작동합니다. 학교교육과정 운영 과정에서 조직 긴장이 커질 수 있습니다. 학교 조직 관리에서 긴장의 정도는 안정적인 교무 학사 운영과도 밀접한 관련이 있어 늘 관심을 가져야 합니다.

이런 연유로 학생 선택권 존중과 교육과정 다양화 및 유연화는 공동교육과정이나 온라인 교육과정으로 접근해서 문제를 해결하는 경우가 있습니다. 물론, 단위 학교 내의 교육과정만큼의 양질의 교육을 담보할 수 있는가에 대해서는 고민이 있지만, 공동교육과정과 온라인 교육과정 등이 지원 환경으로 제시되어 운용될 수밖에 없는 불가피한 흐름입니다.

국가교육과정 진화의 방향과 내용이 중요합니다

국가교육과정은 시대에 따라서 변할 수밖에 없고, 시대가 바뀌면 교육과정은 바뀝니다. 자주 바뀌면 혼란스러울 수 있지만, 교육과정도 진화해야 하기 때문에 바뀌는 게 자연스럽습니다.

관건은 진화의 방향과 내용입니다. 진화의 방향과 내용이 주는 메시지를 읽어야 합니다. 교육과정의 진화는 학교의 생존을 위한 노력이고, 교육과정의 진화를 통해 학교의 존재 이유를 끊임없이 입증하는 노력입니다. 그래서 교육과정의 진화는 학생의 현실적 요구를 중심으로 진행될 수밖에 없습니다.

  교육과정은 교육 목표 달성을 위한 과정이고 교수학습 실천을 위한 준비이고 계획입니다. 교육 목표 달성을 위해서 교육과정이 필요하고 다른 한편으로 우리는 교육과정에 기반해서 교실 수업을 하기 때문에 교수학습을 위한 준비이고 계획입니다. 그래서 지금 우리에게는 끊임없는 질문이 필요합니다.

- 학교는 학생이 스스로 자라는 곳인가?
- 학생들에게 무엇을 어떻게 가르칠 것인가?
- 학습 경험을 어떻게 선정-조직-실행-평가-개선할 것인가?

- 교육과정의 주체는 누구인가?
- 교육과정의 소유권은 누구에게 있는가?
- 교육과정으로 삶을 사는 사람은 누구인가?

- 학교교육과정 정상화의 시작점은 어디인가?
- 삶으로 연동하는 학교교육과정은 어떻게 가능한가?
- 지역의 어디나 학교, 누구나 교사가 되는 교육과정은 가능한가?

2.
프로젝트 탐구학습의 토대

가. 학습 환경 조성

열린교육운동에서 지향했던 '학생 중심 교육', '학생 주도성 교육'은 제도권에서 1997년의 제7차 교육과정에서부터 그 용어가 사용되기 시작했습니다. 그 이후 25년에 걸쳐서 학생 중심 교육은 학교교육의 근간으로 자리 잡아 왔고, 이는 학생들이 그 정도의 역량을 갖추었다는 반증이기도 합니다.

제6차 교육과정에서 제도적으로 국가교육과정과 함께 지역교육과정, 학교교육과정의 문을 열었고, 5·31교육개혁안의 취지를 살리기 위해 고시된 제7차 교육과정에서는 학습자 주도 학습으로 변화의 방향을 잡았습니다.

바로 이 점에서 국민공통기본교육과정과 선택중심교육과정으로 학교교육과정을 운영할 수 있게 되었습니다. 비록 제한적이었지만 선택중심교육과정은 학생 각자가 필요한 과목을 선택할 자유를 보장했다는 점에서 매우 의미가 있습니다. 그 후 2007 개정 교육과정,

2009 개정 교육과정, 2015 개정 교육과정을 거치면서 2022 개정 교육과정에 이르렀습니다. 그만큼 학습자 주도형 프로젝트 학습을 할 수 있는 제도적 준비는 마쳤다고 봅니다.

지금 우리는 프로젝트 탐구학습을 할 준비가 되어 있습니다

학교에서 학생 자치 활동이 활성화되고, 교직원의 민주적 의사결정 문화가 시스템으로 갖추어져 있고, 창의적 체험활동 등을 통해 학생 주도성을 연습했기에 이제 교과 교육과정에서 프로젝트 수업을 할 수 있는 준비가 되었습니다.

교사 주도 강의식 수업 일색에서 벗어나 주입식이 아니라 학생 한 명 한 명이 스스로 조금 더 생각하고 조금 더 시도해 볼 수 있도록 여러 가지 수업 개선 노력을 해 온 것입니다.

평가에서조차 수행평가의 비중이 늘어나면서 수행평가를 위해서라도 수업 시간에 학생 참여를 확대해 온 것입니다. 학생 주도성은 민주적 학교 공동체 문화와 함께 교육과정으로 구현해야 하는 방향성을 확인하게 된 것입니다.

이에 비추어 볼 때, 프로젝트를 할 수 있는 준비 단계가 충분하다고 생각합니다. 준비 단계가 끝났기 때문에 학교 교과 교육과정 안에서도 교사들이 프로젝트를 할 수 있습니다.

학생의 행위 주체성을 중요하게 인식하고, 학생의 실생활과 지식을 연계하여 배움을 정의하는 일련의 맥락들, 그리고 학생의 미래 핵심역량을 방점으로 접근하는 교육과정의 개정 방향 등은 교과 교육과정에서 프로젝트 학습을 할 수 있는 제도적 준비를 끝낸 것이라고 볼 수 있습니다. 이제 학교의 역할과 교사의 역할에 대해 주목해야 할 시점입니다.

학생 주도형 수업을 할 수 있는 기반이 탄탄하게 닦인 것이고 이는 오랫동안 준비되어 온 것입니다. 사회 변화의 방향에 맞게 교육이 진화하고, 수업이 진화하고 있는 것입니다.

지금 갑자기 요구되는 것이 아니고 모든 것은 역사의 흐름을 따라 진행되고 있는 것입니다. 옳고 그름의 문제라기보다 역사적으로 타이밍이 적합한가의 문제입니다. 정책과 변화는 늘 타이밍입니다. 지금은 프로젝트 탐구학습을 할 수 있는 타이밍이 맞습니다.

나. 교수학습 방법의 다양화

교수학습 방법은 시대 변화의 요구를 적극적으로 주목합니다. 지금 학교에서의 교육 활동 이정표는 '학생 주도', '프로젝트 탐구학습'입니다. 학생 주도 프로젝트 탐구학습은 그간의 질문생성수업, 탐구학습, 문제중심학습, 협동학습 등의 수업 진화 과정에 맥락을 함께 합니다.

1) 질문생성수업
과거에는 교사 위주 강의식 수업에서 공장에서 물건을 찍어 내듯이 아이들은 수동적으로 듣고만 있었다는 비판이 있었습니다. 우리 학생들이 창의력이 없고, 수동적으로 움직이고, 시키지 않으면 안하고, 실생활과 연계되지 않는 등의 문제가 있어서, 조그만 교실에서의 조그만 시도가 '질문생성학습'이었습니다.

확산적 질문, 수렴적 질문 등 질문 중심 수업을 해 보니까 과거의 교실에서 자는 학생들이 점점 줄어지는 장점을 확인합니다. 그래서 좋은 질문을 만들기 위해서 교사들이 노력을 많이 했습니다. 단순히 질문하는 게 아니고 "좋은 질문은 좋은 수업을 만들 수 있다."라는 깨달음이 있었던 것입니다. 당시 교원들의 현장 연구 주제들을 보면 그 맥락을 알 수 있습니다. '질문'에 대해서 연구하는 주제들이 매우 많았습니다.

2) 탐구학습

질문생성학습이 확산되고, 심화되면서 탐구학습이 새롭게 관심을 받게 되었습니다. 교실 수업 중 교사가 학생들과 질의응답하는 과정에서 탐구학습에 대한 요구가 생겼습니다. 질문생성학습 과정 초기에 질문은 학생이 하는 게 아니고 교사가 질문을 이끌어 가는 게 일반적이었기 때문에 학생들은 여전히 응답하는 존재에서 벗어나지를 못했는데, 좋은 질문을 만드는 주체를 교사에서 학생으로 전환해야 한다는 요구와 시점이 있었던 것입니다.

그 전환 시점에 학생들이 스스로 질문을 생성하는 주체로서의 질문생성자이면서 동시에 질문에 대한 답을 찾아가는 교수학습 환경이 필요했는데, 이러한 성찰과 연구가 탐구학습에 대한 요구로 이어진 것입니다.

탐구학습은 기본적으로 과학실험 과학탐구에서 시작했다는 게 정설입니다. 한때는 한참 탐구가 유행이었던 적이 있었고, 탐구학습이라는 교재도 있었습니다. 학생들의 생각하는 힘을 키우기 위한 탐구학습이 강조되던 시기였습니다. 과학탐구 방식으로 과제 설정을 하고, 실험 설계를 하고, 실험 결과에 대해서 반성하고, 이런 탐구학습 방법이 전국적으로 유행했던 시기가 있었습니다.

3) 문제중심학습

이와 같은 탐구학습 방법의 변화 추이는 의과대학를 중심으로 실생활 중심의 문제로 이동했습니다. 당시 사회적으로 큰 관심은 학교에서 배운 지식이 학교를 졸업한 후에 써먹을 수 없다는 문제의식이었습니다. 이러한 문제의식에서 실생활 중심으로 하는 문제중심학습이 시작되었습니다. 문제 기반 학습이라고도 하는데, 학습자들이 실생활의 문제를 해결해 나가는 과정에서 학습이 이루어지면 학습자가 주도하는 학습, 그리고 실생활 연계 학습이 가능해서 배움과 삶의 연계도 가능하게 된다는 흐름이었습니다.

문제중심학습은 우리 실생활의 문제 상황에 대한 해결을 목적으로 하기 때문에 의식주에 관련되는 소재들이 기본적으로 많았습니다. 실생활 문제를 학습 주제로 삼는 것입니다. 가령 "집을 짓기 위해서는 어떻게 해야 하느냐?" 하는 일반적인 상황에서 나아가 보다 구체적인 상황, 즉 "물가에 집을 짓기 위해서는 어떻게 하느냐?" 하는 상황 기반형 문제해결학습이 유행했습니다. 그냥 집을 짓는 게 아니고 "강수량이 많은 지역에서 집을 어떻게 지어야 하는가?"라는 구체적인 상황을 문제로 주는 문제해결학습은 외국에서는 건축을 소재로 실행하는 사례가 많았습니다.

이런 문제중심학습은 우리나라에서는 의과대학에서 비롯된 측면이 있습니다. 가령, "넘어져서 팔을 다쳤는데, 팔이 움직이기는 하는데 너무 아프다. 이때는 냉찜질을 해야 하는가? 온찜질을 해야 하는가?" 등의 구체적 상황 기반의 문제를 해결하는 문제중심학습이었습니다.

그럼에도 소위 교과 성적이 우수한 학생들이 여전히 문제중심학습에서도 성적이 탁월했는데, 협력이 약했다는 문제의식이 있었습니다. 학생 개개인은 문제를 인식하고 해결하는 능력이 탁월한데, 협력이 필요한 문제에서는 오히려 좋은 결과가 나오지 않는 경우들이 있었던 것입니다.

물론 학생들의 협업 역량은 오래전부터 학교교육에서 주시해 왔던 과제이기도 했습니다. 의과대학뿐만 아니라 우리 사회의 많은 조직 생활에서 구성원 간의 협력은 필수입니다. 협력 없이 조직 생활을 할 수는 없는 일입니다. 협력 없이 공동체 생활, 공동체 정의를 논하기는 어렵고 개인의 자아실현도 어렵습니다

그러면 어떻게 해야 할까요. 혼자서 하는 공부가 아닌, 함께 하는 공부, 혼자서 자라는 학교가 아닌 함께 성장하는 학교를 만들기 위해서는 어떻게 해야 할까요? 우리 학생들이 협력하는 데 약한 측면이 있어 공동체의 과업을 수행하는 데 약점이 있는데, 그러면 "어떻게 해야 하는가?"에 대한 고민과 성찰이 있었습니다.

4) 협동학습

"학교에서도 사회조직이나 일반 기업체처럼 팀을 구성해 보자. 팀 중심의 협동학습을 해 보자."라는 움직임이 일어났습니다. 협동학습에 대한 요구를 학교에서 수업으로 녹여 보려고 시도했던 것입니다. 그래서 "팀을 어떻게 구성하는 게 좋은가? 이질 집단으로 구성하는

게 좋은가? 동질 집단으로 구성하는 게 좋은가?" 등의 여러 의견이 논의되었습니다.

"교과의 지식 중심 학습 성과는 동질 집단으로 구성하는 게 낫고 창의적 문제해결력이 필요한 상황에는 이질 집단이 더 낫다."라는 연구 결과가 나오기도 했습니다. 한동안 협동학습이 유행할 때 우리가 아주 많이 고민했던 것은 "무임승차는 어떻게 하는가?", "혼자서 주도하고 나머지 팀원들이 소극적으로 끌려가는 경우는 어떻게 해야 하는가?" 등의 무임승차 학생에 대한 지도 방법, 모든 팀원이 주도적으로 참여하도록 하는 지도 방법이 논의되기도 했습니다.

협동학습은 상당 기간 학교교육에서 교실 수업 혁신의 방향에서 주류가 되었습니다. 왜냐하면 강의식 수업보다는 재미있고, 학생들의 주도성을 살려낸다는 교육적 명분도 있고, 한 아이도 자지 않는 교육, 한 아이도 포기하지 않는 공교육의 정책과도 맞아떨어졌기 때문입니다.

5) 프로젝트 학습

협동학습이 한참 유행했는데, 그 과정에서 프로젝트 학습이 등장했습니다. 처음 등장했을 때 "프로젝트 학습은 무슨 의미인가?"라고 해서 '프로젝트 탐구학습 연구회' 등을 조직하고 적극적으로 연구하는 사람들이 생겼습니다. 프로젝트 학습은 멀리는 유럽에서 시작했지만 가깝게는 20세기 초 미국에서 시작했습니다. 미국의 듀이를 중심으로 하는 실용주의 사조가 전 세계로 확산한 20세기 근대화 과정의 시점과도 서로 맞물려 있습니다.

그런데 프로젝트 학습에 대해서 생소하다 보니 사람마다 프로젝트 학습의 의미를 다르게 해석하고, 사용하는 사람들의 논쟁도 있었습니다. 교육학 사전에도 프로젝트에 대해서 자세히 나오지 않았습니다. 프로젝트가 원래 교육학적 용어가 아니었던 것입니다.

교육학적 차원에서 정확한 용어는 프로젝트형 탐구학습입니다. 탐구학습의 형태를 띠었지만 프로젝트가 있는 것입니다. 탐구학습은 질문생성학습을 포함하고 있고, 동시에 문제중심학습과 협동학습의 내용을 아우르고 있기에 프로젝트 학습은 그 이면에 학생의 주도성을 발현하고자 하는 의도가 그대로 살아 있습니다. 그러면 이때 프로젝트는 무엇을 의미할까요? 프로젝트는 '실생활과 연결된 과업을 중시하는 탐구학습'이라 할 수 있습니다.

프로젝트가 실생활과 연결된 과업이라면 프로젝트형 탐구학습은 일상에서 삶의 문제를 해결하는 경험이라고 할 수 있습니다. 즉, '일상에서 겪는 삶의 문제'를 프로젝트라고 하고 '해결하는 경험'을 탐구학습이라고 한다면, 프로젝트형 탐구학습은 '일상의 삶의 문제를 해결하는 경험'이라고 할 수 있고, 여기서 일상의 삶은 '학생 한 명 한 명의 일상의 삶'이기 때문에 학생 주도형 프로젝트 탐구학습이라고 할 수 있습니다.

결국 현재 학교교육과정이 학생 한 명 한 명을 일상의 삶으로 연결할 수 있는 최적의 교수학습 방법은 학생 주도형 프로젝트 탐구학습이라고 할 수 있습니다.

학생 주도형 프로젝트 탐구학습이 삶과 교육과정을 잇는 최적의 학습 방법이고, 이러한 학습 방법으로 미래 핵심역량을 기를 수 있다면 우리는 이제 이를 어떻게 구현할 것인가를 연구하고 실천해야 합니다.

다. 문제중심학습(PBL)과 학생 주도형 탐구

우리가 학생 주도형 프로젝트 학습이라고 하면 단순히 실생활 문제를 해결하는 데서 더 나아가 자신의 진로를 창의적으로 설계하는 데까지 이르러야 합니다. 실생활 문제를 해결하는 데 그치지 않고 개인과 사회를 통합적으로 아우르는 데까지 포함해야 합니다.

프로젝트 학습은 실생활과 연결된 문제를 해결하는 결과가 중요한 게 아니고 수행 과정을 포함한 프로젝트 그 자체입니다. 사회적인 문제는 해결될 수 없는 게 많습니다. 특히 어른들도 해결하지 못해 사회적 문제라고 하는데, 학생들이 해결하기를 기대하기는 쉽지 않습니다. 그래서 문제를 인식하고 파악하고, 해결하려고 기획하고 실천해 보는 과정, 즉 수행 과정이 프로젝트 학습에서는 중요합니다.

프로젝트 학습은 수행 과정을 포함하고 있습니다. 프로젝트 학습과 문제중심학습은 맥락적으로는 서로 같은 방향을 지니고 있지만, 초점을 서로 다른 데 두고 있습니다. 문제중심학습은 문제해결에 초점이 있지만, 프로젝트 학습은 문제를 해결하는 과정에 초점이 있습니다. 문제중심학습은 문제를 해결하는 게 중요하지만, 프로젝트 학습은 문제를 해결하는 과정이 중요한 것입니다.

그 과정에서의 경험을 배움이라고 하고 성장이라고 하기에, '문제를 해결하는 과정에서의 성장'을 교육 목표로서 대단히 중시하는 것입니다.

문제중심학습은 말 그대로 문제가 주어집니다. "북한산 산행을 하기로 했다. 아, 그래. 눈길에 미끄러졌을 때 어떻게 할까? 눈길에 미끄러질 때는 오른쪽으로 미끄러지면 오른쪽 관절이 상할 수 있으니까 그때는 이렇게 처치해야 한다."라고 접근하는 것을 문제중심학습이라고 한다면, 프로젝트 학습은 다소 맥락이 다릅니다.

프로젝트는 '내가 이거를 하겠다'라고 자신이 스스로 정하는 것이 중요합니다. 주제를 스스로 정하는 것입니다. 가령, '북한산 탐방'을 주제로 정하고 북한산을 탐방하기로 했다면 기획부터 시작해야 합니다. 눈이 올 수도 있고 날씨가 좋을 수도 있습니다. 날씨에 따라서 탐방 코스가 달라질 수도 있습니다. 문제중심학습보다는 훨씬 더 자기 역량에 집중되어 있습니다. 이렇게 프로젝트는 과정에서 나를 찾고 역량이 커 가는 지향성이 있습니다. 문제 기반 학습은 문제에 대한 답을 찾는 게 목적이고, 프로젝트는 과정에서 역량을 향상하는 게 목적입니다.

자기 삶, 자기 역량, 자기 흥미나 진로, 이런 것들, 즉 경험과 학습이 자기 자신에게 집중이 되어 있는 것입니다. 자신의 진로, 흥미, 역량에 집중되어 있기 때문에 답이 바로 나오는 문제중심학습과는 다릅니다. 진로 흥미 역량에 정해진 답은 없습니다. 그래서 프로젝트 학습은 답이 아니고 해결하는 과정에 있습니다. 해결하는 과정에서 역량을 키우고, 역량이 크는 만큼 배우고 성장하는 것입니다. 자기 역량만큼 성장하는 것입니다.

제과점에 들어가면 어떤 학생은 빵 맛에 관심이 많고, 어떤 학생은 빵의 색깔에 관심이 많고, 어떤 학생은 빵 가격에 관심이 많듯이 자기 관심과 역량만큼 거기서 얻어 가는 것입니다. 자신에 대해서 더 잘 알게 되고, 자신의 미래에 대해서 더 잘 알게 되고, 자신의 관심 분야에 대해서 더 잘 알게 되는 것입니다.

"나는 빵을 만드는 원리를 공부할게.", "나는 빵 디자인을 공부할

게.", "나는 빵 가격이 정해지는 요인을 공부할게." 등으로 나타날 수가 있습니다. 그래서 프로젝트는 비교적 장기간에 걸쳐서 뭔가 과제를 수행할 때 그 과정에서 자신에 대해서 알게 되고, 세상에 대해서 알게 되는 학습 방법이기 때문에 학생 주도성이 살아날 수 있고, 실생활과 연계될 수 있습니다.

학생이 프로젝트를 주도하는 학습, 무엇이 중요할까요?

수업과 학습의 과정에서 프로젝트를 중시하는 이유가 있습니다. 그것은 프로젝트 수행 과정에서 학생들의 경험과 밀접하게 관련되어 있습니다. 즉, 프로젝트를 수업과 학습의 과정에서 중시하는 이유는 학생들이 문제 수행 과정의 경험에서, 경험 속에서, 경험하는 과정에서 역량이 형성된다고 보았기 때문입니다.

그 역량은 우리가 일상을 살아가는 역량입니다. 일상을 살아가는 역량은 리서치 역량, 대인관계 역량, 소통 역량, 협업 역량, 문제해결 역량, 창의적 역량 등이 있는데, 수행 과정에 우리가 일상을 살아가는 역량이 다 포함된 것입니다. 그래서 학생 주도형 프로젝트 학습이란 '프로젝트를 하기 위한 수행 과정이 중요시되는 프로젝트를 학생이 주도하는 학습'이라 정의할 수 있습니다.

학생의 역량에 교육의 방점을 두고 학생의 역량을 가장 크게 향상시킬 수 있는 학습 방법을 찾는다면, 학생에게 프로젝트를 주고 프로젝트를 해결하는 과정, 답을 찾는 과정에서 학생의 역량이 향상된다는 사실에 주목해야 합니다. 문제를 해결해서 역량이 크는 게 아니고, 문제를 해결하는 과정에서 그리고 연속되는 경험에서 역량이 크다는 사실을 우리가 알았기에 프로젝트 학습을 하는 것입니다.

결론적으로 프로젝트 탐구학습은 답을 찾는 게 아닙니다. 답을 찾아서 발표를 잘하는 것이 목적이 아니고, 프로젝트 수행 과정에서 자기 자신에 대해서 알고, 세상에 대해서 알고, 아는 바를 실천합니다. 프로젝트 탐구학습은 자기 인식과 세계 이해, 합리적 판단과 실천 등 앎과 경험을 연계해서 확장하는 것입니다.

3.
함께 만드는 프로젝트 탐구학습

가. 학교교육을 바라보는 관점의 진화

우리가 교육을 이야기할 때 종종 '세상을 바꾸는 교육', '세상을 바꾸는 학교', '세상을 바꾸는 교실', '세상을 바꾸는 교사'를 이야기합니다. 당연하게도 교사가 교실을 바꾸고 학교를 바꾸고 교육을 바꿀 수 있다고 봅니다. 그리고 보다 좋은 수업, 더 평화로운 교실을 위한 고민과 노력으로 교실을 바꾸고 학교를 바꾸는 주체도 역시 교사입니다.

언젠가 우리 선생님들께 다음을 말씀드린 적이 있습니다.

"'나는 오늘 좋은 교사였는가?', '나는 오늘 좋은 수업을 했는가?', '나는 오늘 좋은 동료였는가?', '나 때문에 힘들어하는 사람은 없었는가?' 등의 질문으로 하루를 마감하는 습관을 들인다면 그 순간 교실을 바꾸고, 학교를 바꾸고, 세상을 바꾸는 힘이 생기게 될 것이라고 믿습니다.

마찬가지도 저도 날마다 성찰하는 삶을 습관화하기 위해서 애씁니다. '나는 오늘 좋은 교장이었는가?', '나는 오늘 좋은 어른이었는가?', '나는 오늘 좋은 선배였고 동료였는가?', '나는 오늘 좋은 선생님이었는가?', '나는 오늘 학생들과 교직원 선생님들의 성장을 위해서 노력했는가?', '나는 오늘 좋은 학교, 행복한 학교를 만들기 위해 노력했는가?'라는 질문을 종일 가슴에 품고 살고자 합니다. '나로 인해 학교가 힘들어지고 나로 인해 학생과 교직원 선생님들이 덜 행복해지는 일이 있으면 어떡하나?'라고 하는 걱정을 매달고 삽니다."

그리고 여전히 그 생각은 의미 있다고 봅니다.
그런데 우리가 교육하는 이유가 '세상을 바꾸기 위한 것이다'라는 주장에 대해서는 변화가 필요하다고 봅니다. 학생들을 교육하는 목적이 '세상을 바꾸기 위해서'라는 주장을 선뜻 동의하기 어려운 현실이 있습니다. 우리가 교육하는 학생 모두가 세상을 바꿀 수도 없지만, 세상을 바꾸는 교육을 하는 게 지금 사회 변화 추세에 적절하지 않을 수 있습니다. 학생들이 학교 오는 이유가 세상을 바꾸는 힘을 얻기 위해서는 아닐 것입니다.

> '학생 한 명 한 명의 행복한 삶을 위한 교육'으로
> 교육의 목적을 재정의해야 합니다

생각건대, 우리 학생들 대부분이 비범한 평민으로 살아갈 것이라

는 희망으로 교육하면 족하지 않을까 생각합니다. 그래서 세상의 변화에 적응하고, 자기만의 의미 있는 방식으로 생존하는 교육에도 관심을 가져야 한다고 봅니다. 이는 학교교육을 통해서 하고자 하는 것, 기대가 바뀌고 있다는 현실 인식에 기반합니다. 대부분 학생은 졸업 후 우리 사회의 엘리트를 꿈꾸지 않습니다. 우리나라 교육기본법 제2조에 나와 있는 것처럼 '민주국가와 인류 공영에 이바지할 수 있는' 엘리트를 꿈꾸며 학교에 다닌다고 말하기 어렵습니다. 오히려 일상에서 안전하고 행복하게 사는 평범한 사람이 되기를 바란다고 봅니다.

그래서 교육의 목적부터 다시 생각해야 합니다. 더 좋은 세상을 함께 만들어 가는 것은 당연히 중요한 일이지만, 동시에 행복한 개인의 삶을 위해 교육한다는 생각이 본질에서 자리 잡고 있어야 한다는 것입니다. 행복한 개인이라는 표현도 부족합니다. 더 정확한 표현은 '학생 한 명 한 명의 행복한 삶을 위한 교육'으로 교육의 목적을 재정의해야 합니다. 학생 한 명 한 명이 변화하는 세계에 직면하여 적응하는 힘을 기르고, 자기 세계에서 불확실성을 제거해 가면서 안정적으로 미래를 만들고 관리하고 강화하는 힘을 기르는 교육이 중요합니다.

학생 한 명 한 명의 행복한 삶을 중시하는 학교는 교육과정 선정 조직에서 학생 선택을 강화하는 방향으로 유연화할 것이고, 수업과 평가에서도 학생 주도성을 강화해야 할 것입니다. 학생들이 스스로 사고하고 스스로 질문하고 스스로 시도하는 경험을 제공할 수 있는 수업은 학생 주도형 프로젝트 탐구학습이 가장 적절합니다.

생각도 연습과 훈련이 필요합니다. 자주 생각하는 학생들이 더 생각을 잘할 수 있습니다. 작은 시도라도 자주 해본 학생이 큰 시도를 할 수 있습니다. 작은 성공을 여러 번 경험한 학생이 큰 성공도 할 수 있습니다. 생각하고 시도하고 성공하는 경험들은 모두 배움이 되고 성장이 됩니다. 관건은 스스로 시작하는 것입니다.

나. 학교 공동체의 참여와 실천

프로젝트는 단번에 되는 게 아닙니다. 시대적 배경과 바탕이 있어야 합니다. 이렇게 잘 탄탄하게 준비된 상태에서 시작해야 하는데 학교마다 쌓인 배경이 다릅니다. 학교마다 역량 차이가 있습니다.

프로젝트 학습을 정형화하여 이를 실행하라고 모든 학교 모든 교사에게 일률적으로 요구하기는 어렵습니다. 우리가 지금 해야 할 일은 프로젝트 학습이 학교 변화의 시대적 흐름이라는 사실을 받아들이고 함께 확인하는 것입니다. 교육의 시대정신이 '학교'이고, 학교의 시대정신은 '학생 주도'라면 학생 주도의 핵심은 '프로젝트 탐구학습'인 것만은 분명하다는 사실을 공유해야 합니다.

프로젝트를 학교에서 실제 실천하는 문제는 교사들의 몫입니다. 교사들이 "나는 프로젝트 하는 데 익숙하지 않아요."라고 할 수도 있을 것이고, "프로젝트는 내가 잘할 수 있어요."라고 할 수도 있습니다. 그러니까 학교에서는 "프로젝트 학습으로 내 수업의 대전환을 시도하겠어." 하는 교사들이 잘할 수 있도록 잘 지원해 주어야 합니다. 교장과 교감의 역할이고, 교육지원청의 역할입니다.

무엇보다 "그 역할을 어떻게 수행할 것인가?"를 찾는 일이 중요합니다. "누구에게 무엇을 어떻게 지원할 것인가?"를 찾아야 합니다. 저는 학교에서 프로젝트를 공유하는 과정에서 몇 가지를 말씀드렸습니다.

첫째, 프로젝트 수업을 완벽하게 구현할 수는 없습니다. 그래서 현실적인 전략이 필요한데 그 하나는 '프로젝트 데이', '프로젝트 위크' 등을 통해 비정기적으로 적용하는 것입니다. 다른 하나는 프로젝트 양식을 제공하여 프로젝트 중심 수업을 제공하는 것입니다. 이러한 전략은 완벽한 프로젝트 수업은 아니지만 프로젝트 목표를 어느 정도는 충족시킬 수 있는 옵션입니다.

둘째, 융합 수업이나 프로젝트 탐구학습에 왕도는 없다는 것을 인정해야 합니다. 학교마다 여건이 다르기 때문에 학교마다 적용이 다를 수밖에 없습니다. 특수목적고등학교의 경우에는 프로젝트 탐구학습을 과학실험이라든가 혹은 교과의 심화 내용을 주제로 삼아 수행할 수도 있습니다. 장기간에 걸쳐 할 수도 있습니다. 교과 교육과정의 내용에서 그 주제를 살려낼 수 있으면 가능합니다. 그래서 1년짜리 프로젝트를 할 수도 있을 것입니다.

소규모 학교는 농사를 지을 수도 있습니다. 가평은 잣, 이천은 쌀 등 농산어촌의 경우에는 지역사회의 특성과 연계하여 프로젝트를 수행할 수 있습니다. 도시의 소규모 학교라도 학교 안의 텃밭 가꾸기 등을 수행할 수 있습니다. 삶의 기반이 지역에 따라 다르고, 학교에 따라 다르기 때문입니다. 학생들의 삶의 여건이 모두 다르고, 프로젝트 활동은 삶의 여건을 반영해야 하기에 프로젝트 활동을 하기 위해서는 교사 역량이 중요합니다.

　그래서 프로젝트 학습은 정형화되어 있지 않고, 정형화되어 있지 않기 때문에 하나의 관점을 가지고 주장하면 갈등이 생길 수 있습니다. 프로젝트 학습에는 왕도가 없습니다. 단지 진심이 있을 뿐입니다. 교사와 학생의 진심이 있을 뿐입니다. 진심은 학생에게는 학습 동기이고, 교사에게는 전문성입니다.

　셋째, 교사들에게 프로젝트는 부담스러울 수 있습니다. 우리는 교사들에게 프로젝트를 하나의 독립된 수업 양식으로 받아들이라고 강요할 수 없습니다. 무엇보다도 현재 교육 환경이 가지고 있는 제도상의 문제가 크기 때문입니다. 그리고 전통적인 교수법의 효과성도 여전히 지속되기 때문입니다.

　프로젝트 탐구학습은 매력적이고 학교교육의 목적에 적합한 교육방법이지만 교사들에게 매우 부담스러울 수 있습니다. 학생들에게도 부담스러울 수 있습니다. 프로젝트는 학생들에게 활동의 여지를 넓고 크게 주기 때문에 수업이 소란스러울 수 있어서 교사가 학생을 관리하기가 쉽지 않을 수 있습니다. 그래서 수업 목표 도달 정도를 평가할 때 만족도 조사보다 훨씬 정교함이 필요합니다.

　교사들은 이러한 혼란스러운 분위기에서 학급에 대해 전체적인 파악을 하는 과정에서 어려움을 겪을 수 있고, 수업 준비와 수업 진행에 일반적인 수업보다 훨씬 더 많은 시간을 소요해야 할 수 있습니다. 그래서 "지금 우리는 프로젝트를 어떻게 살려 나갈 것인가?"에 대해 고민하고 연구해야 합니다. 프로젝트가 추구하는 학생 주도성, 자유, 의사소통과 의사결정, 공동의 결정, 협업과 협력 등은 자기의 미래를 만들어 가는 중요한 힘이 될 것이기 때문입니다.

 넷째, 프로젝트는 모둠 내 모든 학생의 공동 참여와 공동 수행 과정이 중요합니다. 그런데 여전히 성취도가 낮은 학생들의 동기유발에 어려움을 겪을 수 있습니다. 프로젝트 수업을 성격적으로 좋아하지 않는 학생도 있을 수 있습니다. 마음이 아픈 학생도 있을 것입니다. 실제 프로젝트를 해 본다면 이런 학생들이 존재하고, 이런 학생들에 대한 교육적 처치가 쉽지 않다는 것을 확인하게 될 것입니다. 그러나 일반적으로 학생들은 실생활 관련 프로젝트 활동에서 행위주체성을 드러낼 가능성이 더 크기 때문에 이를 학습 동인으로 찾고 끌어내는 과정이 필요합니다. 바로 이 점에서 교사 주도성이 작동해야 합니다.

다. 적용 전략 10가지

시도가 시도를 낳고, 더 좋은 시도를 만듭니다

 "학생들이 학교에서 자기 생각대로 무엇인가를 할 수 있는 기회가 얼마나 될까?"를 생각해 봅니다. 학교에서 학생 한 명 한 명이 각자 하고 싶은 일을 할 수 있는 그런 교육 환경이기를 바라지만 실제로는 어렵습니다.
 학생들의 학교생활은 자의든 타의든 정해진 시간표대로 움직입니다. 정해진 시간표대로 움직인다는 것은 성실성을 훈련받는 것일 수도 있지만 그만큼 길들여지는 것일 수도 있습니다. 그만큼 자기 생각으로 뭔가를 시도해 볼 수 있는 기회가 제한되기 때문입니다.

학생들이 자기 생각으로 스스로 시도해 보고, 실패든지 성공이든지 경험하게 하는 것은 매우 중요하다고 봅니다. 생각도 자주 하는 사람이 생각하는 방법을 압니다. 생각이란 게 없이 살면 스스로 생각하는 것조차 낯설게 여겨질 수 있습니다. 그래서 누군가 나의 생각을 대신해 주지 않으면 힘들어합니다. 그래서 생각도 연습이고 습관입니다.

우리 학생들에게 작은 시도, 작은 성공을 경험하도록 하는 게 결국은 큰 성공을 위해 중요합니다. 그래서 아주 작은 시도라도 오로지 격려해 주는 게 가장 우선일 수 있습니다. 시도하면 결과적으로는 실패도 하고 성공도 할 것입니다.

성공하든 실패하든 시도는 중요합니다. 시도는 결과에 이르는 과정을 포함하기 때문입니다. 학창 시절 시도는 그 과정에서 배우는 것만으로도 의미가 족합니다. 과정의 경험이 있으면 그 경험의 힘으로 시도해 본 경험이 또 다른 시도를 가능하게 할 것입니다. 시도가 시도를 낳는 것이고, 더 좋은 시도를 만들어 낼 것입니다.

시도하는 습관이 생기는 것은 자기효능감하고도 관련이 깊습니다. 실패의 경험이 결코 효능감을 낮추지 않습니다. 학창 시절의 효능감은 과정에서 얻은 경험에 있습니다. 학생들이 갖는 효능감에 부정적 영향을 주는 요인은 남이 시켜서 하는 시도입니다. 자기 시도는 성공과 실패의 경험이 주는 차이는 있겠지만 수행 과정에서의 경험이 배움으로 남아 있기에 자기효능감에 긍정적 영향을 줄 것입니다. 그리고 학생의 시도에 실패는 없습니다. 실패는 단지 수행 과정의 오류를 경험한 것이기에 실패도 학습이고 성장의 기반입니다.

교사에게도 마찬가지입니다. 교사에게도 아주 작은 시작의 경험, 아주 작은 성공의 경험이 중요합니다. 교사 효능감 역시 작은 시작과 작은 성공이 쌓여서 형성되는 것입니다. 자존감과 효능감은 긴밀한 상관성이 있습니다. 자존감과 효능감은 더 좋은 수업, 더 좋은 교육 방법을 만들고 실천할 수 있는 씨앗입니다.

그래서 융합 프로젝트를 기반으로 하는 학교자율과정은 학생에게도 중요하지만, 교사에게도 중요합니다. 효능감을 강화하는 일이기도 하고, 무엇이든지 직접 시작해 보고 경험해 봐야 알 수 있는 일이기 때문입니다. 그래서 다음과 같은 학교에서의 프로젝트 탐구학습 적용을 위한 전략이 필요합니다.

프로젝트 탐구학습을 유연하게 접근해야 합니다

지식과 경험의 통합, 혹은 실행 과정이라는 말에 지나치게 구속되지 않아야 합니다. 학습자의 자발적 학습 동기에 지나치게 갇히지 않아야 합니다. 프로젝트는 유럽과 미국에서의 역사적 근원을 보면 수공예 등 물건을 만들어 생산하는 것과 관련이 있습니다. 프로젝트는 우리가 마주하는 일상의 과제로부터 시작하고, 학교의 여건을 반영하는 것이므로 고정된 틀에 맞추어 수업지도안을 설계하고 평가의 틀을 적용하는 것에서 자유로워야 합니다.

프로젝트는 크게 활동 중심 프로젝트와 생산 중심 프로젝트로 분류할 수 있습니다

활동 중심 프로젝트는, "왜 설탕은 건강에 해로운가?", "왜 사람들은 자기중심적 성향이 있는가?" 등일 수 있습니다. 생산 중심 프로젝트는 '청소 휴머노이드 만들기', '미래형 도시 만들기'와 같은 주제가 선택될 수 있습니다. 물론 프로젝트를 나누어 실행하는 것보다는 스스로 시도하고 수행하는 과정에서의 사유가 일어날 수 있도록 지도하는 것이 중요합니다.

학생 주도성이 본질입니다

학생 개개인이 프로젝트 주제를 수행하는 과정에서 자신의 주도성을 발현할 수 있어야 합니다. 수행 과정에서 주도성을 발현할 수 있도록 지도해야 합니다. 주도성은 프로젝트가 완성되고 이를 성찰하는 과정에서도 핵심입니다. 프로젝트의 성패는 주도성에 있습니다.

팀 프로젝트를 원칙으로 자발성과 관계성, 그리고 공동체성을 기를 수 있어야 합니다

프로젝트는 1인 프로젝트도 있습니다. 혼자서 교육적 목적, 학습 성취기준에 적합한 프로젝트를 할 수도 있습니다. 그러나 학교에서는 팀 프로젝트를 원칙으로 하는 게 타당합니다. 팀으로 하는 게 프로젝트 학습이 지닌 여러 효과를 더욱더 잘 달성할 수 있습니다.

혼자 생각보다는 여럿이 모여 생각을 나누며 프로젝트를 수행하면 프로젝트의 질이 좋아집니다. 이 과정에서 '내 생각이 틀릴 수 있구나'라는 것도 알게 되어 개방성, 유연성이 넓어지고, 그래서 의사소통 역량, 대인관계 역량, 협업 역량 등도 강화할 수 있습니다.

사고가 개방적일수록 창의성과 비판적 사고력도 커집니다. 생각도 연습이고 연습을 통해 고등사고력이 더 생기듯이, 창의성도 연습이고 연습을 통해 길러집니다. 스스로 생각하고 시도하는 경험은 창의성의 중요한 요소입니다.

팀 프로젝트를 해야 하는 또 다른 배경이 있습니다. 지금 학생들은 모두 코로나19를 겪었습니다. 성장기의 학생들에게는 큰 벽을 건너온 것이라고 할 수 있습니다. 지금도 여전히 정서적·심리적 어려움을 견디는 학생들이 많습니다. 대면 관계를 힘들어하는 학생들도 과거에 비해 상대적으로 많습니다.

이들에게는 학교에서 관계성 회복을 중요하게 여겨야 합니다. 수업 장면에서 학생들끼리 어울려서 하는 수업을 많이 해야 합니다. 어울리는 경험도 연습이 필요합니다. 자주 어울려 본 학생들이 '어울림'에서 자기 주도성을 기를 수 있습니다. 학교에서 예체능 교육이 중요한 이유이기도 합니다. 한 사람의 특기가 아닌 모두가 함께 하는 예능 활동이나 체육 활동이 필요합니다. 뮤지컬, 연극, 축구 경기, 줄다리기 등 누구나 함께 참여하는 활동이 필요합니다. 관람자가 아닌 참여자로 관계를 깨닫게 하는 교육이어야 합니다.

결국 학교에서 하는 프로젝트는 혼자 하는 것이 아닙니다. 학교는 관계성을 가르쳐야 하기 때문입니다. 역량 있는 개인도 중요하지만, 학교에서 하는 프로젝트에서는 건강한 시민으로 자랄 수 있는 경험을 공유하게 하는 교육이 중요합니다. 그래서 프로젝트는 혼자 할 수도 있지만 프로젝트는 팀으로 할 때 더 큰 효과를 발휘합니다.

프로젝트 수행 과정에서 소외된 학생들이 있는지 면밀하게 살펴야 합니다

교사 주도 수업에서는 소외된 학생들이 눈에 쉽게 들어오지 않을 수 있습니다. 침묵하고 듣는 학생들이 다수이기 때문입니다. 그래서 소외된 학생들도 침묵에 묻혀 가는 경우가 많습니다. 그러나 프로젝트 탐구학습에서는 소외된 학생들이 노출되기 쉽습니다. 스스로 노출되는 것에 부담이 있을 수도 있습니다. 이 학생들에 대한 특별한 정서적·심리적 돌봄도 중요하고 이는 교사의 주도성이 발현되는 순간이기도 합니다. 프로젝트에서는 단 한 명의 학생도 소외되지 않아야 하기 때문입니다.

그동안 우리는 교실 수업에서 성취기준을 열심히 가르치고, '얼마나 배웠나?' 등 성취수준을 측정하는 데 관심이 많았습니다. 그러나 교실 수업에서 놓쳐서는 안 되는 게 있습니다. 교사 주도 수업에서 소외된 학생들이 없는지를 살피는 일입니다. 어떤 학생들은 매 수업 시간 소외된 채로 보낼 수도 있습니다. 그 학생들에게 학교는 평안할 수 없고, 교실은 안전할 수 없으며, 수업은 결코 행복할 수 없습니다. 그래서 교실 수업은 또 다른 정서적·심리적 돌봄의 시간이기도 합니다.

프로젝트의 지속과 중단은
교과교사협의회에서 논의해야 합니다

　프로젝트가 진행 중일 때라도 해결할 수 없는 문제가 생길 경우 혹은 프로젝트가 비효율적이라고 판단된다면 프로젝트를 중단해도 됩니다. 또는 프로젝트 목적이 생각보다 빠른 시기에 도달한 경우라면 미리 마무리해도 됩니다. 프로젝트 참가자가 원한다면 프로젝트를 무조건 지속해야 할 필요는 없습니다.

　프로젝트에서 가장 중요한 요소는 프로젝트를 지속하거나 중단하는 것을 학생들이 스스로 결정할 수 있다는 것입니다. 이는 학생들에게 "프로젝트는 언제든지 중단할 수 있어 최선을 다하지 않아도 된다."라는 여지를 줄 수 있기 때문에 조심해야 하지만, 중단이나 지속의 판단이 교육적이라면 이를 수용하는 게 맞습니다.

　수용하더라도 중단이 자주 있는 일이 아니기 때문에 최소한 교과교사협의회를 통해 그 사유가 정당한지, 그리고 중단한다면 그다음에는 무엇을 어떻게 지도할 것인지에 대한 논의가 있어야 하기에 교과교사협의회가 필요합니다.

모든 수행 과정에 개인별 글쓰기를
필수로 포함해야 합니다

　소주제에 따라 수행 과정이 다를 수도 있을 텐데, 모든 수행 과정에 글쓰기는 필수로 넣는 것이 필요합니다. '강의 듣고 글 쓰는 것'도 프로젝트입니다. 외부 강사의 경우에는 강사의 수준을 고려해야 하고, 사전에 강의 목표에 따른 강의 주제 그리고 강의 방법과 기대 효과 등에 대해 논의해야 합니다.

'발표'로 글쓰기를 대신하지 않아야 합니다. 글쓰기는 자기주장을 명료하게 하고, 자기의 부족함을 느끼는 계기를 제공하기도 하고, 스스로 자기 생각을 만들고 키우는 가장 적극적 교육입니다. 우리가 흔히 말하는 '유창성의 착각'이라는 오류'에서 빠져나오는 길이기도 합니다.

유식하다고 스스로 생각하는 사람들에게 글쓰기를 시키면 '아, 내가 유식한 게 아니었구나. 착각이었구나'라고 깨닫게 될 가능성이 큽니다. 그래서 유창성 착각을 피하기 위해서는 글을 써 보는 게 좋습니다. 특히, 사회적으로 일반화된 현안, 오래된 쟁점들은 글쓰기를 통해 자기 생각의 부족함과 오류를 찾을 수가 있기에 극단적 입장에서 벗어날 수 있습니다. 집단 극화 현상을 사회적 문제로 고민하는 요즘에는 토론하고 글을 쓰는 교육이 더욱 중요합니다.

우리는 일상의 환경에서 '듣기'에 노출되어 있습니다. 텔레비전에서도 유튜브에서도 음성을 들을 수 있고, 교사도 말하고, 친구도 말합니다. 눈 감아도 듣고, 눈 뜨고도 듣기 때문에 우리는 말할 수 있습니다.

그런데 글은 내가 일부러 찾아 읽지 않으면 아무도 나에게 읽어 주지 않습니다. 요즘에는 책 읽어 주는 앱도 있지만, 귀로 듣는 행위는 책 글을 눈으로 보며 사유가 일어나는 과정을 경험하는 것과는 다릅니다. 선행 단계인 '읽기'가 안 되어 있으므로 '쓰기'가 어렵습니다. 쓰려면 읽어야 합니다. 단지 한글을 아는 수준이 아니고 내가 단어를 조합하고 어절을 만들어서 문장으로 엮어 내야 하고, 또 다음 문장으로 이어지게 문장과 문장 간, 문단과 문단 간을 잇고 펼치는 일련의 과정이 필요합니다. 이 과정의 결과물이 글이기 때문입니다.

글을 읽어야 글을 쓸 수 있습니다. 듣고 보는 것만으로 글이 쓰이지 않습니다. 수업 시간에 수행평가를 위해서 학생들이 에세이를 쓰는 경우가 많습니다. 중요한 교육입니다. 비록 엉성하더라도 자신의 사유를 담아 문자언어를 읽고 글로 표현할 수 있는 교육이 중요합니다.

교사는 학생들의 수행 지도 과정을 기록으로 남겨야 합니다

학생 주도형 프로젝트 탐구학습으로 학교자율과정을 주도하는 교육과정부장, 교무기획부장, 연구부장 등을 비롯하여 모든 선생님은 학교자율교육과정에 자신의 지도 과정을 기록으로 남겨야 합니다. 교사는 기록으로 또 다른 시도와 성장을 꿈꿀 수 있습니다. 학교는 기록으로 교육과정의 질적 진화를 시도할 수 있습니다. 학교교육과정 운영 기록이 있으면 교사가 바뀌더라도 학교의 정체성을 유지할 수 있습니다.

특히, 새로 시작하는 교육과정이나 수업과 평가라면 더욱더 논의 단계부터 기록으로 남겨야 합니다. 프로젝트 탐구학습은 교과의 경우에는 과학과, 사회과 등을 제외하고는 낯설 수도 있으므로 과정에서 경험하는 문제점과 대안, 좋은 점과 발전 방향, 처음과 다른 우연의 효과들을 스스로 기록하고 학기 말 '학교자율과정 교사 평가회'

때 모여서 기록을 바탕으로 공유하는 시간을 가져야 합니다.

프로젝트 탐구학습 지도에서 교사 역할에 대한 재정의가 필요합니다

프로젝트에서 교사 역할은 매우 중요합니다. 학생들이 소주제에 따른 프로젝트를 설계하고 수행 과정에서 주제를 벗어나지 않도록 그리고 배움이 일어날 수 있도록 지도해야 합니다. 프로젝트를 지도할 때는 프로젝트 수업의 목적을 늘 잊지 않도록 지도하는 게 가장 중요합니다.

그래서 목적에 도달할 수 있도록 해야 하는데, 목적이 곧 성취기준일 수 있으므로 이에 도달하도록 관리해 주어야 하는 것입니다. 길을 잃지 않도록, 어느 순간에 점프할 수 있도록 지도해야 합니다. 늘 학생들 곁에 있어야 합니다. 학생들이 자기 주도성을 발휘하고, 동시에 성취기준에서 벗어나지 않도록 해야 하기 때문입니다.

교사의 역할은 조력자라고도 하고 퍼실리테이터라고도 하는데, 생각건대 교사는 조력자나 퍼실리테이터일 뿐만 아니라 학생들과 동행하는 교육전문가여야 합니다. 학생들과 함께 배우고 성장하는 존재인데, 수평적 입장에서 함께하는 존재가 아니고 학생들이 길을 잃지 않고 학생들이 길을 제대로 찾아가도록 이끌면서 동행하는 교육전문가여야 합니다.

라. 프로젝트 탐구학습에서 교사의 역할

　실제로 프로젝트 학습은 쉽지 않습니다. 사회적 여건, 학교의 지원 환경, 교사 전문성, 학생의 경험 등 전반적인 요소가 서로 맞아야 하는데, 현실에서는 소수 교사의 의지로 시작하는 경우가 많습니다. 프로젝트를 보면서 실망하는 의견을 개진하는 분들도 있는데, 이는 기대 수준이 높기 때문입니다. 지금 학교 현실에서 프로젝트는 새가 알을 깨고 나오는 것과 같은 새로운 세계이기 때문에 결코 쉽지 않습니다. 현실적 여건에 대한 진단이 부족하다거나 혹은 기대 수준이 너무 높다거나 하면 중도에 포기할 수 있습니다.

　특히, 프로젝트 학습의 초기 원칙 즉 학생의 학습 동기에 방점을 두고 학생 주도성을 최대한 살리는 수업을 기대하고 있으면, 현재 학교에서 수행하는 프로젝트 학습은 부족해 보일 가능성이 있습니다.

　프로젝트 학습을 주장한 킬 패트릭은 프로젝트의 시작과 끝은 학생의 순수한 자발성, 학생의 동기와 열정이라고 합니다. 그러나 자발성으로 시작하기에는 현재 학교 현실에서 쉽지 않습니다.

　특히, 우리나라처럼 성취기준을 국가에서 공통으로 정해 주는 상황에 비추어 보면 엇박자입니다. 짐작건대 킬 패트릭을 중심으로 하는 미국의 초기 프로젝트 수업은 학생의 자발성을 극단적으로 중시했기 때문에 실패했을 수 있습니다.

　학교에서 교과 간 융합 프로젝트를 수행하는 경우가 있습니다. 교과 융합 프로젝트를 위해서는 교과 융합을 위한 교사 융합이 필요합니다. 교과 융합 프로젝트를 제대로 하려면 2월 새 학년 준비 기간에 융합 교과 선생님들이 모여서 함께 실천하고자 하는 프로젝트 탐구수업의 수업과 평가, 기록의 맥락을 잡고 계획하고 실행하고 성장 중심 평가까지 반영하고 피드백까지 설계해야 합니다.

이렇게 시작하는 학교는 흔치 않을 것입니다. 융합이 학생들에게 필요한지, 학생들의 주도성을 살려낼 수 있는지 등에 대해서 고민할 시간이 짧기 때문입니다. 대부분의 학교에서 교사들은 3일간 워크숍에 참여하는데, 책상을 붙여 놓고 모둠 활동을 하면서 열심히 준비합니다만 쉽지 않은 일입니다. 융합 교과 간에 각 교과의 성취기준 논의도 필요하기에 사전에 성취기준을 깊이 있게 연구해야 하지만 현실적으로 쉬운 일은 아닙니다.

왜 그럴까요? 여러 가지 배경이 있겠지만 중·고등학교는 학제적 성격이 강한 교과 중심 체제이고 교과 중심으로 교육과정이 운영되다 보니, 교사 융합이 어렵기 때문입니다. 교사들은 교과 교사 혼자 하는 일은 수업이든 평가든 생활지도든 다 잘합니다. 하지만 융합은 아주 강한 의지가 없으면 쉽지 않습니다.

알고 보면 교과 융합은 결국은 교사 융합입니다. 그런데 학제적 성격이 강한 교과 간의 벽을 넘나들기가 힘든 것입니다. 초등학교는 교사별 교육과정도 가능하기에 프로젝트도 잘할 수 있을 것입니다. 교사들은 각 개인은 매우 똑똑하고, 수업도 탁월하게 잘합니다.

그렇지만 융합은 현실적 여건에서 보면 쉽지 않습니다. 대학의 교원양성 교육과정에서도 융합 교과 지도 역량을 가르치는 경우를 찾기 어렵습니다. 스스로의 의지와 경험으로 융합 지도 전문성을 키운 융합에 익숙한 교사는 드물 것입니다. 그래서 대부분 교사에게 융합 교과 지도는 낯설고 새로운 길입니다. 낯선 길이지만 우리가 직면해야 하는 교실 수업 여건이라면 우리는 융합을 위해서 다음의 몇 가지에 관심을 가져야 합니다.

학습자 분석으로
배움과 경험의 연속성 추구하기

학교의 교사는 학생 주도성을 살리는 수업, 사유와 질문의 힘을 키우는 수업, 배움 중심 수업을 교실에서 구현해야 합니다. 그렇다고 학생이 원하는 내용, 교사가 필요하다고 생각하는 내용이라면 무엇이든지 마음대로 가르칠 수 있는 것은 아닙니다. 국가는 학교에서 교사가 학생에게 반드시 가르쳐야 하는 교수학습 필수 내용 요소를 '성취기준'으로 정하여 내용 범위를 정해 주었기 때문입니다. 교과 수업에서는 성취기준이 중요합니다. 학교의 교사는 학생에게 국가에서 정해 준 성취기준을 가르쳐야 하기 때문입니다.

성취기준은 학생의 발달 단계에 따르는 배움의 단계를 반영하고 있습니다. 따라서 학생 발달 단계별, 학교급별, 학년별 교과의 성취기준을 보면 연속성이 있습니다. 학생의 성장으로 이어지는 학습의 과정이 불연속적이거나 비연속적이어서는 안 되기 때문입니다. 학교에서 교육과정을 통해 학생의 성장 과정이 자연스럽게 이어질 수 있도록 해야 합니다.

가령, 최소한 초등 6학년은 중1 성취기준을 알고 그 수준에 맞게 교육해야 하고, 중3은 고1을 들여다보고 배움의 연속성을 유지하면서 수업을 진행해야 합니다. 학습자 분석이 먼저 되어야 하는데, 학습자 분석을 하려면 학습자가 지금 학년 이전에 무엇을 배우고 왔는지를 알아야 합니다.

지금 교사가 가르쳐야 하는 학습자가 지난해까지 무엇을 얼마만큼 배우고 왔는지를 확인하고 난 후에 당해 연도 교과 성취기준을 가르쳐야 합니다. 학습자를 분석한 후에 지금 학년의 교과 성취기준을 중심으로 가르치는 계획을 세우게 되면 수업의 기획과 디자인이 달라질 수 있습니다.

그래서 지금 이전 학년의 성취기준, 지금 교사가 가르쳐야 할 성취기준, 다음 학년의 성취기준을 알아야 합니다. 이전 학교 혹은 이전 학년의 교과에서 배우고 진급했거나 입학한 학생의 성취기준을 알고 그 연속적 지점에서 지금 가르쳐야 할 성취기준을 시작해야 하고, 다음 학년에서 배우게 될 성취기준 이전까지를 가르쳐야 합니다. 교사는 수업을 위해서 최소한 지금 이전과 지금 이후 학년의 성취기준을 알아야 합니다.

즉, 학습자 분석과 성취기준을 아는 것이 중요한 이유는 학생의 성장에는 배움과 경험의 연속성이 있기 때문입니다. 배움과 경험이 비연속적이고 분절적이면 학생이 제대로 된 앎을 형성하기 어렵습니다.

학교급 내에서 학년 진급은 학생의 생애에 작은 전환이 일어난 것이고, 학교급별 이동은 생애에 큰 전환이 일어난 것입니다. 지난해와 다른 낯선 시간과 공간, 관계와 과제를 직면하는 것입니다. 그래서 학생 생애 전환기의 학습이 친절해야 합니다. 전환학습이 불연속적이면 사유와 삶의 체계도 연속적인 성장을 한다고 볼 수 없습니다. 우리는 배움과 경험의 불연속성을 극복해야 합니다. 프로젝트는 학생의 발달 단계에 따른 경험과 학습의 연계를 강조하기 때문에 전환학습에서 연속성이 있어야 학생의 주도성도 살아날 수 있습니다.

대주제 정하고 타 교과와 융합하기

학생의 주도성을 발현하기 위한 교과 융합 프로젝트의 경우에는 교과 간의 융합 주제를 정하고 융합 전략을 기획하는 사전 준비기가 필요합니다. 학기가 시작되기 전 2월 새 학년 준비 워크숍 기간을 활용하는 게 현실적으로 적절할 것입니다.

교사는 학생들에게 교과별 성취기준을 가르쳐야 하므로 워크숍 기간에 '교과 융합 준비의 시간'을 정해 교과별로 당해 연도 성취기준을 패들렛에 공유하는 방법도 있습니다. 모든 교과의 성취기준을 패들렛에서 한눈에 볼 수 있어 성취기준에 맞게 주제를 묶어 낼 수 있을 것입니다. 주제가 정해지면 각 교과의 학년 협의회에서 융합 전략을 논의할 수 있습니다.

대주제 혹은 핵심 요소에 적절하게 융합 교과를 찾아서 묶고 난 다음에는 수업 및 평가 시기를 정해야 합니다. 수업과 평가 시기를 정할 때 실제 융합 수업을 경험하지 않은 교사 그리고 교장, 교감은 이 일이 왜 중요한지 잘 모를 수 있습니다. 수업과 평가는 주제에 따라 동시에 진행될 수도 있고, 어떤 경우에는 순서를 정해서 할 수 있기에 '시기'를 정하는 일은 중요합니다.

가령, 문화의 다양성이 주제이고 영어, 도덕 교과를 묶어 융합 수업을 하기로 결정하면, 영어 시간에는 '각국의 문화 조사하기'까지만 수업하고, 그다음 도덕 교과에서는 영어 시간에 배웠던 '문화의 다양성 조사하기'를 확인하고 심화학습으로 '토론하기' 혹은 '논쟁하기'를 수업할 수 있습니다.

융합 교과에서 배운 내용을 확인할 때는 교과 담당 교사에게도 확인하고 학생에게도 확인해야 관련 내용을 연속적으로 융합하여 수업할 수 있습니다. 프로젝트 수업을 하지 않을 때는 처음부터 '문화의 다양성'이라는 주제를 각 교과에서 중복으로 가르치는 경우가 많은데, 프로젝트는 중복으로 가르치는 일을 피할 수 있고, 교과에 따라 단계별 심화학습이 가능합니다.

수업 제안 양식 만들어 주기

학생 주도 프로젝트 수업에서 학생 주도성을 살려내는 일은 매우 중요합니다. 교사는 학생 주도성을 살려내기 위해 역할극 수업, 발표 수업, 글쓰기 수업, 토론하기, 제안서 작성하기 등의 다양한 전략으로 수업을 디자인할 것입니다. 가령, '제안서 작성하기'의 경우에 교사는 학생들에게 어떤 수업을 하면 좋은지에 대해 공통의 양식을 만들어 주고 학생들 각각의 아이디어를 제안받는 것입니다.

학생들에게 제안서를 주는 것도 학생 주도성을 살리는 하나의 방법이라면 그 양식의 틀은 학생들이 쉽게 자신의 아이디어를 녹여낼 수 있도록 정교하게 잘 만들어야 합니다. 제안서 양식은 교사가 만들어 예시를 주거나, 양식은 하나의 예시이므로 학생들에게 각자의 아이디어에 맞게 재구성해서 사용할 수도 있다고 설명해 줄 수도 있습니다.

학급의 모든 학생이 각자의 제안서를 작성해 오면, 팀별로 학생들이 스스로 제안 내용을 검토하고 토의하여 하나의 제안으로 융합해서 팀별 대표 한 명이 발표할 수도 있고, 학생 각자가 한 명 한 명 자기 제안서를 발표할 수도 있습니다. 프로젝트 수행은 팀별로 진행하기 때문에 융합 주제를 팀별로 발표하는 것도 의미 있는데, 제안서 작성 발표 전 공동 제안서 작성 과정에서 학생 주도성이 발현될 수 있습니다. 학생 각자가 스스로 자기 아이디어를 만들어 제안하는 것 자체가 학생 주도성이고, 학생 주도성을 발현할 수 있도록 수업을 디자인하고 실행하는 것은 교사 주도성입니다.

융합 교과 프로젝트 수업에서 교사 주도성은 질문으로 발현되는 경우도 많습니다. 학생 주도성을 살려내는 역할극, 제안서 작성, 토론하기 등 어떤 경우라도 학생들의 팀별 프로젝트를 수행하는 과정은 교사의 질문으로 안정적으로 관리될 수 있습니다.

교사의 질문 그리고 학생의 응답 과정에서 학생들은 팀원들의 얘기를 듣고 자기 생각을 확인하거나 수정할 수 있고 새로운 생각을 제안할 수도 있기 때문에 사고의 확장이 일어나게 됩니다. 그래서 팀 프로젝트 진행을 모두 학생들에게 전적으로 맡기지 않고, 학생들이 방향을 잃지 않고 갈 수 있도록 질문하는 과정이 필요하고 중요합니다.

시작과 과정, 결과를 모두 학생들에게 맡기는 것이 학생 주도성이 아닙니다. 기준과 방향을 잡아 주고 수업다운 수업으로 디자인하여 제대로 된 프로젝트 학습을 실행하려 한다면 적절한 시기에 개입하는 교사 질문이 필요합니다. 교사 질문은 학생들에게는 곧 학습이기도 합니다. 질문으로 질문을 배우고, 질문을 배워서 답을 찾아가는 토론을 하고, 이 과정에서 사고 확장이라는 학습 경험이 일어나기 때문입니다.

관리 교사 혹은 대표 교사 정하기

융합 수업 교과 교사 중에 대표 교사 혹은 프로젝트 관리 교사가 필요합니다. 관리 교사는 프로젝트 수업이 제대로 잘 진행되고 있는지 확인하고 방향을 잃지 않도록 안내하고 학생들에게도 프로젝트의 취지를 설명해 주는 역할을 해야 합니다. 교사들은 바쁘고 학생들은 생각 없이 참여할 수도 있습니다. 그래서 교과 교사와 학생들에게 영어 시간에는 문화의 다양성 조사를 하고, 도덕 시간에는 문화의 다양성 관련하여 혐오와 차별에 대한 쟁점 토의를 하고, 국어 시간에는 논설문 작성이라는 글쓰기 시간으로 진행된다는 진행 경로를 융합 교과 관련 교사들과 학생들에게 안내해 주는 융합 교과 프로젝트 관리 교사가 있어야 합니다.

교과별로 평가하기

융합 교과 수업 프로젝트에 대한 학생 평가는 교과별로 할 수밖에 없습니다. 각 교과의 성취기준과 특성에 맞는 평가 기준과 방안을 설계하여 사전에 학생들에게 안내해야 하고 중복을 피해야 합니다. 하나의 결과물에 대해서도 어느 교과가 어떤 기준으로 무엇을 평가할지를 사전에 교사들끼리 공유하고 학생에게 안내하는 역할에 교사 주도성이 있습니다.

교사가 프로젝트를 진행하는 과정에서 아이들이 방향을 잃고 실망했을 때 격려하고 일으켜 세워 주며 동행하는 교육전문가일 때 교사 주도성은 살아납니다. 바로 이 점에서 교사의 품격은 전문가이고 스승입니다. 프로젝트를 진행하는 단순한 조력자가 아니고 프로젝트를 통해 학생들이 성장할 수 있도록 수업을 디자인하는 전문가이고, 성장 과정에 동행하는 스승입니다.

수업 공유로 전문적 학습공동체 운영하기

프로젝트 수업 결과물 등을 전시하거나 공유하여 다른 수업과 연계될 수 있도록 안내하는 역할도 필요합니다. 교과 융합 수업은 전 교과, 전 교사로부터 학생들에게 전해지는 학습으로 성장하는 경험이기 때문입니다.

교과 간, 교사 간의 수업 성향에 따라 학생들이 혼란을 겪어서는 안 됩니다. 학생들이 각기 다른 교과 성취기준에 자신을 맞추어 가는 일도 쉽지 않습니다. 그런데 교사의 수업 성향까지 학생들이 적응해야 한다면 학생들의 학습 피로도가 심해질 가능성이 있습니다.

학교자율과정 평가회 혹은 학기별 수업 공유 시간을 통해 전 교사가 교과 융합 프로젝트에 대해서 알 수 있다면, 교사들은 결과 평가를 통해 각자 자신의 교과에서 활용하거나 연계하는 방안을 모색할 것입니다. '교육과정 운영 평가회'는 일반적으로 교사들만 참여합니다. 물론 학생과 교사 만족도 조사 등을 실시한 근거 자료를 바탕으로 논의합니다. 그런데 실제로 학생 대표가 참여하여 학생의 의견, 학생의 생각을 듣는 시간이 더욱 의미 있을 것입니다. 교실에서 느끼는 학생의 학습과 성장, 소외와 좌절의 경험을 직접 듣는 일이 필요합니다. 교사 중심 수업 평가회와 함께 학생 참여 수업 평가회는 교사와 학생을 하나로 연결하는 따뜻한 학습공동체성을 만들어 낼 것입니다.

마. 학교자율과정에서 피어나는 배움의 현장

학교자율과정은 학생이 배움의 주체로서 행복한 배움을 통해 더불어 성장할 수 있도록 학생의 요구와 필요를 반영하여 학교 단위로 자율적으로 편성·운영하는 교육과정입니다. 고등학교에서는 단위(학점)를 기준으로 수업량을 계산하며, 1단위(학점)는 50분 수업을 기준으로 학기당 17회(학점은 16) 이수하는 수업량을 의미합니다.

학교자율과정을 운영하게 된 배경은, 2020년 9월에 백석고등학교에 교장으로 부임한 후에 학교교육 철학과 비전, 방향을 고민하고 공동의 숙론 시간을 가진 바 있습니다. '교사와 학생이 함께 학습하고 성장하는 따뜻한 학교'를 제안했습니다. 학습과 성장을 위해서는 눈으로 보고 귀로 듣는 학습에서 벗어나, 스스로 사유하고 고민하고 질문하고 시도하고 만들어 가는 프로젝트형 교실로의 전환이 필요했습니다. 교직원회, 학부모회, 학생자치회 등 학교는 민주적 의사결정 시스템이 구축되어 있었기에 학교자율과정을 함께 만들어 갈 수 있다고 생각하고 교장으로서 의견을 제안하고 교직원회의의 숙론과 의견을 구했습니다.

당시에 제가 제안했던 학교자율과정 운영의 이유는 크게 세 가지였습니다.

우선, 학교 수업의 질적 전환을 위해서입니다

지금의 시대정신은 학교이고, 학교의 시대정신은 교실이며, 교실의 시대정신은 학습자라는 사실을 인식하고, 교실 수업에서 학습자 주도성을 살려내는 노력이 지금 우리 학교가 당면한 과제라는 사실을 공감 공유했습니다. 물론 학습자는 교사와 학생을 의미합니다. 교사의 전문성 그 자체는 교사가 학습자라는 전제에서 시작합니다. 학습하는 교사는 교육전문가일 수밖에 없고, 연구하고 학습하며 실천하는 교사는 학생의 학습과 성장의 이정표가 될 것입니다. 시대 변화는 과거의 경험, 과거의 지식을 전문성으로 인정할 정도로 너그럽지 않아 광폭의 변화가 진행 중입니다. 학교는 평생 학습의 광장이어야 합니다.

둘째는 진로 진학 지도의 효과성입니다

학생들이 주도성을 발휘하며 수업을 만들어 가는 과정은 자신의 진로를 찾아가는 과정이기도 합니다. 학생 한 명 한 명의 프로젝트 과정과 결과는 기록으로 남아 학교생활기록부에 기재되기 때문에 학생들의 대입 진학 자료로도 활용될 수 있습니다. 물론 경계할 바는 분명합니다. 대입 진학을 위해 학교생활기록부를 풍성하게 하기 위해서 좋은 수업을 하자는 게 아닙니다. 학교생활기록부는 학생 한 명 한 명이 학교 입학 후 졸업할 때까지의 교육 활동 및 만남의 중요한 기록물입니다. 학생이 스스로 자신의 미래를 만들어 가는 학교에서의 유일한 실존적 성장 이력이고 기록물입니다. 교육 활동이 우선이고 대학 입학하는 데 정보로 활용되는 것은 그다음입니다.

*셋째는 학기 말 취약기를
제대로 운영해 보자는 것이었습니다*

1학기 말 1주간은 2차 지필평가까지 모두 끝난 후이기에 교실 수업이 적극적으로 운영되기 어렵다는 현실적인 문제를 해결해야 했습니다. 소위 교실 수업 취약기를 교실은 교실답게, 수업은 수업답게, 교사는 교사답게, 학생은 학생답게 보내기 위해서였습니다. 물론 학교자율과정은 단기간에 할 수도 있고, 연중 늘려서 할 수도 있습니다. 우리 학교는 프로젝트를 가지고 운영하고, 프로젝트는 주제를 교과에 녹여서 연중 할 수도 있지만, 일반계 고등학교에서 효과가 있는 단기간의 프로젝트인 '프로젝트 위크'로 운영하는 게 적절하다고 생각했습니다.

물론, 2학기에 운영할 수도 있습니다. 그런데 프로젝트의 특성으로 보건대 집중형(프로젝트 데이, 프로젝트 위크)으로 운영하는 게 적절하고, 집중형으로 운영한다면 그 시기는 2학기보다는 1학기 말이 적절하다고 생각했던 것입니다. 2학기는 교사들도 매우 바쁜 시기이고, 학생 입장에서도 2학년의 경우에는 수능 준비로 전환하는 시기라서 프로젝트 학습에 참여할 수 있는 동기가 생기기 어려울 것이라고 보았기 때문입니다.

학교자율과정 운영 유형은 학교에서 선택할 수 있습니다. 제가 프로젝트 탐구학습 유형을 제안한 이유는 학교자율과정 운영을 제안한 배경과 일맥상통합니다. 즉, 학교자율과정은 교육과정의 유연화 및 수업량 유연화 맥락이 있고, 그 중심에 학생 한 명 한 명이 주도성을 발현할 수 있는 환경을 시스템으로 만들어 보자는 취지가 있고, 이 두 가지 취지의 근본에는 학생 한 명 한 명의 삶과 연계되는 교육, 삶으로 배우고 배움으로 삶을 사는 경험과 지식의 통합이라는 실생활 연계 교육의 지향성이 있습니다. 이러한 취지를 살려내는 데는 프로젝트 탐구학습이 적절하다고 생각했던 것입니다.

2020년 말에 제안하고 급하게 준비해서 2021년에 실행했기에 2021년에는 서툴고 부족함이 있었지만, 수십 차례의 교사 협의회, 교사 전문적 학습공동체 등을 통해 실행하면서 연구하고 만들어 갔던 측면이 있었습니다. 프로젝트 탐구학습 전략을 그대로 적용하기도 어려웠습니다.

2022년까지 교사 주도로 운영하면서 학교자율과정 운영 모형을 만들고 방향을 잡아 가면서 프로젝트를 운영할 수 있는 교사 전문적 학습공동체를 활성화하였습니다. 처음 시도하는 열악한 여건이었기에 학교자율과정의 프로젝트 주제는 1~2학년 공통으로 하되, 대주제는 전 교사 협의회를 통해 정한 후에 학생들의 동의를 구하는 방향으로 시작했습니다. 물론 사전에 학생의 의견을 수렴하고 그 의견을 바탕으로 교사 협의회를 진행했지만, 전체적으로 교사 주도성이 더 강했습니다.

프로젝트 학습에서 여건이 성숙되어 있다면 학생들이 스스로 주제를 선택하는 게 적절하지만, 현재 시작점에서 여건은 프로젝트에서 중시하는 학습 동기를 기반으로 진행하기 어렵다고 봤고, 프로젝트를 처음 시도하는 교사도 있었기에 교사들이 어느 정도 프로젝트를 관리하는 용이성을 준비하는 기간이 필요하다고 판단했습니다.

설문조사 결과를 바탕으로 하는 전체 교사 협의회, 학생자치회 대의원회 협의회를 통해 대주제를 '지속가능한 발전 방안'으로 정하고, 소주제는 각 교과에서 자율적으로 제시할 수 있도록 하였습니다. 학생들은 소주제 중에서 자기가 원하는 주제를 선택해서 모둠별 프로젝트를 수행하고 개인별 실행 보고서와 함께 모둠 보고서를 작성하고 발표하는 과정 학습이었습니다.

학생들이 직접 시도할 수 있는 학습 동기와 과정을 중시했기에 모둠별 대표 학생들이 모둠 학습 과정에서 한 명도 소외됨이 없이 이끌어 갈 수 있도록 별도의 연수를 실시했습니다. 학생 한 명 한 명의 자기 생각 발표를 중시하여 모둠별 결과 발표 외에 모든 학생이 각자 자기수행결과보고서를 제출하고 이를 피드백할 수 있도록 했습니다. 자기수행결과보고서와 피드백은 학생 각자 학교생활기록부의 개인별 세부능력 및 특기사항을 작성하는 기초 자료가 되었으므로 학생들은 보고서 작성과 제출에 적극적이었습니다.

프로젝트 학습 운영 후 전 교사 평가회를 통해 제시된 교사 의견은 의미 있었습니다.

- 수업과 평가를 공유하는 게 필요하다는 인식이 확장되었습니다.
- 프로젝트 학습과 융합 수업에 대해 낯설지 않게 여기게 되었습니다.
- '학생 주도성 발현 수업 방법'에 대한 논의가 교사 전문적 학습공동체 학습 주제로 안착되었습니다.
- 학생들이 실제로 작품을 만들어 스스로 복도나 현관 등

에 전시하고, 모둠별 대표 글쓰기가 아니라 모든 학생이 글쓰기를 하고 발표를 해서 글쓰기에 창의적이고 뛰어난 소질을 드러낸 학생들이 있었습니다.

물론 다음과 같은 프로젝트 학습 지도의 어려움도 진지하게 말씀해 주셨습니다.

- 학생이 주도적으로 개인 및 조별 탐구를 진행할 수 있도록 운영했으나, 학급 내에서 탐구활동이 이루어져 같은 관심사를 가진 선후배끼리 서로 교류하여 성장, 발전할 기회가 부족했습니다.
- 학생들에게 교과 융합 탐구활동을 수행하라고 안내했지만 다소 피상적으로 이루어져, 탐구활동의 주제 설정에 어려움을 겪는 학생들이 있었습니다.
- 탐구활동에 다양한 방법이 있음에도 불구하고 대체로 자료 조사 수준에 그쳐, 다양한 형태의 탐구활동을 진행할 수 있는 피드백이 필요합니다.
- 학생들에게 제공한 탐구활동 보고서의 예시나 학습 과정 점검 자료는 적절했습니다.

학생 평가 내용 중에 "교사별로 학생 프로젝트를 운영하는 역량의 차이가 있어 아쉽다."라는 의견은 비록 소수이지만, 주의 깊게 살펴서 학교 지원에만 의지하는 것보다는 교사 학습 문화의 성숙으로 이를 해결하는 노력이 필요합니다.

2021, 2022년의 학교자율과정 운영 평가 결과를 반영해 2023년부터 교과 융합 수업 리더제, 학생 주도 프로젝트 활동 리더제를 운영했습니다. 프로젝트 탐구 수업과 운영의 전문성이 탁월한 교육과정 부장교사가 주도하고 부장교사단이 리더 그룹이 되어 탐색한 전 교사 협의의 결과입니다.

두 유형은 모두 학생 중에 자기 관심 분야 주제를 정해서 리더 신청을 하고, 리더를 신청한 학생을 대상으로 면접을 실시하고, 면접 시에 보완 사항을 제시하고 해당 사항을 보완하여 다시 면접에 참여하는 기회를 주었습니다. 리더 학생으로 선정된 학생이 자기 주제에 대한 프로젝트 학습 활동 계획을 수립해서 홍보물을 만들어 직접 학생들에게 홍보하며 팀원을 모으는 과정입니다.

학교자율과정은 무학년제로 운영하기 때문에 리더는 학년 구분 없이 누구나 될 수 있으며, 관심 주제별로 학생들이 모여 학습하기 때문에 학습에 대한 응집력과 친화력이 높습니다. 가령, 1학년 리더 학생이 '의료 서비스 디자인이 의료 산업에 미치는 영향'이라는 주제로 프로젝트를 진행하고자 할 때, 관심있는 학생들은 학년 구분 없이 프로젝트에 참여할 수 있습니다.

리더제로 프로젝트를 운영할 때 가장 중요한 존재는 리더 학생이기에 리더 학생의 역할과 역량에 대한 사전 학습이 중요합니다. 특히 우리 학교 프로젝트 활동에서는 리서치 역량과 공동체적 역량을 중시하므로 리서치와 공동체성이 프로젝트 과정에서 발현될 수 있도록 다음과 같이 리더 학생들의 프로젝트 운영 역량을 강화해야 합니다.

첫째, 리더는 학생들이 자신의 희망 진로 분야에 대한 주제로 학생 주도 프로젝트 활동을 진행할 수 있도록 모둠장이 되어 자료 조사 방법, 재구조화 방법에 대해 아이디어를 제공하는 역할을 해야 합니다.

둘째, 리더 학생에 대해서는 교육과정부에서 학교자율과정 운영 전 2회의 피드백을 통해 학생 주도 프로젝트 활동을 할 수 있는 역량을 길러 주고 난 후에, 학교자율과정 기간 중 모둠장으로서 역할을 진행할 수 있도록 해야 합니다.

셋째, 학생 주도 프로젝트 활동 리더 학생들에게는 프로젝트 활동을 진행하기 위한 리서치 역량뿐만 아니라, 모둠원에게 방향을 제시하고 어려움을 같이 극복해 나갈 수 있는 공동체 역량을 사전에 길러 주어야 합니다.

넷째, 학생 주도 프로젝트 활동에 리더로 참여하지 않는 학생들은, 리더가 준비한 다양한 리서치 역량에 대해 실습하고 자신의 진로 분야에 대한 내실 있는 프로젝트 활동을 진행해야 합니다.

다섯째, 교과 융합 수업 리더는 자신이 희망하는 주제로 교과 융합 수업을 운영하여 학교자율과정에 참여하는 학생들에게 융합 주제에 대한 아이디어를 제공하는 역할을 해야 하고, 희망 주제를 더욱 깊이 연구하고, 전달하고자 하는 내용을 효과적으로 재구조화하여 타인에게 발표하는 능력을 향상할 수 있도록 지도해야 합니다.

여섯째, 교과 융합의 경우에는 관련 교과 교사들이 사전에 프로젝트 동기와 이유, 융합 교과 간의 성취기준 검토 및 확인, 융합 교과의 성취기준에 대한 리더 학생의 이해와 심화 정도, 성취기준에 대한 평가 역량 등을 사전에 지도해 주어야 합니다.

IV.

성장의 대화, 학교의 존재 이유

평가에는 배움의 숨결이 그 안에 있어야 합니다.
교사는 평가 안에서 학생의 가능성을 발견하는 사람입니다.
평가는 선발이 아니라 신뢰이며,
성장을 향한 약속이어야 합니다.
교사의 한마디는
때로 점수보다 강한 영혼의 울림이고,
평생을 사는 힘이 됩니다.

1.
교사에게 평가란 무엇인가

학교에서 교사 직무에는 어떤 게 있을까요? 학교는 수업만 하는 곳이 아니고 생활교육과 돌봄도 하는 곳입니다. 돌봄에서 수업에 이르기까지 관련 업무가 정말 많습니다. 그런데 그 많은 교사 업무 중 '평가'를 독립된 업무 영역으로 논의하는 경우는 거의 없습니다.

생각건대, 그 이유는 두 가지 정도 있을 것입니다.

첫째는 교사에게서 평가란 곧 정기 지필평가이며, 지필평가는 연중 상시 업무가 아니라 1회성 업무라고 생각할 수 있습니다.

둘째는 평가는 늘 수업의 끝부분 그러니까 수업의 결과에 대한 측정으로서 수업에 귀속되는 것으로 봤을 수도 있습니다.

그런데 사실을 들여다보면 그렇지 않습니다. 학교에서 교사의 업무는 평가 없이는 생각할 수 없습니다. 우리는 매일 순간마다 학생들을 평가합니다. 담임교사는 학생들의 태도와 성향 등 일상을 평가하여 학교생활기록부에 기록합니다.

교과 담당 교사는 수업 과정에서 학생의 학습 혹은 수업 과정에 실시하는 수행평가 중 정성평가 결과를 학교생활기록부 교과세부능력 및 특기사항에 기록합니다. 교과 담당 교사는 학생 수업 일상에서 일어나는 성장 추이를 기반으로 평가 결과를 기록합니다.

논술형 평가 등의 결과 평가를 포함한 과정 중심의 수행평가 자체가 수업 밀착형 평가이기 때문에 평가는 연중 상시 업무라고 할 수 있습니다. 교사에게 수업 업무는 곧 평가 업무와 동일합니다.

결국 교사에게 교실에서의 수업과 평가는 각기 나누어지지 않는다는 것입니다. 수업이 평가이고, 평가가 곧 수업입니다. 그런데도 많은 분이 "교사는 수업을 잘해야 한다."라고 말씀하시지만, "교사는 평가를 잘해야 한다."라는 의견을 내놓는 경우는 그리 많지 않습니다. 우리는 평소에 평가의 중요성을 잊고 살다가 시험 기간이 되어서야 그 어려움을 생각합니다. 그래서 평가가 제대로 살아나지 못하고, 평가가 제대로 살아나지 못하니 수업의 변화가 더딜 수 있습니다.

2.
학생에게 평가란 무엇인가

교사에게 학교는 어떤 존재일까? 교사에게 학교는 어떤 의미가 되어야 할까? 교사는 학교에서 어떤 가치로 살고 있을까? 이런 질문을 스스로에게 던지다 보면, 이 질문의 마무리는 어김없이 "교사에게 학생 평가는 어떤 의미일까?"로 끝납니다. 물론 답을 찾기가 쉽지 않고, 생각은 정리되지 않고 길게 이어집니다. 끝없는 길을 쉬지 않고 걸어야 하는 숙명을 지닌 질문입니다.

마찬가지로, 종종 학부모에게 "학교는 어떤 존재일까?" 생각해 봅니다. 그리고 학부모에게 학교는 자녀의 성적으로 평가되지 않을까 생각하게 됩니다. 학부모는 직접적으로 수업을 받지 않고, 교실을 모르기 때문에 자녀가 받은 평가로 교실 수업을 볼 것입니다. 학부모가 학교에서의 자녀의 삶을 볼 수 있는 것은 평가 결과를 통해서입니다. 과정이 중요하다고 하지만 수업 과정을 볼 수는 없으니 결국 학부모는 평가 결과로 자녀의 학교생활의 성공과 실패를 가늠하는 것입니다.

그렇다면 이렇게 질문해 봅니다.

"학생들이 생각하는 학교는 어떤 존재일까요?"

"학생들에게 학교는 어떤 존재일까요?"

"학생들은 왜 학교에 다닐까요?"

"학부모님은 왜 자녀를 학교에 보낼까요?"

존 듀이는 학교교육의 목적을 성장하는 힘을 키우는 것이라고 정의합니다. '각자가 성장할 수 있는 힘을 기르는 일'이 학교교육의 목적이라는 것입니다. 각자가 성장하는 힘을 기르는 것이 학교교육의 목적이라면 학교는 이 목적을 실현하기 위한 교육과정을 운영합니다. 교사들이 주체가 되어 이 목적을 조직적으로 실천하는 곳이 학교입니다.

학교교육의 목적은 교육기본법 제2조에 '자주적인 생활 능력과 민주시민의 자질을 갖추기 위해서'라고 명시되어 있습니다. '자주적인 생활 능력'은 '자아실현'으로, '민주시민의 자질'은 공동체에서의 '시민성'의 실현이라 할 수 있을 것입니다.

듀이가 말한 성장하는 힘을 기른다는 것은 시민성 교육과 자아실현을 통합한 개념일 수 있다고 봅니다. 그런데 학생들이 학교에 다니는 이유는, 자아실현을 위해서일까요? 아니면 공동체의 시민성을 기르기 위해서일까요? 여기서 자아실현은 결국 진로 진학 로드맵과 관련이 있을 것입니다. 각자가 자신의 자아를 실현하는 삶을 산다는 것은 우리 사회의 여건에서 대학 입시와 직결되는 측면이 있습니다.

결국 학생들의 입장에서 보면 "자신의 자아를 실현할 수 있는 적절한 맞춤형 대학에 진학하기 위해 고등학교를 다닌다."라고 볼 수 있고, 고등학교에서 대학에 진학하는 방편은 성적이고, 성적은 곧 학교에서의 평가 결과입니다. 학교에서의 평가로 대학에 진학하고 자아를 실현하기 때문에 아주 현실적으로 접근한다면 학생들이 학교에 다니는 이유는 평가받기 위해서라는 결론도 가능할 것입니다.

고등학교마다 5월에서 7월 초까지 다음 학년도 신입생 교육과정 편성에 관한 기초 논의를 해야 하는데, 논의 과정에서 교과 간의 긴장이 있습니다. 어떤 교과든지 교과의 목적과 이유가 있고, 교사 입장에서는 자기가 담당하는 교과의 중요성과 필요성에 대한 자긍심이 있습니다.

그런데 교사와 달리 학생들이 생각하는 교과 선택 기준으로는 그 교과의 취지와 교과 교육 목적 등이 중요하지 않습니다. 학생들은 어떤 교과가 자신의 진로 정체성에 도움이 되는지 아닌지가 중요합니다. 학생들에게는 그 교과가 자신의 진로 성숙도를 측정할 수 있는 교과인가, 그리고 그 교과를 선택했을 때 얻을 수 있는 석차 등급 산출 평가가 대학 진학에 얼마나 유리한가를 기준으로 선택합니다.

수업 시간에도 학생들은 아주 자연스럽게 평가를 염두에 두고 수업을 받습니다. "저 내용은 이렇게 시험에 출제될 수 있겠구나." 하는 사고의 틀을 지니고, 수업 내용을 그 사고의 틀에 맞춰서 넣는 일이 학생들에게 수업 시간 학습의 의미가 됩니다.

학생들이 교사를 만나는 마음도 평가로부터 자유롭지 않을 것입니다. "혹여 내 교과세부능력 및 특기사항을 잘 써 줄 수 있을까?", "혹여 수행평가 태도점수를 더 잘 주지 않을까?"라는 기대가 있을 수 있습니다. 학교생활기록부 기록은 곧 교사의 학생 평가입니다. 학교생활기록부 자체가 평가 결과입니다. 학교생활기록부 기록으로부터 교과 수행평가에 이르기까지 모든 평가의 이해가 학생과 교사의 관계에서 작동하고 있을 것입니다.

수업 시간에만 평가를 생각하는 것은 아닙니다. 학생들이 스스로 공부한다는 자기 주도 학습 시간에도 작동됩니다. 학생들은 그냥 외우는 게 아닙니다. 그동안의 경험칙에 따른 평가의 틀, 시험 문항의 틀을 염두에 두고, 그 틀에 맞추어 정리하는 작업이 학습입니다. 학생들의 학습은 석차 등급이 나오는 상대평가에 갇혀 있습니다. 시험을 위한, 시험에 맞춘 학습입니다.

그래서 학생들은 교사가 주는 힌트 하나하나를 기록합니다. 교사의 언어가 주옥같아서 메모하는 것이 아닙니다. 나름대로 시험 문항의 틀과 연관시켜 메모하는 것입니다. 학교 시험에서는 교사의 가르침이 그대로 시험 문제가 된다는 것을 알기 때문입니다.

그렇다고 학교에 평가가 없다면 학생들이 학교에 올 이유가 있을까요?

학생들이 출결 사항으로 교사와 갈등하는 경우가 있습니다. 출결 사항은 교육부 훈령으로 규정되어 있는데, 특히 '결과' 처리에 대한 혼선이 있습니다. 고등학교의 수업 시간은 50분인데, 수업 시작종이 울린 후에 어느 정도를 참여하지 않을 경우 '결과'로 정하느냐로 학교 내 잡음이 있습니다.

교육부 훈령에는 "수업 시간의 일부 또는 전부에 불참하거나 교육 활동을 고의적으로 방해한 경우에 결과 처리한다. 단, 지각, 조퇴,

결과는 결석에 준하여 처리하되 기준과 절차는 학교장이 정한다."라고 되어 있습니다. 그런데 많은 학교에서 '수업 시간 시작 10분 이후'를 실질적인 결과 처리 기준으로 정하여 운영하고 있습니다.

교사가 수업 시간에 늦을 수도 있고, 학생이 늦을 수도 있습니다. 사유가 분명한 학생도 있고 그렇지 않은 학생도 있습니다. 동일한 사유일 때 교사에 따라 결과 혹은 수업 참여로 적용이 다른 경우도 있어서, 학생과 교사 간 갈등이 생기고 학생과 교사 간의 갈등이 교사와 교사 간의 갈등으로 이어지기도 합니다. 그래서 학교에서는 결과 시간을 별도로 학교 규정으로 정하여 운영합니다.

'결과'에 대한 갈등의 배경에는 출결 사항이 내신 성적으로 환산되어 대학 입시에 반영되기 때문입니다. 무단결과 3회는 무단결석 1회로 처리되어 내신 성적에 불이익을 받는다고 믿기 때문입니다. 출결이 성적이 되지 않는다면 학생들은 출결에 자유로울 것입니다.

학교생활기록부의 기록이 대학 입학 전형에서 당락을 좌우하는 영향력 있는 평가점수로 환산이 되지 않는다면 학생들은 학교생활기록부에서도 자유로울 것입니다. 교사의 평가와 기록이 대학 입학과 아무런 연관이 없다면 학생들은 학교로부터도 자유로울 수 있습니다. 그래서 결국 학생들에게 있어 "학교는 평가다."라고 할 수 있습니다.

3.
학생 평가와 학교의 존재 이유

"학교를 한마디로 정의한다면 어떻게 정의할 수 있을까요?"라고 묻는다면 대부분이 '교육과정'이라고 답합니다. 물론 맞는 말입니다. 학교는 '교육과정을 운영하는 곳'입니다.

그런데 현실에서 학교의 다른 이름은 '평가'이고 '진학'입니다. 그리고 과거에는 주로 학기별로 중간고사와 기말고사를 실시했고, 따라서 중간고사, 기말고사라는 지필평가는 학교 학생 평가의 전부였습니다. 이제는 담임교사, 교과 담당교사, 비교과 담당교사, 상담교사 등 모든 교사가 기록하고, 그 기록이 곧 평가가 됩니다. 교과에도 과정 중심 평가가 들어온 이후 수업 시간은 곧 평가 시간입니다. 학생 입장에서 보면 학교에서의 일상이 평가입니다. 학교의 교육과정 운영 자체가 이미 평가가 되었습니다.

더구나 1999년 이전까지는 학년 말에 교과별 종합 점수와 석차가 산출되었습니다. 1999년부터 학기별 산출 방식으로 바뀌었습니다. 학기별 산출 성적은 2002 대학 입시에 적용되어 지금까지 이르고 있습니다. 이러한 변화가 학생들에게 큰 의미가 있는 이유는, 학기별

2회 즉 연간 4회 시험을 보고서 이 시험 성적을 종합하여 학년 말 석차가 산출되는 경우에는 1학기에 시험을 망쳤더라도 2학기에 어느 정도 회복할 기회가 있었습니다.

하지만 지금은 학기별 성적이 산출되기 때문에 학기가 지나고 나면 돌이킬 수가 없게 되었습니다. 학생들의 입장에서 보면 시험마다 치열하게 경쟁해야 합니다. 한순간도 경쟁을 하지 않을 수 없게 만들어 놓은 것입니다. 1학기 1회 평가는 돌이킬 수 없습니다. 성적을 보정할 수 있는 기회가 없습니다. 학기별로 2회의 지필평가는 학생들에게는 학기 내내 시험을 준비해야 하는 상황으로 만들어졌습니다. 학생들이 자퇴하고 정시 수능을 준비한다는 이유가 되었습니다.

게다가 요즘에는 학기별로 1회의 지필평가만 실시하는 교과도 많아지고 있습니다. 특히 고등학교 3학년 2학기의 경우에는 대부분의 학교에서 지필평가는 1회만 실시합니다. 그런데 학기별 석차가 나오는 현실에서, 학기별 1회 지필평가만 보게 되면 학생들 입장에서 우연의 효과를 줄일 수가 없습니다. 학기별 1차 지필평가에서 실수했다면 2차 지필평가에서 만회하려는 의지를 갖는 게 일반적입니다. 하지만 1회 지필평가만 실시한다면 그 1회를 망치는 경우 더 이상 이를 극복할 수가 없습니다.

그나마 2회 지필평가를 본다면 만회할 기회라도 있어서 1회 평가가 지닌 우연의 효과를 줄일 수가 있습니다. 1회만 평가를 실시하고, 이를 기준으로 학기 말 석차를 낸다면 학생들에게는 패자부활전의 기회가 박탈되는 것입니다. 동시에 우연의 효과가 커지는 위험을 막을 수가 없습니다. 평가에서 우연의 효과가 나타날 가능성이 클수록 그 평가는 타당도 자체를 의심받을 수 있습니다.

역량을 기준으로 볼 때 우리는 우연의 효과를 줄이기 위해 노력해야 합니다.

교과에 따라서는 한 번의 평가가 필요하고 적절할 수도 있습니다. 그러나 석차 등급이 산출되는 여러 과목의 경우에 한 번의 평가 결과로 얻은 성적으로 그 학생의 성취기준 도달 정도를 역량으로 해석하기가 쉽지 않습니다. 어떤 문항을 해결한 학생은 그 문항의 평가 장면과 같은 일상의 문제 상황을 해결할 수 있는 역량이 있다고 판단해야 하는데, 평가와 실제를 연결하기 어렵습니다.

교육적 차원에서도 평가는 일정 기간을 학습하고 그 기간의 학습량에 대한 도달 수준을 측정해야 하는 것이므로 학기별 1회의 평가는 교육과정 측면의 평가 취지에도 맞지 않습니다. 학기별 1회 평가는 학생에 대한 배려는 없고, 시험 문제 출제와 민원 부담을 줄이고자 하는 것으로 오해받을 수 있는 여지가 있습니다.

다른 측면에서 접근하면, 1회의 지필평가만 시행하고자 한다면 수행평가의 비중이 상대적으로 높아질 수 있습니다. 이 경우에 수행평가는 타당도와 신뢰도뿐만 아니라 변별도까지 고려해서 평가해야 합니다. 따라서 수행평가에 대한 평가 전문성이 강하게 요구될 수 있습니다.

수행평가는 평가 영역에 따라 논술 평가 혹은 에세이 평가처럼 정량평가도 있지만 과정 중심 평가라는 정성평가도 있기 때문에 평가 척도와 준거를 정확하게 제시해야 합니다. 정성평가의 척도를 정확하게 제시하고 채점하는 과정은 세심해야 하며 쉽지 않습니다.

교육과정, 수업, 평가에 대해 생각해 봅시다

교육과정, 수업, 평가에 접근할 때, 사회 변화의 속도에 따라 반응하는 정도를 생각해 본 적이 있습니다. 교육과정, 수업, 평가 중에서 가장 빠른 변화를 보이는 것은 단연코 수업입니다. 그다음이 교육과정이고 변화가 매우 더딘 것이 평가입니다. 왜 그럴까요?

수업은 교사 개인의 역량으로 바뀔 수 있습니다. 교사에 따라 프로젝트 수업을 할 수도 있고, 인공지능 수업을 할 수도 있고, 토론 수업을 할 수도 있고. 콜로키움 수업을 할 수도 있습니다. 개인 역량입니다.

교육과정은 성취기준을 국가가 정해 주는 국가수준교육과정이 있고, 17개 시도교육청의 지역수준교육과정, 학교교육과정이 있기 때문에 바뀌는 데 시간이 필요합니다.

수시 개정 교육과정만 해도, 2009 개정 교육과정, 2012 개정 교육과정, 2015 개정 교육과정, 2022 개정 교육과정으로 보통 3년에서 5년 주기로 변화했습니다. 올해부터 고1까지 적용되는 2022 개정 교육과정은 교육부가 2022년 12월에 고시한 국가교육과정으로 대한민국의 11번째 교육과정이자 제7차 교육과정 이래 4번째 수시 개정 교육과정입니다.

학교에서의 교육과정도 교사 개인의 의지로 바꿀 수 있는 것은 아닙니다. 서로 맞물린 교과가 있기 때문입니다. 그래서 교육과정의 변화는 느립니다.

평가는 정말 잘 변하지 않습니다. 빠르게 변할 수가 없습니다. 평가는 대학 입시와 직결되어 있기 때문에 평가 체제가 바뀜에 따라 풍선효과가 발생합니다. 한번 바뀔 때마다 우리나라 전체가 흔들리는 논쟁이 불가피합니다. 그래서 평가는 빨리 변할 수가 없기 때문에 평가가 수업과 교육과정을 지배하는 실제적인 중심이 되는 것입니다.

변화가 더딜 수밖에 없는 평가가 상대적으로 변화가 쉬운 수업과 교육과정을 강제하고 있는 것입니다. 평가가 수업과 교육과정을 붙잡고 있는 것입니다.

4. 학교를 재정의하는 평가의 힘

 잠시 현재 고등학교를 중심으로 평가와 관련한 학교 현실을 들여다보겠습니다. 각종 학생 평가 관련 시행령은 평가 절차와 과정, 결과의 공정성과 객관성에 무게를 두고 있습니다. 이는 학교에서의 학생 평가를 '대학 입학 전형과 연계하라'는 메시지로 위험하게 해석할 소지도 있습니다. 우리 사회에서 초·중등교육의 문제를 '기-승-전-대입'이라고 하는 풍조와도 일맥상통합니다.
 교사들은 학생 선발을 위해 필요한 자료 정보를 대학에 제공해야 합니다. 현실적으로 학교마다 교육과정을 유연화하고 '교사교육과정'에 대한 논의가 활발하다 보니 평가의 공정성, 선발의 객관성이 침해당할 우려가 있다고 보기 때문에 국가교육과정의 성취기준을 정해 주었다고 해석할 수도 있습니다.
 그동안 국가수준교육과정만 제시되었습니다. 교육과정의 자율성이 급속히 확장되면서 지역수준교육과정, 학교수준교육과정 심지어 교사교육과정까지 확장되었습니다. '공정한 평가'와 '객관적인 평가'에 대한 우려가 더욱 커졌습니다. 이에 평가의 기회와 과정 그리고 결과에서 공정성을 강조하는 흐름이 나타났습니다.

가령, 전국의 고등학교는 교육 여건과 역량이 저마다 다르고, 교사에 따라서도 가르치는 방법과 평가 방법이 다릅니다. 따라서 공정하게 전체를 접근하기 쉽지 않은 어려움이 있습니다. 하지만 전국의 고등학교 학생 평가는 대학의 선발 효과로 연동됩니다. 이 때문에 선발 기능의 공정성을 살피게 됩니다.

결국 선발의 공정성을 담보하기 위해 불가피하게 "평가는 국가가 관여할 수밖에 없다."라는 현재의 대입 선발 체제, 수능, 내신의 평가 메커니즘이 형성되었다고 볼 수 있습니다.

평가의 공정성, 어떻게 만들어 갈 수 있을까요?

평가의 공정성을 위해서 교육과정은 다양하고 유연하게 운영하더라도 성취기준은 공통적으로 이수해야 하고, 성취기준에 해당하는 요소를 평가하도록 하는 것입니다. 국가가 법령으로 선발 자료를 학교에 요청하고, 공정한 평가를 위해서 국가공통교육과정과 그리고 국가 평가기준인 성취기준을 제시했다고 볼 수 있습니다.

결국 학교교육의 성패는 몇 가지 질문에 답해야 합니다.

- '교육 본질' 차원에서 교육과정, 수업, 평가의 구조와 내용은 학생의 배움과 성장으로 연계되었는가?
- 연계되었다면 연계 수준은 어느 정도인가?
- 연계되었다는 사실을 입증하는 근거는 무엇인가?

- '학생 이해와 요구' 차원에서 교육과정, 수업, 평가의 구조와 내용은 대학 입학 전형 방식으로 연계되었는가?
- 연계되었다면 어느 정도 밀접한 수준인가?
- 밀접하게 연계되었다는 사실을 입증하는 근거는 무엇인가?

위의 본질적 질문에 답하기는 쉽지 않을 것입니다. 우리는 늘 본질을 명분으로 삼고, 본질을 찾아가는 혁신교육운동의 흐름도 일궈냈지만 여전히 쉽지 않습니다. 학생의 이해를 우선하는 접근은 불가피하게 정시와 수시라는 이원화된 대입 전형 선발 제도를 기준으로 학교교육과정 편성과 운영, 그리고 학교교육 활동을 평가해야 하는데, 이는 오히려 해결해야 할 현실적 과제가 많습니다. 학교 역량을 고려해야 하고, 학교별 순위로 이어질 수 있는 위험도 있습니다.

그래서 학생 선택중심교육과정 확대가 중요한 게 아닙니다. 교육과정도 교육 목적 실현을 위한 수단이듯이 교육과정의 유연화는 그 자체를 본질이라고 할 수 없습니다. 학생들이 진정으로 자신의 진로 정체성을 지원받을 수 있는 교과를 선택하는 여건을 학교에서 갖추고 있느냐 하는 판단이 중요합니다.

대부분 학생은 대학 입학에 유리한 교과를 선택할 가능성이 큽니다. 대학 입학에 유리한 교과와 자신의 진로 적합성은 일치하지 않을 수 있습니다. 학생들이 학교교육 활동이 자신의 이익에 부합하지 않는다고 의심하는 순간 학교교육은 그 신뢰를 확보하기가 어렵고, 학교교육은 성공하기 어렵습니다.

이제 질문을 바꿔야 합니다. 질문에도 이정표가 있어야 합니다.

학교에서의 경험이 학생의 삶에 어떤 변화를 만들어 냈는가를 확인하는 도구가 '평가'라면, 그 '평가'는 학교가 존재할 교육적 가치와 근거를 제시하는 증거 체계가 될 수 있어야 하기 때문입니다. "학교의 존재 이유를 학생 평가로 어떻게 증명할 수 있을까?"라는 문제는, 곧 "학교가 진정으로 학생의 성장에 어떤 가치를 만들어 내는가?"를 평가로 보여 줄 수 있느냐는 물음이기 때문입니다.

그동안 학교는, 끊임없이 포기하지 않고 지향해야 하는 교육의 본질 영역과 변화하는 현실의 요구를 반영하는 학생들의 이해 영역이라는 두 개의 수레바퀴로 길을 내며 왔다고 할 수 있습니다. 학교는 '교육 본질'이라는 바퀴와 '학생 요구'라는 바퀴를 조화롭게 운영하기 위해서 노력해 왔습니다. 그래서 인권, 민주, 평화, 생태교육 등을 실행하면서 동시에 학생들의 현실적인 욕구와 요구를 살피고 수용해야 하는 강박관념도 있었습니다.

그런데 진학의 논리가 강하게 작동하면서 학생들의 현실적 이해와 요구는 전면에 등장했고, 교육과정과 수업이 평가에 종속되는 역설에 직면하면서 우리는 평가를 새롭게 조망해야 하는 과제를 안고 있습니다. 학교의 존재 이유는 '학생이 성장하는 증거'를 통해 가장 분명하게 드러날 수 있어야 합니다. 그리고 그 증거는 학생의 요구에 따른 단순한 '성적'이 아니라 '삶의 역량 변화'를 측정하는 평가를 통해 제시되어야 합니다. 지금 우리가 해결해야 할 과제입니다.

인공지능이 학습 자료를 만들고, 학생 답안을 채점하며, 수행평가 보고서까지 대신 써 주는 시대입니다. 이제 학교는 더 이상 지식을 전달하고 지식을 평가하는 교실 교육으로만 존재하기 어렵습니다. 이런 평가로는 학생이 어떤 사람으로 성장하고 있는지, 학교가 어떤 교육적 가치를 창출하고 있는지를 드러내기 어렵습니다.

인공지능 시대, 학교의 존재 이유는 무엇인가요?

그렇다면 학교는 왜 여전히 필요할까요? 그 근거는 바로 학생의 '성장'을 통해 확인되는 학교의 교육적 가치, 즉 평가가 보여 주는 학교의 존재 이유에 있습니다.

학교는 학생이 성장하는 공간, 현재를 살면서 미래를 준비하는 공간입니다. 따라서 학교의 존재 이유는 "학생이 학교를 통해 얼마나 변화했는가?"라는 질문에 답하는 과정에서 드러납니다. 이를 구체적으로 보여 주는 도구가 바로 '학생 평가'입니다. 그러므로 평가는 단지 성적을 산출하고 등급을 매기는 과정이 아니라, "학교는 학생에게 어떤 변화를 이끌어 냈는가?"를 증명하는 과정에서 학교는 존재의 의미를 새롭게 얻습니다. 결국 학교는 '학생 한 명 한 명의 생명을 키우고 자라는 공간', '각자의 영혼의 탁월성을 드러내는 공간'으로 입증되어야 합니다.

이제 평가는 학생의 점수를 매기는 절차를 넘어 학생의 성장 흔적을 기록하고 공유하는 '학교의 증거 체계'로 전환되어야 합니다. 학생의 포트폴리오, 프로젝트 수행 결과, 자기 시도와 자기 성찰 일지, 공동체 협력 활동의 변화 등이 학교교육이 만들어 낸 생태적 변화를 보여 주는 살아 있는 자료가 될 수 있습니다.

가령, 어떤 학생이 처음에는 아무런 생각 없이 마지못해 참여하던 수업에서 프로젝트 학습을 통해 친구들과 협력하고 자신의 생각을 표현하게 되었다면, 그 변화 자체가 학교의 존재 이유입니다. 이때 교사는 그 변화의 과정과 성장의 과정을 기록하고, 학교는 그 변화를 학교교육의 성과로 제시할 수 있어야 합니다.

또한 성장 포트폴리오 평가의 경우에도, 어떤 학생이 한 학기 동안 수행한 프로젝트, 에세이, 협력 활동, 자기 성찰 기록을 모아 '성장의 궤적'을 시각화하는 평가 방식으로 활용할 수가 있습니다. 이를 통해 학교는 "우리 학교교육이 학생의 변화에 어떤 영향을 미쳤는가"를 보여 줄 수 있습니다. 이렇게 평가는 개별 학생의 수준을 넘어서 학교 전체의 성장 효과를 보여 줄 수 있습니다. 학생의 자기 주도성, 협력 역량 변화율, 생활 만족도와 같은 지표를 학교 단위로 분석하면, 공동체로서의 학교가 어떤 방향으로 성장하고 있는지를 객관적으로 확인하고 성찰하고 더 나은 학교를 꿈꿀 수 있습니다.

시험 점수는 인공지능도 계산할 수 있습니다. 하지만 학생의 성장을 읽고, 그 의미를 함께 찾아주는 일은 오직 학교와 교사만이 할 수 있는 일입니다. 교사만이 학생 한 명 한 명이 일상을 살아가면서 보여 주는 태도의 성숙, 관계의 확장, 삶에 대한 통찰을 이끌 수 있습니다. 교사만이 학생의 삶을 살피고, 정서적·사회적 역량을 길러 주고, 학생 한 명 한 명이 지닌 영혼의 탁월성을 응원하고 동행할 수 있습니다. 평가를 통해 학생의 삶과 성장 과정이 기록되는 것입니다.

학교의 존재 이유는 결국 학생의 변화 속에 있습니다. 그 변화는 성장이며, 변화의 기록이 곧 평가이고, 그 평가의 축적이 바로 학교가 사회에 내놓는 교육의 증거여야 합니다. 학교가 학생의 성장 과정을 중심으로 평가를 재구성할 때, 비로소 학교는 인공지능 시대에도 여전히 사람을 성장시키는 생태적 공간으로 존재할 수 있을 것입니다.

학교는 시대에 따라 그 의미가 확장되어 왔습니다. 인공지능 시대의 학교는 '함께 배우며 성장하는 생태계'가 되어야 합니다. AI가 대체할 수 없는 것은 관계, 의미, 가치, 공동체적 경험입니다. AI가 학생 한 명 한 명의 속도에 따라 지식 영역의 학습 효율을 높일 수는 있습니다. 학교는 사람과 사람이 만나 '함께 배우는 법'을 배우는 곳, '함께 살아가는 힘'을 기르는 곳으로 진화해야 합니다. 학교에서의 학생 평가는 학교의 존재 이유를 입증하는 중요한 의미체로 거듭나야 합니다.

5.
교육과정을 이끄는 평가

교사는 출제할 때마다 "평가는 학생들의 역량을 제대로 측정할 수 있어야 한다."라는 관점을 환기해야 합니다. 그 이유는 평가 자체가 하나의 거대한 교육의 방향이기 때문입니다.

요즘에 IB 교육과정에 대한 논의가 많습니다. 실제로 IB 평가 원리가 적용된다면 사고력과 논증력이 좋은 아이들이 늘어날 가능성이 있을 것입니다. 평가의 방향에 따라 학습의 방향이 확장되는 것입니다. 평가 결과 점수가 잘 나오는 방향으로 학생들은 준비하고 발달하기 때문입니다. 그래서 평가는 정말 중요합니다. 평가는 학교 교육의 전체적인 변화 방향을 만들어 가는 실질적인 동력이기 때문에 가장 중요할 수 있습니다.

"닭이 먼저냐? 달걀이 먼저냐?" 문제이지만, 지금 학교는 교육과정이 먼저이고 평가는 뒤를 따라가는 형국입니다. 알고 보면 그렇지 않을 수도 있습니다. 오히려 '평가가 끌고 가는 교육과정'이라고 생각하는 것이 더 정확합니다. 학교는 평가에 의해서 재구조화되고 있다는 사실을 볼 수 있어야 합니다.

예를 들어, '역량 있는 친구가 점수를 잘 받아야 해'라고 우리는 이야기합니다. 맞습니다. 그런데 그 역량이란 뭘까요? 살아가는 역량입니다. 잘 살고 쓸모 있는 인간이 되는 역량, 미래를 잘 살아갈 수 있는 미래 핵심역량입니다. 쓸모 있는 역량을 만들기 위해서 학생을 학습시키고, 그 쓸모 있는 역량이 어느 정도 쓸모 있느냐를 알기 위해서 평가하는 것입니다.

우리가 흔히 "교육과정을 먼저 만들고, 수업과 평가는 따라간다."라고 생각하는데, 곰곰이 따지고 보면 평가는 교육 철학과 교육의 방향을 좌지우지할 만큼 교육과정의 중심에 있어야 한다고 봅니다.

누구 한 사람 평가가 그 중심에 있어야 한다고 주장하지 않는 이유는 무엇일까요?

두렵기 때문입니다. 평가의 체제를 조금만 바꾸면 온갖 민원에 세상이 시끄럽게 됩니다. 평가 체제의 다른 이름은 대학 선발 체제이기 때문에, 평가 체제를 바꾸는 것은 대학 선발 방식의 변화를 의미하기 때문에 매우 민감합니다. 만약 밸런스 게임을 한다면 100명이면 100명이 '평가가 더 중요하다'라고 선택할 것입니다.

그래서 학교교육의 중심에 실제로 평가가 있다면, 우리는 평가를 교육 본질에 기반해서 어떻게 살릴 것인가를 고민해야 합니다.

문항을 출제하는 것은 평가에서 아주 중요한 근본적인 요소 중 하나입니다. 수행평가 문항이든 지필평가 문항이든 문항 장면을 설계하는 일은 평가 장면을 설계하는 일입니다. 이는 학생 한 명 한 명의 삶을 살피는 일이기 때문에 매우 엄중한 일입니다.

우리는 한 문항 한 문항 출제하면서 교실의 수업 과정에서 만났던 학생 한 명 한 명의 반응을 떠올리면서 출제해야 합니다. 평가 문항 제작 지침에서는 "발문에는 하나의 평가 요소가 있어야 하고, 지문은 정답의 범위를 제한하는 기능을 하고, 선지는 발문과 지문의 논리적 연계성을 고려해야 한다."라고 문항 출제의 틀을 정형화하고 도식화합니다.

학교 교사들은 정형화된 문항 제작 지침에 따라 출제하며, 문항 지침을 제대로 적용하는 능력을 평가 전문성이라고까지 합니다. 우리가 '문항의 완성도'를 '오류 없는 문항'이라고 할 때, 이는 사실 '이의 제기 가능성이 없는 문항'을 의미합니다.

평가에 민감한 현실, 이의 제기로 인해 겪는 고통 등을 고려하면, 문항 완성도 즉 오류 없는 문항을 출제의 목표로 삼아야 하는 지금의 학교 현실도 부분적으로 인정할 수밖에 없습니다. 그럼에도 교사들은 지금 자신이 출제하는 한 문항 한 문항을 학생들이 해결하는 과정에 학생들의 미래가 있는지를 살펴야 합니다. 제대로 된 평가는 오히려 교육과정에서의 학생 선택에 영향을 줄 수 있고, 교육과정의 변화를 만들어 내는 동력이 됩니다. 평가로 교과가 살아날 수 있습니다.

# 6.
수업을 살리고 배움을 확장하는 평가

학교와 교실은 가장 중요한 교육 현장이고 수업은 학생과 교사의 대화 공간인 동시에 나름의 규율과 규범이 작동해야 하는 하나의 작은 사회입니다. 교실은 교육의 성패를 가늠하는 세포입니다.

학생들이 학교에서 보내는 시간은 대부분 수업 시간입니다. 수업 중 학생들의 질문과 교사와의 대화가 줄어들고 다수 학생이 수업 내용을 거의 소화하지 못하거나 과목 자체에 아예 흥미를 느낄 수 없어서 다른 곳에 정신을 팔거나 잠을 잔다면, 그 교실은 소통이 붕괴된 상태라고 의심해 봐야 할 것입니다.

학생들이 수업 시간에 잠을 잔다거나, 다른 교과 공부를 하고 있다거나 하는 일이 일상이라면 교실의 존립 근거를 고민해야 할 수 있습니다. 이는 교사 개인의 교수법이나 흥미 유발, 학생의 학습 능력 차원을 넘어서는 문제입니다. 교육적 차원의 해결을 넘어서는 문제입니다. 그런데도 교육적 차원에서 접근하기 때문에 늘 오류 정책이 나올 수밖에 없습니다.

비교적 최근에 강조되는 과정 중심 평가를 통해 학생 성장에 방점을 두는 흐름이 있습니다. 하지만 과정 중심 평가 역시 진학을 만나는 순간, 성장보다는 선발에 초점이 맞춰지게 됩니다.

물론 성장이 곧 선발로 이어지는 대학 입학 전형의 흐름이면 더할 나위가 없습니다. 현실에서의 대학 입학 전형은 공정성을 정량으로 치환하고 있고, 정량은 정시 전형은 수능 성적 그리고 수시 전형은 교과 내신 성적 등으로 이어지기 때문에, 결국 과정 중심 평가는 과정이 아니라 결과로 방점이 옮겨 가는 모순된 현상이 나타나고 있습니다. 과정 중심 평가에서 '과정'은 곧 결과 평가에서의 '결과'의 다른 이름이 될 수도 있다는 현실적 모순입니다.

바로 이 점에서 우리는 평가를 돌아봐야 합니다. 현실적으로 가장 강력한 힘을 가진 평가로 교실을 살리는 전략을 연구해야 합니다.

역량 중심 교육과정인데, 우리는 진짜로 역량 중심 수업을 하고 있나요?

교실을 돌아볼 때 우리는 이러한 질문을 던지면서 성찰해야 합니다. 역량 중심 수업을 하고 역량 중심 평가를 해야 하는데, 우선 역량 중심 수업을 하고 있는가, 역량 중심 수업을 할 수 있는 여건과 준비는 되어 있는가? 하는 성찰이 필요합니다.

학교교육의 목적은 학생들이 미래를 살아갈 삶의 힘을 키워 주는 것입니다. 수업과 평가에 이러한 교육 목적이 적절하게 용해되어 있는가? 역량 중심 평가는 지식을 포함해서 문제해결력, 창의력, 의사소통 역량 등 학생들이 미래를 살아갈 힘이 되는 평가를 하고 있는가? 이에 대한 답을 구하는 노력을 해야 합니다.

역량을 결정하는 요소를 세부적으로 들어가서 나누면 자기관리 역량, 심미적 감성역량, 창의적 사고력, 의사소통 역량, 공동체 역량, 지식정보처리 역량 등이 있는데, 이 역량을 배양하도록 수업 시간이 실제 운영되는지 그 역량의 수준을 생각하고 문항 장면을 설계하고 평가하고 있는지 등을 고민해야 합니다.

가령, 이 학생이 이 정도의 성취수준을 나타낸 것은 이 정도의 살아가는 역량을 지녔다고 판단할 수 있는 그런 평가를 하고 있느냐는 것이고, 이를 고려하고 문항을 출제하고 있느냐는 것입니다.

만약 문항을 설계할 때 학생의 삶으로 이어지는 역량과의 일치 정도를 고려하고 출제했다면 학생의 평가 결과는 반드시 학생에게 피드백이 되어야 합니다. 피드백도 학생의 성취수준과 역량 수준을 같이 묶어서 이루어져야 합니다.

학생 평가에 피드백이 중요하다면 교사에게 중요한 직무 역량은 달라질 것입니다. 교사 전문성에 대한 패러다임이 달라질 것입니다. 그동안 교사 전문성의 패러다임은 교과 전문성, 교육과정상의 내용 전문성, 이를 실질적으로 학생들에게 가르칠 수 있는 교수학습 방법 전문성으로서의 교수 방법 전문가를 논했습니다.

그런데 역량 중심 평가라고 한다면 교사 전문성의 첫 번째는 피드백 역량이 될 것이고, 두 번째는 의사소통 역량이 될 것입니다. 왜냐하면 의사소통 역량은 피드백 역량과 연동되어 있기에 의사소통 역량 없는 피드백 역량을 생각하기 어렵기 때문입니다.

7.
평가에 대한 이해와 쟁점

가. 평가의 종류와 구분

학교생활기록부 작성 및 관리 지침(교육부 훈령 제365조)에 "교과학습 평가는 수행평가와 지필평가로 구분하여 실시한다."라고, 지필평가와 수행평가라는 용어가 처음 등장합니다.

> 교육부의 '학생 평가 이해'에서는 '지필평가'에 대한 정의를 "지필평가는 중간 또는 기말고사와 같은 일제식 정기고사를 의미하며 문항 정보표의 구성에 따라 선택형과 서답형으로 구분한다."라고 규정하고 있습니다.

이를 기반으로 경기도교육청의 '학업성적관리지침'에도 동일한 내용으로 제시되어 있는데, 교육부 훈령에 따르면 지필평가는 '일제식 정기고사'이고, 지필평가는 문항의 형식이 아닌 '고사의 형식'임을 알 수 있습니다.

또한 지필평가를 선택형과 서답형으로 정확하게 나누고 있습니다. 시도교육청에 따라 평가 관련 용어들이 다양하게 사용되어 혼란스러울 때가 있습니다. 가령, 교육부의 공식 용어는 '과정 중심 평가'인데, 경기도교육청에서는 이를 '성장 중심 평가'라고 합니다. 물론 과정 중심 평가는 곧 성장을 방점으로 하는 지향성을 담으려는 의도 그리고 과정 중심 평가로 수업을 정상화하려는 의지로 읽을 수는 있습니다.

그런데 수행평가와 지필평가를 구분하고, 수행평가는 과정 중심 평가이며 따라서 성장 중심 평가라고 하게 되면, 지필평가의 취지에 혼란이 생길 수 있습니다. 지필평가도 성장 중심 평가입니다. 수행평가든 지필평가든 모두 성장 중심 평가여야 합니다. 평가 과정과 결과는 곧 학생의 학습으로 이어지고 학습이 성장이 되어야 하고, 성장을 지향해야 합니다. 과정 평가는 성장이고 정기고사는 성장이 아니라는 도식을 경계해야 합니다. 학교에서의 학생 평가에서 성장이 아닌 평가는 상상할 수 없습니다.

서답형을 서·논술형으로 부르는 경우도 많은데, 서답형으로 하는 게 맞습니다. 서술형과 논술형은 평가 내용과 형식이 서로 다르기 때문에 서술형이면 서술형, 논술형이면 논술형, 그리고 이 둘을 모두 지칭하려면 서답형으로 하는 게 맞습니다.

경기도교육청의 '2025 중등학생 평가 및 학업성적관리 이해하기'를 보면, 논술형 평가를 "지식에 대한 심층적 이해와 탐구, 분석과 판단 등 사고 과정을 학생 자신의 언어를 사용하여 논리적으로 기술하도록 하는 평가"라고 정의합니다. 그리고 논술형 평가의 목적은 "학생들이 분석적 이해력, 비판적 사고력, 창의적 문제해결력 등 고등 사고력 중심의 학습 경험을 통해 자신의 삶에 실질적인 도움이 되도록 하기 위함"이라고 합니다. 논술형의 배경과 취지에 부합하는 적절한 설명입니다.

그리고 논술형 평가의 유형을 '제한형 논술'과 '확장형 논술'로 구분하여 한 문장 이상은 '제한형 논술', 한 문단 이상은 '확장형 논술'이라고 제시합니다.

나. 선다형과 서답형의 상호 보완

"오지선다형 문항으로 학생들의 생각하는 힘을 기를 수 없다."라는 선다형 문항에 대한 비판이 거셉니다. 물론 오지선다형 문항은 교사가 출제하고 미리 정해 좋은 정답을 찾아가는 과정이라는 출발선의 한계를 지적하고 있는 것입니다. 그런데 학교에서의 모든 시험에는 출제자의 의도가 있고 출제자의 의도는 곧 평가 요소입니다. 출제자의 의도를 파악하는 일은 곧 평가 요소를 찾아가는 과정입니다.

또한 평가를 하는 사람과 평가를 받는 사람이 다르기 때문에 평가 주체를 기준으로 보면 오지선다형은 학생들이 스스로 생각하는 답안을 작성할 수 없고, 교사가 정하는 선지 중에 하나를 고르는 문항이기 때문에 답안 반응도가 지극히 제한될 수 있습니다. 그런데 이러한 평가 주체의 문제를 근거로 "오지선다형은 사고력을 측정할 수 없다."라고 주장하는 것은 사실과 다를 수 있습니다.

오지선다형 시험 문제도 수능형 문항을 보면 문제해결력, 사고력, 논리력 등의 사고실험이 평가 장면에 장치되어 있습니다. 제시문의 사례도 우리 사회 전반적인 실생활의 소재들이나 주요 이슈 관련 내용들이 많습니다. 특히 사회구조의 변동 요소 등이나 쟁점 등에 대한 내용이 많습니다. 평가 장면이 학생들의 삶과 분리되어 있지 않다는 것입니다.

학생들이 문항을 해결할 때는 정답을 찾아가는 것도 중요하지만, 정답을 찾아가면서 스스로 문항 장면을 통해 사고실험하고, 그 사고실험을 통해 학습이 이루어지는 것도 중요합니다. 이러한 학습의 과정이 객관식 오지선다형에 녹아 있는 것입니다.

문제 장면의 설계가 학생들의 복합적 사고력을 요구하고, 학생들의 논증력을 요구하고, 학생들이 실제 문제 장면에서의 문제해결력을 요구할 수 있습니다. 그렇다면 학생들이 정답을 찾아가는 과정 자체에는 논증력, 사고력, 문제해결력 등의 모든 역량이 융합적으로 작용한다고 보는 것이 타당합니다. 관건은 문항 장면이 얼마나 제대로 설계되었느냐 하는 점입니다. 즉 문항 설계 역량과 문항 제작 역량입니다.

"객관식 문제를 출제할 때, 성취기준 혹은 학생들의 배움과 성장을 고려해서 출제하는 것이 아니라 오로지 변별을 위해서 출제한다."라는 주장이 있습니다. 이는 부분적으로 타당할 수 있습니다.

"학교 시험과 수능 시험은 오로지 변별을 위해서 아주 비정상적으로 어려운 시험 문제를 출제한다."라는 주장도 있습니다. 비정상적인 문제를 훈련해야만 고득점을 얻고 좋은 석차 등급을 얻을 수 있다는 것입니다. 따라서 비정상적인 문제를 푸는 훈련을 받기 위해서 학원에 가서 반복적으로 정답을 찾는 문제 풀이 폐단을 없애야 한다는 주장입니다. 이 비판 역시 사실에 근거한다고 봅니다.

예전에는 변별하기 위해서 수험생의 착오를 유발하도록 작위적인 문항을 출제하기도 했습니다. 지식이나 개념 자체를 묻는 문항도 아니면서 학생들의 착오 응답을 유도하는, 억지로 틀리게 만드는 문항이 있었습니다. 예를 들면 "(평가 요소 중) 옳지 않다고 볼 수 없는 것은?" 등의 기괴한 발문으로 구성된 문항도 있었습니다. 요즘에는 이런 문항은 거의 사라졌습니다.

그런데 현실적으로 대학이 서열화되어 있기 때문에 평가를 통한 변별과 선별이 현실적으로 불가피한 측면이 있습니다. 교사들이 일부러 변별하고 싶어 하는 게 아닙니다. 학교가 일부러 변별 평가를 하는 게 아닙니다. 학교 탓, 교사 탓할 수 있는 게 아니고, 오지선다형을 탓할 바도 아닙니다. 비판의 방향이 잘못 잡혀 있는 것입니다.

단, 우리가 주목해야 할 것은 변별만을 위해, 변별만을 목적으로 두고 문항을 출제하는 경우는 없는지 반성이 필요하다는 점입니다. 문항을 출제할 때 평가의 본질인 학생의 성장, 학생의 역량과의 일치 여부 등에 중심이 있고, 변별은 그 이후의 평가 효과여야 한다는 것입니다.

특히 변별을 위해서 아주 작은 요소를 평가한다거나, 혹은 수업 시간에 배운 내용 이상을 평가하는 것은 이미 문항으로서의 자격을 상실한 것이라고 봅니다. 평가가 수업을 배반하거나 평가가 학생에게 위압이 되는 것만큼은 교육적 차원에서도 매우 경계해야 합니다.

물론 오지선다형은 태생적 한계가 있습니다. 우연의 효과도 배제하기 어렵고, 사고의 범위가 한정될 수 있다는 점입니다. 학생들이 스스로 생각하는 힘을 온전하게 끄집어내기 어렵다는 점도 사실입니다. 따라서 이런 점을 극복하기 위해서 논술형 평가가 필요한 것이고, 프로젝트 활동 기반의 수업 밀착형 평가로서의 과정 중심 평가가 필요한 것입니다.

논술형 평가가 대안이라는 주장 역시 현재 상대평가 체제에서 변별에 갇혀 있는 한 논술형의 취지를 제대로 살려내기 어려울 것입니다. 논술형 평가는 오지선다형에 비해 생각을 활용하는 범위가 커집니다. 하지만 논술형 평가도 변별의 기능에서 완전히 자유롭지 않습니다. 따라서 논술형 평가 역시 오지선다형이 안고 있는 문제를 근본적으로 극복하기 어려울 것입니다.

대학 입시에 갇히지 않는 평가 방식을 이야기해 봅시다

어떤 평가 방식도 대학 입시에 갇히는 순간 학생들의 사고력과 문제해결력의 자유도를 무한히 열기는 어렵습니다.

논술형 평가 역시 그 정도는 약하겠지만, 우연의 효과와 사교육의 효과를 벗어나기 어렵습니다. 가령 "문학 작품 두 개를 참고해서 혹은 제시문을 참고해서 자기의 주장을 쓰시오."라고 해도, 학생들의 답안을 보고 학생들이 직접 작성한 것인지, 즉 학생들의 자유로운 사고의 산물인지, 아니면 온라인 강의나 학원에서 받은 훈련의 산물인지, 우연히 주어진 논제를 많이 접해서 논리적으로 탄탄한 답안을 작성한 것인지를 판별하기는 쉽지 않을 것입니다.

더구나 훈련받은 학생이 더 좋은 답안을 작성할 것이라는 예측을 합리적으로 할 수 있습니다. 또 논술형 문항 출제와 채점 과정에서 학생들의 다양한 사고의 자유도를 모두 허용할 정도로 정답의 범위를 무한히 확장하기도 어렵습니다.

그래서 오지선다형 평가는 나쁜 평가이고 논술형 평가는 좋은 평가라는 식으로 평가를 나쁜 평가와 좋은 평가로 접근하는 것보다는, 오히려 우리나라 현실에 비추어서 오지선다형 평가와 논술형 평가가 상호 보완재로서 함께 기능하는 역할을 할 수 있도록 관심을 가졌으면 합니다.

오지선다형과 논술형은 그 시험 형식 자체가 목적이 아니고 학생의 성취수준을 측정하고자 하는 수단이므로, 오지선다형의 대체재로서 논술형을 강조하기보다는 상호 장점을 바탕으로 교육과정에서 평가의 신뢰도와 타당도를 제고하는 방법에 대한 발전적 논의가 있어야 합니다. 학생 '성장'과 '선발'이라는 서로 다른 여건 전체를 동일 선상에 놓고 오지선다형과 서답형의 제대로 된 기능과 역할을 고민하는 게 타당합니다.

8.
절대평가와 논술형 평가

학교나 학급마다 색깔이 다릅니다. 학생 개개인의 색깔도 다릅니다. 학생 개개인의 배움 속도와 깊이도 다릅니다. 천 개의 고원에는 천 개의 바람이 붑니다. 학교마다 여건이 다르고 외부 위협에 대응하는 내적 역량도 다릅니다. 교사와 학생도 다르지 않습니다. 각자의 사유와 지평이 다르고, 마음의 움직임이 다르고, 새로운 변화를 만들어 내는 힘과 속도가 다릅니다.

따라서 학교는 내적 외적 여건과 변화 이정표를 바라보면서 학교 교육 주체 간의 특성을 고려하여 교육과정, 수업과 평가, 학생 지도 방안을 모색해야 합니다.

가령, 학교에서의 학생 평가의 경우에 교사가 동 교과의 동료 교사와 협의하여 수행평가에서 학생들에게 2차 도전의 기회를 주고, 학생이 1차로 쓴 에세이의 부족한 부분을 피드백하고, 학생 스스로 다시 도전할지를 선택하게 합니다. 이와 같이 교육과정에서뿐만 아니라 수업과 평가에서도 학생 주도성과 교사 주도성을 발현해 내고자 하는 노력은 의미 있습니다. 수업 목표 중 하나가 학생들이 학습하는 방법을 익히는 것이기 때문입니다.

이와 같은 교사별 평가는 학교에서 쉽지 않습니다. 혼자서 가르치고 평가하는 경우도 그 어려움이 다르지 않지만, 동일 교과를 복수의 교사가 가르치고 평가할 경우에는 더욱 엄격하게 정형화된 평가 기준이 요구됩니다. 객관적으로 획일화된 평가 체제 속에서 학년별로 동일한 시험을 치르고, 그 기준에 따라 줄을 세워야 하기 때문입니다.

교사는 혹여 학급별 평균차가 크지 않을까 걱정해야 하고, 변별력은 있었는지를 고민해야 합니다. 수행평가를 통해 교사별 평가가 진행되고 있지만, 이마저도 편차와 변별력의 구속에서 벗어나기 어렵습니다.

지금 어렵다고 학교교육의 이정표를 놓쳐서는 안 됩니다. 학생 개개인의 성장을 돕는 평가, 학습으로서의 평가, 실제 삶의 역량으로 연동하는 평가를 끊임없이 추구하며 현실의 변화를 모색해야 합니다. 교사별 평가는 시대의 요구이기도 합니다. 학생의 개별 성장을 돕는 평가를 위해 온전한 교사 개인별 평가권 보장이 필요할 때입니다. 교사 개인별 평가권이란 수업을 담당하는 교사가 자율성을 가지고 편성·운영한 교과 내용을 그대로 평가할 수 있도록 권한을 보장하는 것입니다.

교사는 학생의 교육 목표 도달 여부를 확인하고 적절한 피드백을 제공하여 학생이 자신의 배움을 스스로 돌아볼 수 있도록 돕는 학습 환경을 만들어야 합니다. 학생에게 배울 기회를 주지 않은 내용과 기능을 평가해서는 안 됩니다. 바로 이 점에서 학생의 잠재력과 가능성을 확인하고 이를 현실화하기 위해서는 학생에게 다양한 기회와 도움을 제공해야 합니다.

그 가운데 학생 사고력의 성장 정도를 측정하는 논술형 평가 방식으로 전환해야 합니다. 무엇을 알고 모르는지 평가하기보다는 학생이 앞으로 얼마나 더 성장할 수 있는지에 초점을 맞추는 것입니다. 평가는 교육과정과 수업의 과정에서 이루어지고, 학생과 학부모에게 그 결과에 대한 피드백을 제공해야 합니다.

논술형 평가의 핵심은 무엇인가요?

논술형 평가의 핵심은 사유와 질문, 글쓰기와 토론, 그리고 피드백입니다. 논술형 평가는 결과 채점의 한계를 넘어서야 합니다. 논술형 평가를 실행하는 취지와 목적, 효과는 학생 답안에 대한 교정, 교정을 기반으로 하는 피드백 과정을 수업으로 연계하는 선순환 체계와 긴밀하게 연결되어 있습니다. 논술형 평가의 피드백이 수업의 방향을 이끌어야 합니다. 평가가 수업으로 수업이 평가로 상호 전이되는 과정을 주도하는 핵심은 피드백입니다. 논술형 평가의 의의는 채점이 아닌 채점 후의 피드백입니다.

이러한 평가를 개별 교사 혼자 시도하기에는 부담이 큽니다. 교육공동체의 협력을 바탕으로 하는 평가 문화가 있어야 합니다. 교원학습공동체를 통해 평가 계획을 수립하고, 루브릭(채점 기준) 개발을 함께 하며 평가의 지향점을 만들어 가야 합니다. 협력과 배움의 기쁨을 중시하는 평가 문화를 만드는 일은 논술형 평가의 취지를 교실에서 살려낼 것입니다.

평가의 공신력, 평가의 객관성, 평가의 신뢰도를 문제 삼는 것은 논술형 평가 취지와 정합성을 갖는다고 보기 어렵습니다. 그럼에도 고등학교의 경우 대학 진학을 위해 중요한 영향력을 갖고 있는 교과 내신 성적과 연동되어 있으므로 채점 신뢰도를 보장하는 체제가 필요합니다.

채점자 내 신뢰도는 물론 기본적으로 중요합니다. 채점자 간 신뢰도 역시 중요합니다. 출제 교사는 교과 전문성과 평가 전문성이 있고, 이를 운영하고 관리할 역량이 있습니다. 학교에서의 학생 평가가 지닌 문제는 채점 결과의 '점수'가 아니고 '등수'입니다. 학생과 학부모는 '등수'에 민감한 것입니다. '점수'의 다른 이름은 '등수'입니다. '등수'가 아니라면 '점수'에 민감할 이유가 없습니다. 한 줄 세우는 상대평가이기 때문에 문제가 되는 것입니다.

결국 논술형 평가로의 전환은 상대평가에서 절대평가로의 전환을 요구합니다. 절대평가 체제가 아닌 상대평가 체제에서의 논술형 평가는 선다형 평가와 다르지 않습니다. 상대평가 체제에서 논술형 평가는 문항 설계와 문항 제작에서부터 상대평가를 고려하기 때문에 정답이 있는 문항을 출제할 수밖에 없습니다.

비록 학생이 서술하는 형태이지만 실제 각종 조건으로 정답의 범위를 엄격하게 제한하고 모범답안을 정해 두는 것입니다. 결국 암기한 지식을 서술형으로 작성하게 하는 시험일 수밖에 없기에 사유의 확장, 문제해결력이라는 논술형 평가의 취지가 구현되기 쉽지 않습니다. 단답형, 한 문장 쓰기는 암기한 지식을 쓰는 것인데도 이를 논술형 평가라고 하는 교육청의 평가 지침이 상대평가 체제에서의 논술형 평가가 지닌 태생적 한계를 대변합니다.

상대평가 체제가 학생 학습에서의 성장에 미치는 영향력에 비해 논술형 평가 체제의 효과가 더욱 분명하다는 기대가 있다면 상대평가 체제를 과감하게 버려야 합니다. 시대가 바뀌면 학교도 변화를 요구받고 교육과정, 수업, 평가도 변해야 합니다. 새로운 시대에 맞는 평가 체제로 바뀌어야 합니다. 산업사회의 평가 체제로 AI 시대를 살아가야 할 학생들의 미래를 가두면 안 됩니다.

평가 체제의 전환으로 수업을 바꾸고 학교의 변화를 이끌어 내야 합니다

평가 체제의 변화를 논의할 때 2028년, 2032년 등 교육과정의 전환기를 제시하는 의견들이 있습니다. 수업과 평가는 교육과정의 변화 시기에 맥락적으로 연동되어야 하기 때문일 것입니다. 그런데 교육과정으로 수업과 평가를 강제하는 흐름은 지금 AI 시대에 적절하지 않습니다.

평가는 교육과정과 수업의 결과물이 아닙니다. 교육과정과 수업 그리고 평가를 엄격하게 구분하고, 수업과 평가를 이원적으로 접근하는 의견은 산업사회의 산물입니다. 본질적으로 수업과 평가는 나뉠 수 없고 구분되지도 않습니다. 산업사회의 시장 논리에 기반해서 대학서열화와 채용시장의 차별 등으로 학교에서의 학생 평가 체제를 논하다 보니, 불가피하게 수업의 결과를 평가하고, 평가 결과로 등수를 매겨서 서열화하는 데까지 이른 것입니다.

수업과 평가를 나누는 것은 매우 인위적입니다. 설혹 학문적으로 오랫동안 수업과 평가를 구분하여 접근했더라도, 실제 실행 과정에서 교사들은 수업과 평가를 학생의 학습과 성장이라는 통합적 체제로 운영했을 것입니다.

평가 체제의 전환으로 수업을 바꾸고 학교의 변화를 이끌어 낼 수도 있습니다. 상대평가 체제로는 현재의 강의식 수업, 지식 전달 위주의 수업을 바꿀 수가 없습니다. 교육과정의 대전환기는 2015 개정 교육과정이었습니다. 2015 개정 교육과정은 역량 중심 교육과정으로의 전환이라고 하는 이정표를 분명하게 제시했다는 의의가 있습니다.

2022 개정 교육과정은 2015 개정 교육과정의 맥락을 이었고, 고교학점제 등의 진로 중심 교육과정은 그 징표입니다. 그럼에도 고교학점제는 학교에서 외면당하는 처지가 되었습니다. 우리는 그 이면을 살피고 해결 방향을 바르게 잡아야 새로운 미래를 열 수 있습니다.

교육과정의 변화 방향은 잘못되지 않았습니다. 교육과정의 변화 이정표는 제대로 설계되었습니다. 그럼에도 현장에서 논란이 확산되는 원인은 상대평가 체제에 있습니다. 대학 입학 전형과의 함수관계에 있는 것입니다. 고교학점제는 현재의 학급제, 학년제 등의 학교 체제와도 충돌하는 지점이 있고, 석차 등급제라고 하는 상대평가 체제와도 상충하며, 각 대학에서 요구하는 학생 평가 정도에도 상충합니다.

이 모든 충돌 지점에 대한 책임을 학교의 교사에게 떠넘기고 있는 형국입니다. 교사가 감당할 수 있는 일도 아니고, 감당할 수도 없는 일입니다. 오랫동안 학제화된 교과 편성의 문제, 양성기관의 교사 자격 표시교과제, 대학 입학 전형 요구 자료 등은 학교의 교사가 해결할 수 없는 문제들입니다. 교육과정의 다양화 유연화 정책으로 학생 선택권을 온전하게 살리기 어려운 이유입니다.

평가 체제 변화로 수업과 교육과정의 변화 방향을 제대로 잡아야 합니다

결국 교육과정이 변화하면 수업이 바뀐다는 논리는 학교 현장에서는 억지스러움이 있습니다. 교육과정의 변화로 평가의 변화를 기대하는 것도 역시 허상입니다. 지금 시점에서는 역설적으로 평가 체제의 변화로 수업과 교육과정의 변화 방향을 제대로 잡아야 합니다.

학교의 학생 평가를 절대평가 체제로 전면 전환한다면, 현재 우리가 마주한 교육과정과 수업 운영 관련 문제를 교사의 전문성과 역량을 통해 해결할 단서를 마련할 수 있을 것입니다. 가장 중요한 동력은 현장의 교사입니다. 교사의 마음이 움직이면 그 마음이 곧 변화를 만들어 낼 것입니다. 교사에게서 답을 찾아야 합니다.

절대평가 체제는 대학 입학 전형과 연동되어 있어 사회적 합의가 필요하다는 주장이 있습니다. 우리는 대학 입학 전형을 생각하면서 대학의 의도와 대학의 여러 가지 전략에 대해서는 잘 살피지 않는 듯합니다.

절대평가 체제로 전환하면 학교별로 성적 부풀리기 등의 문제가 있을 것이기에 '대학에서는 받아들이기 쉽지 않을 것이다'라고 하는데, 실제로 대학은 별 관심이 없을 수도 있습니다.

왜냐하면 대학은 지원하는 학생의 학교생활기록부의 교과 성적 표기 정보로 해당 고등학교의 표준점수와 표준편차를 낼 수 있습니다. 이를 기반으로 지원자의 고등학교가 우수한 학생 집단인지에 대해 판별할 수 있기 때문입니다.

또한 대학은 고교 내신 이외에도 다양한 평가 단계를 요구할 수 있습니다. 대학은 대학에서 시험 문항 출제와 평가 과정에 개입한 결과를 신뢰한다는 게 오랜 정설입니다.

가령, 대학에서 신뢰하는 대학수학능력시험, 대학 자체 논술시험, 대학의 면접시험 등은 모두 대학의 교수들이 직접 개입한 것입니다. 대학에서 결코 어떤 영향력도 미칠 수 없는 유일한 평가 도구는 고등학교 생활기록부입니다. 각 대학은 이를 보정해서 성적이 우수한 학생을 선발할 수 있는 다양한 장치를 만들어 낼 것입니다. 익히 알듯이 대학은 입학한 학생들의 학습과 성장보다는 오히려 상대적으로 성적이 뛰어난 학생을 선발하는 일에만 관심이 많습니다.

결국 절대평가 체제 전환에 대한 사회적 합의를 요구하는 것은 현실을 간과한 것이기도 합니다. 절대평가 체제로의 전환은 정치적이고 교육적인 결단이 필요합니다. 우리가 여러 번 경험했지만 사회적 합의를 받아들이는 순간 학교의 전환은 기대하기 어려워집니다. 사회적 공론화가 필요했던 인공지능 디지털 교과서(AIDT) 등의 교실 학습 환경을 기계 기술로 치환하는 문제와는 다른 차원입니다. 절대평가 체제가 유일한 대안이지만, 절대평가 체제가 어려운 경우에 우리는 또 다른 현실적 대안을 모색해야 합니다.

교육 문제에 대한 사회적 합의는 사실 가능하지 않습니다. 절대평가로 전환하면 해결될 일인데, 상대평가 체제를 고집하면서 논술형 평가를 도입해야 한다면 학교의 업무가 과중하게 늘어나게 됩니다. 학교 자체적으로 채점과 평가의 공정성과 신뢰성을 담보할 수 있는 다단계 장치를 마련해야 하기 때문입니다. 교육지원청 단위의 학교 평가 이의 제기 문항의 채점 신뢰도를 판단할 수 있는 교사 전문가 그룹이 필요할 수도 있습니다.

현재까지는 이의 제기 문항에 대해 학교에서 해결하기 어려운 경우에는 학교가 임의로 주변 학교의 해당 교과 교사, 전국연합학력평가 출제위원 등에게 자문을 구해 해결하는 경우가 많았습니다. 앞으로는 이 정도로 사안이 해결되지 않을 수 있습니다. 오히려 교육지원청이라는 교육기관에서 교과별 평가 전문가 그룹으로 지원 체제를 상시 운영하는 것이 필요할 수 있습니다.

해외 사례를 살펴봅시다

미국, 핀란드, 호주, 뉴질랜드 등에서는 교사별 평가가 당연시됩니다. 핀란드 내신 평가 체제를 살펴보면, 평가 목적은 학생 스스로 성장과 발달을 도모하는 것이며, 관리를 위해 외부 사정관 확인 체제를 갖고 있습니다.

교사는 학생들에게 학기 초에 상세한 평가 기준을 안내하고 협의를 통해 기준을 정합니다. 평가 기준 마련을 통해 교사와 학생 모두가 법적 보호를 받을 수 있는 기반을 갖추게 됩니다.

교사의 평가 전문성에 대해 신뢰하며 평가 결과를 전적으로 신뢰합니다. 평가 과정은 서답형 평가, 수행평가, 지속적 관찰, 자기평가 중심입니다. 평가 결과는 절대평가로 4~10등급을 학기 말에 산출합니다. 학생은 과목 최종 등급에 이의가 있으면 교사에게 재평가를 요청하고, 이후 지방 정부에 이의 제기를 할 수도 있습니다.

IB 교육과정에 대해서는 다소의 논란이 있습니다. IB 교육과정은 프랑스 바칼로레아 그리고 독일의 아비투어와 다른 맥락이 있기 때문입니다. 그러나 국제바칼로레아기구(IBO)에서 개발한 IB 교육과정에서는 교사의 교육과정 재구성부터 교사의 교육과정 설계(IBDP, 고등학교 대학교 준비 프로그램)까지 교사의 교육과정 편성·운영권을 보장하고 있습니다. 절대평가와 과정 중심 평가가 시행되며 교사의 평가권도 철저히 존중하는 것입니다.

 서·논술형 중심 평가에서 점수의 공신력 문제, 내신 부풀리기, 교사 평가권에 대한 불신, 평가 변별력 등에 대한 문제점을 보완하기 위해 IB 시험 감독 체계를 구축하고 시험 채점관을 운영합니다. 아울러 채점 기준을 공개하고, 재채점 요구 기회를 제공하고 있습니다. 교사의 교육과정과 평가 전문성을 갖추기 위한 교원 역량 지원도 이뤄지고 있습니다. 현재의 상대평가 체제에서 서·논술형 평가를 해야 한다면 우리는 이런 것들에 대해 중요하게 관심을 가져야 할 것입니다.

9.
'선발'을 넘어 '성장'으로

가. 공정한 평가란 무엇인가

성장을 위한 미래형 평가는 어떤 것일까요? 현재 미래형 교육체제에 대한 논의가 활발하게 이루어지고 있습니다. 그런데 이 체제의 전환에 핵심적인 동력이 되는 평가와 대학 입시와의 관련성에 대한 담론은 있지만 구체적인 방안은 아직 부족합니다. 평가는 너무나 민감하기 때문에 드러내 놓고 접근하기도 쉽지 않을 것입니다.

학교에서 학생들이 경쟁하는 현실을 안타까워하고 이를 비판적으로 접근하는 논의의 흐름은 오래된 현실입니다. 학생들의 경쟁은 우리 사회의 구조적 모순에 원인이 있습니다. 고등학교 학생들은 이미 자기의 삶은 자기만이 지킬 수 있다는 것을 알고 있습니다. 그러니 결국 학생들은 자기 삶을 지키기 위해서는 현실적으로 대학을 잘 가야 한다는 것을 압니다. 대학을 잘 가기 위해서는 내신도 잘 받고 수능도 잘 보고 학교생활기록부도 잘 준비해야 한다는 것을 이미 알고 있습니다.

그래서 경쟁합니다. 경쟁하는 학생들, 경쟁을 인정하는 학생들에게 필요한 환경은 뭘까요? 그것은 공정한 경쟁 체제일 것입니다. 학생들도 "한 줄 세우는 것은 불가피하다고 인정하고 있다."라고 봐야 합니다. 그래서 "공정하게 한 줄 세워 달라는 요구를 하고 있다."라고 봅니다.

결국 상대평가 체제에서의 학생 평가는 변별할 수밖에 없는 것입니다. 그래서 평가의 타당도와 신뢰도는 당연히 중요합니다. 변별도 역시 중요한 것입니다. 그래서 수행평가 역시 공정해야 합니다. 지필평가 역시 오류 없는 문항을 출제하는 것도 중요하지만 공정한 평가인가도 중요합니다. 학급별로 다르게 가르쳐서 출발선에서 불이익을 받는 경우가 없는지에 대해 민감합니다.

오류 문항은 그 문항에 대한 이익과 손해의 정도가 각각의 학생들에게 다르게 다가가기 때문에 민감합니다. 이익과 손해가 학생들에게 다르게 나타난다면 이를 공정하다고 볼 수가 없습니다. 결국 오류 문항은 학생들에게는 매우 아픈 상처가 될 수 있습니다.

사실 공정한 시험, 공정한 평가는 모든 학생에게 평가받을 수 있는 기회, 평가가 진행되는 환경, 평가 결과의 활용에서 차별이 없어야 한다는 것입니다. 결국 출발선이 같아야 한다는 게 전제되어 있습니다. 어떤 학생은 고액 과외를 받고, 어떤 학생은 학원조차 갈 수 없다면, 두 학생에게 공정한 평가는 두 학생 모두 마음의 부담 없이 원하는 만큼의 환경에서 공부할 수 있도록 학습 안전망을 지원해 주고 경쟁을 시키는 것입니다. 이것이 공정한 경쟁입니다.

> 평가가 수업 역량으로 이어지고,
> 다시 평가 역량으로 이어지는 선순환을 기대하며

공정성을 강화하려면 울타리 자체를 없애는 것이 가장 이상적입니다. 어렵다면 최소한 키 높이를 동일하게 해 주고 서로 동일한 환경에서 경기를 본 후에 경기에 대한 소감을 작성하게 하는 것입니다. 평가 결과 나타난 변별 기능만으로 평가의 공정에 대해 접근해서는 안 되는 까닭입니다.

우리는 평가로 인한 경쟁과 선발은 현실적으로 인정하면서도 평가의 본질을 살피고, 본질을 살리는 데 관심을 가져야 합니다. 평가의 기본은 선순환입니다. 교사는 수업 결과를 평가했다면 학생들이 "아, 나는 이런 것을 몰랐구나.", "실제로 몰랐는데 아는 것으로 착각했구나.", "다시 공부해야겠다." 등으로 선순환해야 합니다.

교사 입장에서는 "내가 이렇게 가르쳤는데 아이들은 이렇게 이해했구나.", "이 부분을 좀 더 조심해서 가르쳐야겠구나." 등의 성찰로 평가가 수업 역량으로 이어지고 다시 평가 역량으로 이어지는 선순환이 필요합니다.

나. 삶의 역량으로 살아나는 평가

케임브리지, 하버드, MIT 공대 학생들이 우리나라 수능 수학 문제를 풀지 못했다는 것을 근거로 우리나라 수능 수학 문제가 잘못되었다고 주장하면 안 된다고 생각합니다. 문항은 그 문항의 형태라든가 문항의 개발 취지 이런 것들에 익숙하냐 익숙하지 않으냐 등에 의해서 정답에 이르는 반응이 제한될 수도 있기 때문입니다. 해당 사례는 수능형 문항을 비판하는 근거로는 적절한 소재가 아닙니다. 대중을 선동할 수는 있지만 사실관계에 대한 정합성은 부족합니다.

그래서 단순 비교를 경계해야 합니다. 현재 수학 과목에서 측정하고자 하는 능력이 계산 능력인지, 공식을 암기하는 능력인지, 공식을 적용하는 능력인지, 그 문항을 해결한 학생들이 일상의 삶의 문제도 해결할 수 있는 능력인지 이런 것들은 우리가 지금 진단할 필요가 있다고 봅니다.

왜냐하면 시대가 변했고, 역량 중심 교육과정이 들어왔으면 평가의 기본적인 원칙도 문항을 출제할 때 그 문항을 풀었다는 학생의 역량도 일치해야 함을 고려해야 하기 때문입니다.

그래서 지금 우리가 논의해야 할 방향은 분명합니다.

- 우리가 시험 문제를 통해서 무엇을 측정하려고 하는 것인가? 어떤 역량을 측정하려고 하는 것인가?
- 실제 문항은 그 역량을 측정할 수 있는 문항인가?
- 실제로 그 역량을 측정했다는 것을 어떻게 확인할 수 있는가?
- 단순히 정답을 맞힌 것만으로 역량 있다고 주장할 수 있는 것인가?
- 아니면 정답을 찾았건 오답을 택하였건 시험이 끝난 후에 별도의 피드백을 통해서 우리는 그 역량에 대해서 확인하고 지원할 수 있는 것인가?

- 역량에 대한 평가가 단순히 시험 점수가 나온 것으로 끝나는 것인가?
- 공지하고 점수 확인하고 서명하는 것으로 끝나는 것인가?
- 아니면 선순환에 대한 장치까지를 의미하는가?

이러한 점에 대한 논의와 성찰을 바탕으로 기존 패러다임의 전환이 필요하다고 봅니다.

다. 피드백 학습, 성장의 대화

학교가 공정한 평가에만 갇혀 있어서는 안 됩니다. 당연히 평가 기회, 과정, 결과 활용에 이르기까지의 평가 공정성은 필요합니다. 그런데 공정성은 단지 절차와 장치의 문제입니다. 객관적인 관리의 문제일 수 있습니다. 오히려 교육적 차원에서 보면 우리는 정의로운 평가는 어떻게 가능한가에 관심을 두어야 합니다.

정의로운 평가는 학생들이 평가 과정이나 결과에 몸과 마음이 지치지 않고 오히려 평가를 통해 자존감을 얻고 성장을 기약하는 것입니다. 정의로운 평가는 교사들이 출제를 대할 때마다 오류 가능성과 민원에 대한 부담에 고통스러워하지 않고 오히려 학생들 삶의 역량으로 이어지는 문항에 대한 상상으로 즐겁게 출제에 임하는 것입니다.

그래서 정의로운 평가는 곧 피드백입니다. 학생 한 명 한 명에게 관심을 갖고 다가가는 맞춤형 피드백입니다. 소위 공부를 못해서 과목마다 틀린 게 많은 학생은 누구에게도 질문할 곳이 없습니다. 모르는 문항에 대해 도움받을 수 있는 그 누구도 없습니다. 오랫동안 학습부진이 누적되어 있어 이미 자존감이 약하기 때문입니다. 새롭게 도전하기에는 학력 수준이 너무나 떨어져 있어 용기를 내기 어렵기 때문입니다.

학교의 환경이 그렇습니다. 공부를 못하는 아이가 별도로 교무실에 찾아와서 질문하기는 쉽지 않습니다. 그래서 시험 후에는 정답 확인하고, 점수 확인하고, 서명하는 것으로 끝내서는 안 됩니다. 교실 수업에서 문항에 대한 피드백 시간을 공고히 해서 수업 시간에 맞춤형으로 지도하는 선순환 수업과 평가 연계 과정을 교사들이 스스로 만들어야 합니다. 이는 학생들과 선생님들의 교실에서의 매우 의미 있는 약속이 될 수 있다고 봅니다.

평가에서 중요한 것은 교사 주도성입니다

그래서 교사의 역할이 중요합니다. 학생이 낮은 성적을 받았다고 해서, 문항을 이해하지 못했다고 해서, 꼴찌 했다고 해서 하찮은 인간이 아니라는 것을 평가 결과의 피드백 과정에서 체험할 수 있도록 해야 합니다. 단순히 그 문제의 성취기준에 해당하는 내용 요소를 몰랐을 수도 있고, 문항에 대해 잘 이해하지 못했을 수도 있습니다. 그리고 평소에 공부하지 않았기 때문에 틀린 문제가 대부분일 수도 있습니다.

중요한 것은 어떤 학생이 시험을 봤는데, 시험 성적 결과를 가지고 선생님이 나에게 한 문항 한 문항 내가 틀린 문항에 관심을 가지고 물어주면 고마울 것입니다. 그런 경험이 "내가 하찮은 인간이 아니구나."라고 느끼게 해 줄 것입니다. 그러면 그 학생은 공부를 못할 수도 있지만 다른 일은 잘할 가능성이 있습니다. 이는 평가를 정의롭게 접근하는 교사들의 몫입니다. 평가에서의 교사 주도성입니다.

학교에서의 학생 평가는 선발의 기능을 해야 하는 제도적 여건 때문에 상대평가일 수밖에 없지만, 교사의 마음속으로도 학생을 상대평가해서는 안 됩니다. 공부 말고 다른 것을 잘하는 아이들도 많습니다.

시험 본 후에 평가 결과를 알려 주는 시간에 교사가 출제 배경과 취지를 설명하고 문항의 평가 요소를 환기하면서 이렇게 이야기해 봅시다.

"제가 여러분에게 이것(평가 요소)을 이해하고 있는지 혹은 이런 문제를 해결할 수 있는 역량이 있는지를 알아보고자 이 문항을 출제했습니다. 이 문항은 이런 점(성취기준, 학생들의 이해도, 학습 성향, 오반응 빈도 등)을 고려하여 설계했고, 각각의 선지들은 이런 의미를 지닙니다. 각각의 선지는 모두 해당 문항의 평가 요소와 이런 연관성이 있습니다. 그러나 이 선지는 이런 이유로 오답에 해당합니다."

"이 문항의 정답률은 60%입니다. 정답은 ②번인데 오답인 ③번에 반응한 비율이 35%입니다. 혹시 오답인 ③번에 반응한 학생들 중에 ③번 선지를 선택한 이유를 말해 줄 학생 있나요? 인영이 학생은 왜 ③번을 정답이라고 생각했나요? 그다음으로는 오답 ⑤번에 반응한 비율이 높았습니다. ⑤번을 선택한 이유를 설명할 학생 있나요?"

이렇게 설명하고 평가를 마무리한다면, 평가는 그 자체가 수업이 되고 학습이 되고 성장이 될 것입니다.

이렇게 한 시간 수업을 하고 나면 교사의 평가 역량이 질적으로 달라질 것입니다. 평가를 위한 평가를 하지 말고, 평가를 학생들하고 나누는 기회를 진정으로 가졌으면 합니다. 교사가 자기 반성을 하고 그 반성을 학생들과 나누는 것도 좋습니다. 그래서 평가 자체를 학습으로 만들어야 합니다.

실제로 평가하고 나면 나이스에 정답률, 타당도 등이 모두 나옵니다. 그것을 보고, 오개념이 있다고 의심되면 그것에 착안해서 설명해 주고, "여러분이 틀린 문항에 대해서 그 틀린 이유를 써 보세요."라고 하면 학생들은 '몰라서 틀렸다.' 등등 이유가 많을 것입니다. 바로 그 지점에서 새로 학습을 시작할 수 있다고 봅니다. 물론 다 틀린 학생들은 자기가 너무 많이 틀려서 왜 틀렸는지도 당연히 모를 것입니다. 그러면 그 학생들에게는 "네가 하고 싶은 거 틀린 문항 5개만 골라서 해."라고 할 수도 있습니다.

교사라는 직업이 좋은 이유는 "학생들에게 내가 할 수 있는 일이 무궁무진하게 있다."라는 사실입니다. 교사가 어떤 평가 철학을 가지고 있느냐에 따라서 학생들에게 평가 결과에 대한 리액션이 다를 수 있습니다.

학생 평가의 핵심은 피드백입니다

결국은 학교에서의 학생 평가의 핵심은 피드백입니다. 피드백이 있다면 평가는 모든 것의 으뜸이 됩니다. 학교교육에서도 평가가 중심이 됩니다. 평가에서의 교사 주도성은 수업과 교육과정에서의 교사 주도성을 발현하는 동력이 될 수 있습니다.

절대평가와 상대평가, 선다형과 서답형에 대한 논의는 중요하지만, 어떤 평가 체제를 적용하더라도 근본은 교사의 평가 전문성입니다. 교사의 평가 철학, 평가 설계, 문항 설계 및 제작 역량, 채점 역량, 피드백 역량, 평가와 수업의 선순환 역량을 포함하는 평가 전문성을 갖추어야 합니다.

교사 평가 전문성이 전제되지 않은 평가 체제 논의는 기대하는 변화를 도모하기 쉽지 않을 것입니다. 교사 평가 전문성을 지원하는 체제를 갖추어야 합니다. 이를 위해 교원양성 교육기관이라 할 수 있는 대학의 교육과정에서 평가 역량에 대한 실행학습 체제가 구축되어야 하고, 교원 선발과 임용, 임용 후의 교사 생애 발달 단계에서도 지속적으로 평가 전문성을 지원하는 노력이 제도적으로 갖추어져 있어야 합니다. 현재와 같이 교사의 평가 전문성 함양을 교사 개인의 의지와 역량에 맡겨서는 해결되기 어렵습니다.

V.

평가에 대한 상상과 질문, 평가의 미래

AI는 채점할 수 있지만, 숨결을 읽지는 못합니다.
평가는 기술이 아니라 이야기입니다.
삐뚤어진 글씨, 미완의 문장, 어눌한 생각 속에
학생의 삶이 숨 쉬고 있습니다.
그 삶을 읽어 내는 건 AI가 아니라, 교사의 눈과 마음입니다.
미래는 점수가 아닌 사람입니다.

1.
교육은 평가의 끝에서 다시 시작하는가

평가가 끝나는 자리에서 교육은 다시 시작되어야 합니다. 점수와 등수로 멈춰서는 '배움'이 아니라, 다시 걸어 나설 수 있는 '길'이 되어야 합니다. 평가는 학생을 가르는 칼이 아니라, 학생의 삶을 잇는 다리여야 합니다. 그 다리 위에서 학생은 자신의 가능성을 발견하고, 교사는 다시 교육의 첫 마음을 떠올려야 합니다. 교육은 언제나 '시작'의 이름으로 존재합니다. 그리고 그 시작은 종종 우리가 '끝'이라 부르는 자리에서 조용히 열립니다. 평가 체제의 전환, 절대평가가 필요한 까닭입니다.

원점수와 이에 따른 등급으로 산출되는 절대평가는 개인의 성취수준에 따라 점수와 등급이 결정되는 방식입니다. 절대평가 체제로의 전환이 필요한 이유는, 평가 체제가 시험의 형식을 결정하는 핵심 요인이기 때문입니다. 그리고 시험의 형식은 학생의 사고력과 창의력 측정 방식과 깊이 연관되어 있습니다.

상대평가는 응시집단의 성취수준에 따라 개인의 위치를 정하는 체제입니다. 이 체제의 핵심은 '성적 변별'입니다. 이 변별 기능 때문에 '한 줄 세우기'가 필연적으로 발생하고, 공정성 시비에 취약한 논술형 채점보다는 선다형 문항 출제가 선호됩니다.

반면 절대평가 체제에서는 논술형 문항에 대한 이의 제기 부담이 줄어듭니다. 선다형이든 논술형이든 채점 부담이 크지 않고, 평가의 본래 목적에 충실한 출제와 채점이 가능한 환경이 조성됩니다.

다른 나라의 평가 체제는 어떤가요?

영국 A-레벨, 프랑스 바칼로레아, 독일 아비투어, 핀란드 일리오필라스툿킨토 등 주요 국가의 대입 시험은 절대평가 체제로 운영됩니다. 이들 국가는 서술형·논술형·구술형 중심으로 학생을 평가합니다. 선다형 객관식 시험이 아닙니다. 절대평가의 목적은 변별이 아니라 학생 개개인의 역량 수준을 확인하는 것에 있습니다.

물론 미국의 SAT·ACT, 중국의 가오카오, 일본의 대학 입학 공통 시험 등은 서술형과 논술형이 포함되어 있지만 객관식 위주의 시험입니다. 미국의 SAT, ACT는 선다형과 에세이를 선택하게 되어 있고, 일반대 입시 전국 통일 고시인 중국의 가오카오는 사지선다형과 서술형이 혼용되어 있으며, 일본의 센터 시험은 선다형 위주입니다.

미국 표준화된 대입 시험(SAT·ACT)은 단지 대입 자격을 확인하는 시험입니다. 미국의 대학들은 SAT·ACT 외에도 대학별 고사, 에세이, 추천서, 면접, 고교 내신, 수상 경력 등을 반영하여 학생을 선발합니다.

특히 일본의 경우 우리 수능과 같은 선다형 대입 시험(대학 입시 센터 시험)을 운영하다가 2020년부터는 이를 폐지하고 서술형 문항이 포함된 대학 입학 공통시험을 치르고 있습니다. 사고력·판단력·표현력을 평가하기 위해 국어와 수학의 경우 3개의 서술형 문항을 도입한 게 대표적 변화입니다.

선발 시험 성격이 강한 미국, 일본, 중국 대입 시험 모두 객관식 위주의 시험이기는 하지만 우리나라처럼 응시집단 내 성적분포에 따라 개인의 점수를 조정하여 등급을 내는 상대평가 체제가 아닙니다. 절대평가 체제입니다.

평가 체제의 전환, 절대평가가 필요한 까닭은 무엇일까요?

우리나라 대학수학능력시험의 목적은 전국 고등학교 졸업(예정)자의 학업성취도를 객관적으로 평가하여 대학 입학 자격을 판별하고, 학생들의 학업 능력을 표준화된 시험을 통해 측정함으로써 공정하고 객관적인 대학 신입생 선발 기준을 제공하는 데 있습니다. 수능은 학생들이 대학에 진학하기 위한 기본적인 학업 능력을 평가하는 시험입니다.

그런데 현실에서 수능은 공정한 선발 기능에 과도하게 무게를 두고 있습니다. 본래 취지가 '학업 역량 측정'임을 상기할 필요가 있습니다.

현재 고교학점제는 '개별 진로 맞춤형 교육'이라는 명분을 내세우고 있으나 현실은 그 취지를 기대하기 어렵습니다. 담임제와 학년제, 교사 수급 체계와 충돌하고 있습니다. 다교과·다학년 수업으로 인한 교사 소진, 석차 등급제와 수능 상대평가 체제의 구조적 충돌은 학생의 교과 선택권을 제한하고 있습니다. 학생들의 과목 선택은 수능 중심으로 쏠릴 수밖에 없습니다. 이는 학습권 침해로 이어집니다. 교사와 학생 간의 긴장, 교사와 교사 간의 긴장을 심화하여 학교를 혼란스럽게 할 수 있습니다.

학교 현장의 목소리는 분명합니다. 좋은 수업으로 학생의 학습권을 보장하여 학생 한 명 한 명의 학습과 성장을 동행하고자 하는 소명 의식에서 나온 절박감입니다. 이를 위해서는 대입제도 개편, 평가제도 혁신, 교원 선발과 인사제도 개선, 학제 개편까지 아우르는 근본적 변화가 필요합니다. 고교학점제의 취지를 살리려면 체제의 전면적 재설계가 필수적입니다. 고교학점제는 시대정신의 산물이며 시대적 과제입니다.

현재 체제에서 고교학점제는 현실적으로 그 취지를 결코 달성할 수 없습니다. 평가와 수능 체제가 가로막고 있기 때문입니다. 당장 수능 체제부터 개선해야 합니다. 한국교육과정평가원에서 제시하고 있는 수능의 목적에 취지가 잘 나타나 있습니다. 수능은 '학생들의 학업성취도를 측정하는 도구로서, 고등학교 교육과정에서 배운 지식과 기술을 평가'하고, 대학의 전공과목을 학습할 수 있는 기본 역량을 측정하는 시험입니다. 여기에 공정하고 객관적인 선발의 기능을 더한 것입니다. 그렇다면 학교교육에서 우선 가치는 공정한 선발일까요? 학업 역량 측정일까요?

성장과 복지의 불균형, 대학서열을 강화하는 채용시장, 등수 중심 사회는 입시 경쟁을 구조적으로 강화해 왔습니다. 교육 문제처럼 보이지만, 사실은 사회 구조의 문제입니다. 절대평가 체제가 교육적으로 타당하더라도, 지금 입시 현실에서 상대평가 방식 외에는 수험생과

학부모의 동의를 얻기 어렵습니다. 가장 큰 벽입니다.

절대평가 체제가 궁극적 방향으로 맞습니다. 지금 입시 현실에서 성적 변별이 가능한 상대평가 방식 외에는 수험생이나 학부모들의 동의를 구할 수 있는 평가 방법은 없다는 것입니다. 항상 반복되는 순환논증에 가까운 논의로 지난 40년을 보냈습니다. "정답을 알면서도 의도적으로 오답을 찾아야 한다."라는 비논리성, 비합리성이 '공정'이라는 갑옷을 입고 학교를 억누르고 있는 형국입니다.

이 순환논증의 고리를 끊기 위해서는 지도자(대통령)의 결단이 필요합니다. 학생이 행복하게 배우고, 교사가 교육에 집중할 수 있으며, 학부모가 사교육 부담에서 자유로워지는 사회, 학교와 교육의 패러다임 전환은 결단에서 시작됩니다. 학생의 삶과 사회의 지속가능성을 직시하는 지도자의 결단이 오래된 비상식을 끊고, 새로운 교육으로 나아가는 길을 열 것입니다.

2. 미래형 평가는 어떤 모습인가

우리는 근대화 과정에서도 익숙하게 마주했던 질문들을 AI 시대에도 여전히 직면하고 있습니다.

- 교육은 시험을 이길 수 있는가?
- 교육과 입시 중 더 관심 있는 것은?
- 교육과정은 평가를 이길 수 있는가?
- 교육과정과 평가 중 어디에 더 관심이 있는가?

대학 입시는 온 국민이 비상한 관심을 가지는 국가 행사입니다. 우리는 교육 그 자체보다도 대입 제도에 관심이 큽니다. 학교는 입시 제도에 갇혀 있는 셈입니다.

입시와 교육 중 더 관심 있는 것은 무엇인가? 이 질문에는 입시와 교육은 달라서 입시를 교육이라고 할 수 없고, 교육은 입시가 될 수 없다는 의미가 함축되어 있습니다. 여기서 입시는 대학 입학시험이고, 대학 입학시험은 대표적으로는 수능을 가리킵니다.

하지만 대학 입시를 확대하여 수시까지 포함한다면 수시의 교과 우수자 전형의 경우에는 교과 성적이 절대적이므로 교과 성적을 포함합니다. 학생부종합 전형은 교과 성적과 비교과 활동 모두를 포함합니다. 학교생활기록부의 기재 내용이 모두 입시로 연결됩니다.

그런데 학교생활기록부에는 학생 한 명 한 명의 입학부터 졸업까지 이수한 교육과정 상황이나 학급 활동 등 학교생활의 전반에 대한 정보가 기록되어 있습니다. 이 기록물이 모두 평가의 대상이 된다는 것입니다. 다시 말해 학교생활기록부 기록 모두가 점수가 된다는 것입니다. 이 점수가 곧 입시가 되는 것이니, 학생 입장에서는 학교생활 자체가 평가받는 시간이라고 할 수 있습니다.

결국 학생들은 평가받기 위해서, 대학 입시에 필요한 점수를 얻기 위해서 학교에 오는 것입니다. 평가에 민감할 수밖에 없습니다. 결국은 '시험'이 '교육'을 이긴 것입니다.

시대 전환, 교육 전환, 학교 전환의 길목에서

평가에 교육을 담아내야 한다는 교육적 차원의 고민은 진작부터 있었습니다. 결국 평가 결과가 대학 입시에 직결되는 상황에서는 평가로 이어지는 교육의 타당성보다는 공정성과 객관성 그리고 신뢰도에 방점이 찍히게 되어 평가는 교육과 다른 새로운 영역이 되었습니다. 평가에서 교육적 차원의 학습과 성장을 논해야 하는 장면이 왜소하게 줄어들고, 그 자리를 객관성과 신뢰도로 무장한 시험이 자리 잡게 된 것입니다. 결국 평가에서 교육이 설 자리가 사라졌습니다.

학생 평가 목적에 대한 논의는 크게 "학교에서의 학생 평가는 학생의 학습과 성장인가, 상급학교 진학을 위한 자료인가?"라는 두 축으로 진행되었습니다. 그런데 평가의 목적은 학습과 성장보다는 상급학교 진학을 위한 '자료'로 수렴되어 왔습니다. 과정 중심 평가의 시도도 있었으나, 교사 평가에 대한 신뢰 부족과 공정성 논란으로 객관식 선다형 중심의 흐름은 더욱 공고해졌습니다. 채점의 민감도로 인해서 학생의 답안 반응 자유도를 허용하는 논술형을 운영하는 데 한계가 있는 것입니다. 왜 그럴까요?

학교에서의 학생 평가 체제의 변화 과정을 보면, '시대 전환'의 시기에는 '교육 전환'과 '학교 전환'이 있어야 하는데, 대학 입시를 위한 학교교육의 한계를 벗어나지 못하고 있습니다. 가령, 객관식 선다형 평가의 한계가 계속 지적되면서 학교교육의 변화를 요구하는 사회적 목소리가 커졌습니다. 변화하는 교육 요구를 평가에 담아 보자는 노력으로 다양한 형태의 수행평가가 시작되었습니다.

그러나 입시제도와 평가제도를 그대로 둔 채 수행평가라는 새로운 평가를 덧칠한 것이라는 비판을 피하기는 어렵습니다. 물론 수행평가는 당연히 중요하고 성장 중심 평가의 방향을 온전히 담고 있습니다. 입시와 평가제도를 그대로 둔 채 도입된 수행평가는 그 기능을 제대로 할 수 없습니다. 결국 상대평가와 입시에 종속될 수밖에 없습니다.

학교 내신의 의미가 확장되면서 교과 성적 외의 비교과 영역인 창의적 체험활동, 교과세부능력 및 특기사항, 개인세부능력 및 특기사항을 포함하는 학교생활기록부까지 입시 전형 자료로 활용되기에 이르렀습니다. 선다형 지필평가로 미래 핵심역량을 기를 수 없다고 했더니, 선다형 지필평가는 그대로 두고, 학교생활의 전반을 시험에 포함한 것입니다.

물론, 수행평가는 교실 수업에서 학생들의 참여도를 높인 긍정적 효과가 있고, 지필평가에서 소외된 학생 중에는 수행평가에서 적극적인 경우도 있습니다. 학교생활기록부가 중요해지면서 학생들의 학교생활에 대한 참여가 활발해진 측면도 있습니다.

교육은 시험을 이길 수 없다고요?

학교생활기록부가 대입 전형 주요 자료가 되면서 학생들의 학교생활 전체가 시험이 되고 점수가 되었습니다. 학교교육의 과정이 곧 시험이 되었습니다. 학교의 교육이 시험에 갇히게 되고, 교육이 시험을 이기기 어렵다는 절망감으로 '교육'과 '시험'은 별개라는 주장까지 있습니다. '시험'이 아닌 '교육'을 하자는 혁신 운동도 있었습니다.

또한 시험에는 학생들의 학습 도달도를 측정하고 학생의 학습 속도에 맞춰서 그 성장을 돕는 본질적 기능이 있습니다. 시험 즉 평가 없는 교육은 가능하지 않습니다. 우리가 지켜야 할 바는 '교육을 살려내는 시험', '교육을 살려내는 평가'입니다. '교육이 되는 시험', '교육이 되는 평가'입니다.

"어떤 사람이 어떤 잠재력이 있는지?", "각자가 잘할 수 있는 교육을 하자."라는 분위기가 교육계 전반을 휩쓸면서 "잠재력은 객관식 문항으로는 측정할 수 없고, 정기 지필평가에서 시행하는 논술형 평가로도 알기가 어려우니, 차라리 교실에서의 배움의 과정을 들여다보자.", "배움의 과정이 곧 성장으로 이어질 것이니 배움의 과정이야

말로 교육적 평가이다."라는 주장이 설득력을 얻으면서 과정 중심 평가는 수업과 평가의 이정표 역할을 하는 측면이 있습니다.

물론 수업 과정조차도 평가의 대상이 되었다면서, "시험이 되었기에 학교에서 숨 쉴 곳이 사라졌어요."라고 자조 섞인 비판을 하는 학생도 있습니다.

이쯤에서 '과정 중심 평가'를 다시 살펴보니, "과정을 중심으로 평가한다는 의미가 뭔가?", "과정을 평가한다고 하는데, 과정이 뭘까? 수업 참여도인가?" 하는 과정에 대한 정의가 필요하다는 생각이 듭니다.

또 과정을 정의하더라도 그 과정을 '어떻게 평가하느냐?' 하는 평가 방법의 문제가 남고, 평가 방법을 정했더라도 그 '측정의 기준은 어떻게 해야 하느냐?'라는 문제가 남습니다. '관찰 평가', '태도 평가'는 주관적 평가라는 비판의 여지가 있으므로, 일단 '평가의 결과가 곧 점수'라는 현실로 인해 평가의 객관성과 신뢰도가 평가의 모든 것을 결정하게 되었습니다.

대부분 학교에서는 늘 시험이 교육을 이겨 왔습니다. 시험이 교육을 이기는 이유는 뭘까요? '교육은 나의 장래를 결정하지 않지만, 시험은 나의 장래를 결정한다'고 믿기 때문입니다. 학생들은 이러한 믿음이 곧 현실임을 부모로부터, 학교로부터, 사회로부터 경험하며 성장합니다.

결국 교육은 시험을 이길 수 없습니다. 학교에서의 공부는 시험을 위한 공부입니다. '공부가 곧 교육'으로 이어지는 공부는 없습니다. 시험을 떠나서 공부를 대하는 학생도 없습니다.

더구나 학교에서의 모든 활동은 시험을 위한 활동입니다. 시험을 떠나서 열심히 활동하는 학생을 기대하기는 쉽지 않습니다. '학교생활기록부에 기록되지 않는 활동이라면 해야 할 이유가 없다'고 생각하는 흐름이 있습니다.

그러다 보니 학교에서의 교사와 학생은 '시험을 위한 관계'입니다. 학생 입장에서는 '교사는 학교생활기록부를 기록하는 존재이고, 출제와 채점하는 존재이므로 바로 그 정도의 수준에서 나에게는 중요한 존재'라고 생각할 수도 있습니다. 학교에서의 모든 활동이 점수가 되는 상황에서 학생들은 '시험을 떠나 존재하는 교사는 없다', '시험을 고려해서 교사와 좋은 관계를 유지해야 한다'고 생각할 수도 있습니다.

우리는 지금 판단해야 합니다. '교육은 시험을 결코 이길 수 없다'면 지금 무엇을 어떻게 할 것인가?

현재의 수능 시험은 피드백이 불가능하므로, 교육이 될 수 없습니다

역설적으로 '시험을 교육으로 만들면 어떨까?', '평가를 교육으로 만들면 어떨까?', '평가 과정도 교육이고 평가 결과도 교육이 되면 어떨까?' 등에 대한 고민이 필요합니다. 그렇게 될 방법이 있을까요?

평가가 지닌 선별의 기능을 그대로 인정하고, 그래서 "평가의 기회와 과정과 그 결과는 반드시 공정하고 신뢰로워야 한다."라는 공정성과 신뢰도의 요구도 인정하면서, 즉 선별의 기능과 공정한 평가가 중요하다는 주장을 인정하면서 바로 그 지점에서 교육을 살려낼 방법이 있을까요?

그 대안이 피드백이라고 생각합니다. 평가가 피드백으로 이어질 수 있다면 평가는 교육으로 이어질 것입니다. '평가로 교육이 실현된다'는 생각을 할 수 있을 것입니다. 피드백은 학생의 성장과 교사의 교수학습의 질 개선으로 이어질 것이기에, 피드백은 자연스럽게 교육으로 이어지며 선순환할 것입니다.

피드백은 교사의 엄청난 수고와 열정이 요구되기 때문에 쉽지 않습니다. 피드백은 교과 내용 전문성과 교수 방법 전문성, 평가 전문성 외에 통합적 전문성이 요구되기 때문에 쉽지 않습니다. 교사의 하루 일과는 학생 지도와 행정업무로 쉴 틈이 없기에 현재 업무와 주어진 시간에 비추어 역시 쉽지 않습니다. 그래서 교사의 피드백을 위한 환경을 구축해야 합니다. 피드백으로 교실을 살리고 수업을 정상화한다는 목표를 인정한다면 교사가 피드백을 준비하고 실행할 수 있도록 교사 업무 내용과 업무량을 재정의하고 재구조화해야 합니다.

여기서 생각해 볼 것이 있습니다. 교육이 시험을 이길 수 있는 범위는 학교의 내신 시험에 한정된다는 것입니다. 수능 시험은 피드백이 불가능합니다. 현재의 수능은 피드백이 불가능하기에 선별의 기능만 남게 되고 결국 교육이 될 수 없습니다. 대학에서의 수학 역량 측정이라는 목적은 선별로 선발하는 입시 환경에 갇혀 있어 효과를 논할 수조차 없습니다.

수능 시험은 학생 성장이나 교수학습의 질 개선으로 이어지는 데 한계가 있습니다. 결국 수능 시험의 의미는 신뢰도와 변별력입니다. 변별이 가능한 문항으로 공정하고 객관적으로 시험을 보고 그 결과로 취득한 점수와 등급에 맞춰 대학에 진학하는 입학시험일 뿐입니다.

왜냐하면 수능의 역사가 30년 가까이 되면서 이제 수능의 유형이 정형화되어 있고, 교육과정에서의 필수 내용 요소가 평가 요소가 되기 때문에 '어떤 문제가 나올 것인가?'에 대해서 교과별로 예상이 가능합니다. 학원에서도 그리고 학교에서도 정답 찾아가는 연습이 가능하게 된 것입니다.

학생들이 정답을 찾아가는 훈련이 잘되어 있고, 정답 찾는 데 익숙해질수록 수능의 문항은 점점 난도를 높일 수밖에 없습니다. 변별해야 하기 때문입니다. 난이도로 해결이 어려운 경우에는 선행학습을 해야 알 수 있는 비정상적인 문항이 출제되기도 합니다. 특히 선택과목의 경우에는 난이도 조절에 실패해서 등급이 사라지는 문제가 생기게 되면 사회적인 문제가 될 수도 있습니다.

"수능이 문제 있다."라고 해서 "수능을 없애자."라고 주장할 수도 없습니다. 수능이 아니더라도 학업 역량을 측정하고 선발하기 위한 또 다른 평가제도는 있어야 합니다. 수능을 없애는 게 능사가 아니고 "수능을 대체하는 평가제도를 어떻게 만들 것인가?"를 답해야 합니다.

그런데 선별 기능을 하는 평가는 결코 없어지기 어렵습니다. 따라서 선별 기능을 하는 또 다른 대체 평가를 제시할 수 없기 때문에 현재의 수능 체제를 절대평가 체제로 바꾸자는 것입니다. 절대평가 체제에서 수능 문항에 서술형 혹은 논술형 문항을 추가하여 선다형 문항이 갖는 한계를 보완하자는 것입니다.

대입 체제의 변화는 초·중등교육에 주는 메시지가 큽니다. 특히 고등학교는 대입 전형에 맞춰 교육과정을 편성하고 움직이는 경향이 있습니다. 수능에 논술형 문항을 출제하게 되면 초·중등교육에서 논술 역량을 함양하기 위해 읽고 토론하고 글 쓰는 교육이 활성화될 수 있습니다. 입시제도는 그 효과에서 학교에 미칠 수 있는 긍정적 기능을 고려해야 합니다.

미래형 평가, 누가 주도해야 할까요?

 미래형 평가에 대한 논의가 있습니다. 그런데 수업의 지향성은 학생 중심 수업, 학습자 주도 학습입니다. 수업의 지향성으로부터 평가는 자유롭지 않습니다. 수업과 평가는 하나의 학습 과정입니다. 수업에서 학습자 주도성이 살아나는 흐름은 평가에 그대로 연동될 것입니다. 평가 역시 학생의 참여가 확대될 것입니다. 현재 프로젝트 학습에서 적용되고 있는 자기 평가, 동료 평가의 사례가 확장될 것입니다.
 학교에서의 학생 평가의 목적과 효과는 달라지지 않았지만, 미래형 평가에서 평가 방법은 다양하게 나타날 수 있습니다. 가령 미래형 평가는 학습으로의 평가, 상호과정으로서의 평가, 학습자 참여 평가 등으로 학생의 성장에 방점을 둘 확률이 높습니다.
 이를 위해서 수업과 평가의 유연성, 대응성, 맥락성, 상관성을 촉진하는 다양한 AI 기기를 활용한 평가, 학생들의 교실 활동과 관련한 빅데이터를 활용한 평가 등을 전략적으로 활용할 것입니다. 학생들의 교실 활동에서는 '누가 주도하는가?' 등 여러 가지 상황을 보고, 경험적 데이터를 누적하여 빅데이터를 만들어 사용할 수도 있습니다.

현재 면접에서는 AI를 활용하여 다양한 평가가 이루어지고 있습니다. 경기도교육청의 경우에는 교육전문직원 면접 점수의 10%가 AI 면접입니다. AI가 논술 채점에도 활용될 것이고, 나아가서는 토의토론도 평가할 수 있게 될 것입니다. 학생 평가 과정에 일종의 보조 도구로서 AI를 활용하는 것에 대한 여러 의견이 있고 쟁점도 분명하지만 그 흐름을 바꾸기는 쉽지 않을 것입니다.

면접 평가에는 빅데이터가 활용됩니다. 면접은 얼마든지 순간을 모면하기 위한 연출이 가능하므로 '사람이 속을 수도 있다'는 경험에서 오는 문제를 극복하고자 하는 것입니다. 그런데 AI에게도 속을 수 있습니다. 사람의 매력은 맥락적인데, AI는 전체적인 맥락적 매력을 보지 못하고 빅데이터에 기반해서 분석하고 측정할 것이므로, 우리는 채점의 유용하고 객관적인 도구라고 믿고 있는 AI에게도 속을 수 있습니다.

3. 논술형 평가는 여전히 타당한가

"논술형 평가는 타당한가?"라는 질문은 곧 "우리는 왜 논술형 평가를 하는가?"와 같은 질문입니다. 「초·중등교육법」 제25조에서 규정하고 있듯이 학교에서 학생의 목적은 '학생의 학습 도달 정도를 확인하고, 상급학교 진학자료를 제공'하기 위해서입니다.

결국 논술형 평가 역시 학생의 학습 도달도 확인, 상급학교의 입학 자료 제공이라는 두 가지 목적을 충족해야 합니다. 이런 측면에서 "왜 논술형 평가를 해야 하는가?", "논술형 평가를 어떻게 할 수 있는가?"에 답해야 합니다.

- 논술형 평가는 학생의 학업성취수준을 확인하는 데 의미가 있는가?
- 논술형 평가는 대학 입시를 위한 진학자료 활용에 의미가 있는가?

위 질문에 충족하는 동시에 "왜 오지선다형이 아닌 논술형인가?"

에 답해야 합니다. 이를 답하기 위해서 우리는 다음과 같이 논증할 수 있을 것입니다.

오지선다형 문항만으로 평가하는 경우 학생들의 학업성취수준을 정확하게 측정할 수 없는 한계가 있습니다. 특히 학생들의 문제해결력과 비판적 사고력, 창의력 등을 측정하기가 어렵습니다. 이러한 한계를 보완하기 위해 도입된 평가 도구가 바로 논술형 평가입니다.

논술형 평가는 텍스트에 대한 독해 능력과 함께 문제 장면의 쟁점을 파악하고 쟁점을 논리적으로 해결하는 역량을 측정할 수 있는 평가 방법이므로 오지선다형 문항 일변도의 평가가 지닌 한계를 극복할 수 있습니다.

따라서 논술형 평가는 타당합니다.

이 논리구조에는 풀지 못한 과제가 남아 있습니다. 새로운 AI 사회에서 요구하는 문제해결력, 비판적 사고력, 창의력 등의 고등사고력을 측정하는 데 선다형 문항보다는 논술형이 적합하다는 사실은 입증되었다고 볼 수 있지만, 평가의 또 다른 목적인 "상급학교 진학을 위한 정보 자료로도 유의미한가?"에 대해서는 여전히 숙제이기 때문입니다.

그래서 우리는 다시 다음의 질문에 답해야 합니다.

- 학교는 논술형 평가 운영 관리 전문성이 있는가?
- 교사는 논술형 평가의 출제와 채점 역량을 갖추고 있는가?

이를 위해 좀 더 구체적인 질문이 필요합니다.

- 논술형 문항은 성취기준을 중심으로 학생들의 창의력과 고등사고능력을 측정할 수 있도록 설계되었는가?
- 논술형 문항의 주요 형식인 논점, 논지, 논거가 조직적으로 드러나도록 설계되었는가?"
- 논증의 중요한 요소인 쟁점, 주장, 근거의 논증 구조가 가능하도록 문항이 설계되었는가?
- 논술형 문항은 출제 과정에서 교육과정 측면에서의 내용 타당도를 고려하고 있는가?
- 논술형 문항은 출제 과정에서 교육과정 재구성으로 성취기준의 융복합을 위해 노력했는가?
- 논술형 평가 채점 과정에서 후광효과나 주관적 판단을 차단하고 있는가?
- 논술형 평가는 사교육 훈련을 잘 받은 학생들이 유리할 가능성은 없는가?
- 논술형 평가가 학생의 배움과 삶의 역량을 연동시킬 수 있는가?

위의 질문들은 논술형 평가의 취지와 본질, 교육적 타당성, 피드백 체제, 논술형 평가 적용을 위한 출제 전문성과 채점 전문성, 사교육 유발 가능성 등에 대한 종합적 검토를 위해 먼저 해결해 가야 합니다.

4.
AI 기반 논술형 채점, 신뢰할 수 있는가

2022 개정 교육과정의 가장 큰 특징은 교육과정의 유연화이고, 고교학점제는 학생의 선택중심교육과정입니다. 교육과정의 유연화와 학생 선택중심교육과정 확대는 동일한 의미의 다른 언어이므로 인구절벽과 디지털 사회의 변화 요구에 따른 자기 주도적인 삶의 역량을 기르기 위해 필요하고 불가피한 흐름입니다. 따라서 타당성이 있습니다.

문제는 평가입니다. 문제는 시험입니다. 학생들은 교육과정으로 대학에 가는 게 아니고 시험 점수, 등급으로 대학에 갑니다. 그래서 평가는 학생들에게 운명처럼 중요합니다.

교육과정이 유연화하고 학생 선택중심교육과정을 강화한다면, 이러한 흐름과 맥락에 맞는 평가 체제를 만들어야 합니다. 디지털 사회의 자기 주도적 삶을 살아갈 수 있는 역량을 측정하기 위한 방향으로 학교에서 논술형 평가도 도입하고, 대학수학능력시험 체제를 개선한다고 합니다. 내신과 수능은 기존의 선다형 평가는 그대로 두고 거기에 논술형 평가를 교과별로 부분적으로 도입한다는 것입니다.

논술형 평가에서 최대 쟁점은 채점의 공정성입니다. 가령 바칼로레아도 70만 명이 응시하면 교사 12만 명이 채점하는데, 1명의 교사가 50명 정도를 채점합니다. 프랑스는 지역별로 분산 채점하기 때문에 가능합니다. 우리는 이런 체제가 가능할까요?

AI 기반 채점은 공정하고 교육적일까요?

한국은 전체 수험생이 동일한 문항으로 시험을 치르고 채점합니다. 40만 명을 채점하기 위해서 교사 10만 명을 모을 수도 없지만, 서로 다른 교사가 채점을 맡는다면, 결과에 대해서 신뢰를 얻을 수도 없을 것입니다. 채점자 내 신뢰도, 채점자 간 신뢰도를 확보하기 어렵습니다. 점수를 잘 받은 학생도 자기 점수를 의심할 수 있습니다. 우리 사회는 교사의 채점 전문성과 채점 결과의 객관성에 대해 신뢰가 약합니다. 이러한 상황에서 AI 채점이 대안으로 거론됩니다.

그렇다면 "AI 기반 채점은 공정하고 신뢰할 수 있는가?"를 묻고 동시에 "AI 기반 채점은 교육적인가?"에 답을 구해야 합니다.

모두가 AI를 중심에 두고 미래형 수업과 평가를 논의합니다. 지금 이후의 사회에서 AI를 빼놓고 일상을 논할 수는 없습니다. 수업에서는 이미 학생 한 명 한 명이 AI 보조교사를 활용하고 있습니다. 그래서 수업에서 보조교사 활용의 교실 학습 환경에서 어떻게 학생들이 성장이 일어나는 학습 경험을 할 수 있는가에 대해 우리는 논의해야 합니다.

진화의 맥락은 불가역적이라서 돌이킬 수 없습니다. 그동안의 학습 방법의 진화 과정에서 우리는 학습자 주도성과 경험과 시도의 중요성을 확인했습니다. 교사 주도성과 학습자 주도성이 상호 교류하는 지점도 확인했습니다.

관계 형성과 유지 강화 역량, 피드백 역량 등의 새로운 교사 정체성, 교사 전문성에 대한 변화의 요구에 대해서도 동의했습니다. 우리가 질문생성학습부터 프로젝트 탐구학습에 이르는 교수학습 진화의 과정에 동의한 것은 교수자와 학습자의 성찰과 성장의 지점을 찾았고, 강화의 동력도 관찰했기 때문입니다.

그런데 AI 보조교사와 함께하는 수업, AI를 활용하는 수업에서도 교수자와 학습자 모두에게 일어나는 자발적 성찰과 성장의 지점이 명징하게 확인되는지에 대해 물어야 합니다. AI는 학습의 도구이고 성장의 도구입니다. 동행하고 활용하고 공생하는 데까지 동의한다고 하더라도, 본질은 교수자와 학습자라는 인간의 성장입니다.

AI와 경기도교육청 교육전문직원 선발 전형

AI의 교실 환경과 AI 이전의 교실 환경에서의 성찰과 성장, 경험과 학습이 일어나는 지점, 함의를 우리는 지금 밝혀 제시해야 합니다. AI는 그다음입니다. AI부터 들이밀며 강요할 일은 아닙니다.

더욱 근본적인 쟁점은 평가입니다. 미래형 평가는 AI가 주로 작동하는 평가라면, 평가를 잘 받기 위해서는 AI에 잘 보여야 합니다. AI가 인간에게 잘 보이려고 노력해야 하는데, 인간이 AI에게 잘 보이려고 노력하게 되는 것입니다.

가령, 경기도교육청 교육전문직원 선발 전형 2차 시험은 면접시험, AI 인·적성 평가로 하며 3차 시험은 현장실사 평가로 실시합니다. 경기도교육청에 따르면 "AI 인·적성 평가는 인공지능(AI)과 빅데이터 역량 평가 시스템을 활용하여 응시자에 대한 인성적 측면 및 직무 적합성을 다차원적으로 평가한다."2025 경기도교육청 교육전문직 전형 기준, 5쪽라고 되어 있습니다.

2021년 경기도교육청은 모 기업을 선정하여 경기도교육청에서 선발하고자 하는 교육전문직원의 직무 역량을 평가 요소로 하는 AI 인·적성 평가를 개발하여 처음 적용했습니다. 그 기업은 경기도교육청의 여러 가지 자료를 받아서 이를 빅데이터화하여 평가 프로세스를 개발하고 이를 수험생들에게 적용하고 평가했을 것입니다.

그리고 경기도교육청은 AI 인·적성 평가를 통해 인간 면접자들이 가질 수 있는 주관성 개입 등을 최소화하고 전형 목적에 맞는 교육전문직원을 선발할 수 있다고 판단하고 추진했을 것입니다.

역량 검사는 세 가지 유형, 즉 성격테스트처럼 객관식 질문에 답하는 성향 분석, 전략게임, 상황면접과 경험 기반 면접을 포함하여 6개 영역으로 구성된 영상면접이 있습니다. 특이하고 이해하기 어려운 것은 AI 인·적성 검사의 평가 기준은 공개되지 않는다는 점입니다.

평가 결과 역시 수험생들은 알 수가 없습니다. 시험을 응시했는데 그 결과를 알 수도 없고, 어떻게 채점되었는가에 대해서도 알 길이 없습니다. 대학 면접 기준도 공개되는데, 소위 교사를 대상으로 하는 교육전문직원 선발 평가 과정과 결과가 공개되지 않는다는 점은 이해하기 어렵습니다.

그럼에도 추측할 수 있습니다. 평가 기준이 공개되지는 않았지만, "일관성 있는 응답을 하고 있는가?", "문제해결력이 있는가?" 등의 보편화 가능한 척도가 있을 것입니다.

이 정도의 추측은 교육전문직원 선발 대비 학원을 운영하는 사람들에게는 기본일 것입니다. 가령, AI 평가에 대한 일반적인 정보를 바탕으로 'AI 역량 검사 완벽 대비' 등의 슬로건을 내건 여러 유튜브 채널이 호황을 누리고 있습니다. 교사들은 스스로 준비할 수 없으니, AI 역량 검사 준비를 위해 사설 학원에 다니고, 유튜브를 돌아다니면서 공부합니다.

2021년 이후 5번째 시행하는 AI 인·적성 검사를 준비하는 교사들은 이미 그 준비 프로세스를 공유하고 있고, 채점 기준을 중심으로 맞춤형으로 준비하고 있다고 합니다. 감정 요인을 제거하는 방향으로 준비하는 경우가 많은데, 이렇게 준비해서 평가를 받은 결과는 AI 인·적성 검사 도입 적용의 취지와 목적에 부합하는 것인지에 대해 우리는 다시 고민해야 합니다.

서술형·논술형 평가를 AI가 채점한다면, 학생들은 AI가 좋아하는 방식으로 맞춤형으로 글 쓰는 연습을 할 것입니다. 글의 쟁점을 분석하고 이를 해결하는 과정에서 자신의 언어와 논리로 접근하기보다는 오히려 AI를 고려하여 AI가 이해하기 쉽게 분석 언어를 사용하고 논증 과정을 서술하게 될 것입니다.

이를 준비하기는 쉬울 것입니다. 학교 밖에 'AI 맞춤형 논술 대비 학원'에서 맞춤형으로 학생들을 훈련시킬 것입니다. AI 논술 대비 사교육비는 지필평가의 선다형 사교육비에 비해 가격이 비쌀 것이기 때문에 수험생 가정에서 사교육비의 지출도 증가할 것입니다.

AI 채점과 논술형 평가의 방향은 서로 다릅니다

　학교에서의 논술 교육 역시 'AI 맞춤형 수업'을 하게 될 것입니다. 시험이 끝난 후에 학생들의 이의 제기 중에 가장 곤혹스러운 질문은 "가르쳐 주지 않은 내용이 시험에 출제되었어요."입니다. 논술형 채점을 AI가 할 경우에는 결국 AI 채점을 기준에 두고 평가 요소를 수업할 수도 있습니다. AI 채점이 들어오는 순간 교실은 새로운 문제, 즉 "어떻게 수업할 것인가?"에 직면할 수 있습니다.

　논술형 시험은 학생들이 스스로 사고하고 논리를 조직하고 아이디어를 제안하는 사고력과 문제해결력을 측정하기 위한 평가입니다. 그런데 AI 논술형 채점 도구 개발과 적용은 학생의 사고력과 문제해결력, 논증력과 창의력 등의 교육적 목적으로 접근하고 있다고 판단하기 어렵습니다.

　왜냐하면 AI는 논술형 채점의 공정성, 객관성, 신뢰도를 위해서 적용하기 때문입니다. 결국 AI 채점과 논술형 평가의 방향은 서로 다릅니다. 논술형 평가의 취지와 목적은 학생들이 자신의 생각을 끄집어내어, 쟁점을 통찰적으로 분석하고, 근거와 이유를 융합적으로 재구성하면서 자신의 논증 과정을 만들고, 진단과 전망의 힘을 기르는 데 있습니다.

　문제는 'AI는 공정하고 객관적인 채점이기 때문에 바라보는 방향이 다른 상황에서도 AI 채점이 논술형 평가의 취지를 제대로 담아낼 수 있을까?'라는 점입니다. 이것은 확신하기 어렵습니다. 각각 학생이 자신의 생각과 상상을 자신의 어휘와 문장으로 표현하며 논증하는 과정을 채점하기 쉽지 않기 때문입니다. 결국 학생들은 AI를 중심에 두고 AI 맞춤형으로 공부하고 준비할 것입니다. 상상이 아닌 AI를 보고 공부할 것입니다.

그래서 우리가 의도하지 않았지만, 공교육기관에서도 사교육기관에서도 'AI형 글쓰기의 표준화'가 진행될 수 있습니다.

가령 현재는 교사들끼리 학생들의 논술형 답안을 채점할 때, 학기 초에 작성된 교과 평가 기준안의 평가 루브릭에 근거해서 채점합니다. 그런데 동일 교과를 여러 교사가 가르치고 평가할 경우, 교사의 주관성이 개입할 여지가 있고 학생 개개인과의 관계에 따른 후광효과를 차단하기도 쉽지 않아서, 채점 결과에 대한 객관성과 신뢰도를 의심받을 수 있습니다.

채점 교사 간 신뢰도를 제고하는 문제도 쉽지 않지만, 채점 교사 내 신뢰도를 담보할 수 있는가에 대한 확답도 쉽지 않습니다. 교사도 인간이기에 장시간의 채점 과정에서 루브릭을 벗어난 채점을 할 수도 있기 때문입니다.

이렇게 논술형 평가는 성취기준과 평가 요소를 통합하는 융합적 문항 설계 및 작성도 쉽지 않지만, 객관성 있는 채점을 할 수 있다는 신뢰도를 의심받기에 학교에서는 주저하는 것입니다.

AI의 환각이나 편향성 등에 의한 채점 오류의 가능성은 없을까요?

경기도교육청에서 논술형 평가의 어려움을 해결하는 방안으로 AI 채점을 제시하고 이를 적용하기 위한 절차를 밟고 있다고 합니다. 논술형 평가의 문제를 '채점 신뢰도'로 제한하거나 왜곡하여 접근하고 있다는 의심이 있습니다. 논술형 평가의 문제는 '채점 신뢰도'라기보다는 근본적으로 평가제도에 있습니다.

한 줄로 세우는 상대평가 체제에서는 '채점의 신뢰도'가 평가 취지와 목적보다 중요해진 것입니다. 평가를 통해 수업을 재구성하고, 평가를 통해 학생과의 피드백으로 학생의 학습과 성장을 견인하는 교육적 목적은 사라지고, 그 자리에 'AI 채점'만 남아 있다는 생각이 듭니다. 교육은 없고 채점만 남은 셈입니다. 학습은 없고 시험만 남아 있습니다.

어떻게 하면 학생들의 학습과 성장을 촉진하고, 교사와 학생이 함께 성장하는 논술형 평가 체제를 만들 수 있을까에 대한 고민은 찾을 수가 없습니다. "왜 논술형 평가인가?", "논술형 평가 어떻게 할 것인가?", "좋은 논술형 문항은 어떻게 개발할 것인가?", "논술형 평가로 수업을 재구조화하기 위해서는 어떤 노력이 필요한가?", "논술형 평가를 위한 교사 전문성과 역량은 어떻게 지원할 것인가?" 등에 대한 논의는 찾기 어렵습니다. 이제 '논술형 평가'를 말하면 어김없이 'AI 채점'을 떠올립니다.

AI 채점은 지금 시행착오를 거듭하며 꽤 의미 있는 진전을 가져왔다고 공개되고 있습니다. 물론 여러 시행착오를 겪었으니 채점 신뢰도는 계속 높아졌을 것입니다. '채점 신뢰도가 높아졌다는 것'과 '완전하게 채점했다는 것'은 별개 문제입니다. AI의 환각이나 편향성 등에 의한 채점 오류의 가능성 역시 풀리지 않는 문제라는 사실도 기억해야 합니다.

왜냐하면 100명 중 단 한 명의 채점 오류가 나오더라도 우리는 간과할 수 없기 때문입니다. 확률이나 비율이 중요한 게 아닙니다. 학생에 대한 평가는 모두에게 동일하게 완벽하게 적용되어야 한다는 관점에서 평가 신뢰도에 접근하고 AI 채점을 도입하고자 한다면, 단 한 명의 오류도 없어야 합니다. 교사 채점과 AI 채점의 갭이 거의 없다고 강변할 일이 아닙니다.

더구나 AI의 환각 현상 및 신뢰도 문제는 생각보다 심각할 수 있습니다. 특히 채점에 도입되는 AI에게 환각 현상이나 편향성이 나타날 우려가 있다면 이는 채점 결과에 영향을 줄 것입니다. 그 결괏값은 학생의 진학과 미래에 영향을 미치기 때문에 우리는 조심스럽게 접근해야 합니다. 단 한 사람 혹은 소수의 사례로 정량화하여 가볍게 처리하면 안 됩니다. 이는 청소년 자살률이 "10만 명 중 8명인데, 별것도 아닌 것 가지고 얘기한다."라고 주장하는 사람처럼 무책임하고 비인간적입니다.

5.
AI 기반 평가는 교육적인가

　학생들의 삶과 생애를 동행하는 학교교육에 '연습 삼아'는 없어야 합니다. 교육은 실험이 아니라 삶입니다. 신중해야 합니다. 학교 현장이 교육정책의 실험장이 되는 경우를 우리는 종종 보아 왔습니다.

　AI 채점을 둘러싼 논의는 결국 '표준안'의 문제로 수렴될 가능성이 큽니다. AI용 논술형 평가 표준안이 나올 수 있습니다. 그런데 그 표준안은 필연적으로 학교와 교육을 기계화할 우려를 안고 있습니다.

　이를테면 우리나라는 길이를 측정하는 중요한 도구로서 '척'이라는 단어를 사용합니다. 외국에서는 길이를 측정하는 표준 단위로 미터(m), 센티미터(cm), 밀리미터(mm) 등을 사용합니다. 물론 거리를 측정하는 단위로 마일(mile)과 킬로미터(kilometer)를 사용하기도 합니다. 각자의 나라 역사와 여건에 적절하게 사용하고 있는 것입니다.

　그런데 어느 순간 지구가 글로벌화되면서 세계 어디서나 통용되는 길이는 일반적으로 센티미터, 미터, 킬로미터 등의 단위로 표준화되었습니다. 그래서 서로 다른 국가에서도 동일한 단위로 길이를 표현할 수 있습니다.

비약이 있지만, 사람마다 생각하는 방식, 표현하는 언어, 증명하는 논리 체계가 다를 수 있지만, 학생들은 이를 표준화하려고 노력할 것입니다. AI가 채점하는 논술형 평가에서 불이익을 받지 않기 위해서입니다.

논술형 평가 루브릭은 수정을 거듭할 수밖에 없습니다. 왜냐하면 학생들의 답안을 채점하는 과정에서 문항 설계 및 제작 과정에서 예측했던 문항 곤란도에 비해 그 결과가 다를 경우 혹은 예상하지 못했던 다양한 답안이 작성된 경우에 이를 AI가 반영할 수 있도록 계속해서 수정을 거듭하며 보완해야 하기 때문입니다.

결국 교사도 AI도 채점 과정에서 답안 작성의 다양성의 범위를 제한하기 위해서는 표준화를 만들 수밖에 없습니다. AI에 표준화되어 가는 언어와 논리, 정형화되고 표준화된 언어와 논리 틀에 갇히게 될 것입니다. 그리고 표준화된 AI 언어와 논리는 학생들이 훨씬 빨리 적응하고 맞춤형 준비를 하게 될 것입니다.

바로 이 점에서 AI 채점과 논술형 평가의 교육적 취지를 다시 고민해야 합니다. 물론 AI의 발달 속도가 빠르므로 현재 문제 제기 정도는 빨리 해결될 수도 있습니다. 하지만 맞춤형 준비 학습 흐름을 바꾸기는 어려울 것입니다. 상대평가 체제이고 한 줄 세우기 시험이기 때문입니다.

평가권을 가진 AI, 교사와 학생의 관계 단절, 학습 단절, 성장 단절은 없을까요?

채점을 AI가 한다는 것은 AI가 평가권을 가지게 된다는 의미입니다. AI는 학생을 직접 가르친 교사가 아닙니다. 그럼에도 평가권을 가지게 된다는 것이 주는 의미에 대해 우리는 고민해야 합니다.

더구나 AI가 채점을 잘못해서 생기는 오류는 누가 책임져야 하는가? 교사가 아닌 AI가 채점한 AI 채점 결과를 교사가 피드백할 수 있는가? 피드백하려면 학생 답안의 한 글자 한 글자를 눈여겨봐야 하고, 그 글의 행간까지 읽어 내야 학생에게 피드백할 수 있습니다. 더구나 채점 과정은 단순히 한번 읽어 보고 난 후에 점수를 기록하는 게 아니고, '채점 과정이 곧 교정 과정'이라고 할 정도로 교정하면서 채점해야 합니다.

물론 이는 AI가 해낼 수 있을 것입니다. 그렇지만 교사가 평소에 교류하고 있는 학생에 대한 이해 정도는 채점 과정에서의 교정에 의미 있게 반영될 수 있는데, 또 그 교정의 과정이 학생과의 평가 피드백의 핵심이 될 터인데, "학생과 직접 교류한 교사가 아닌 AI가 이를 해낼 수 있는가?", "AI의 채점과 피드백 내용으로 교사가 학생과 교류하고 관계하고 피드백할 수 있는가?" 등에 답하기는 쉽지 않은 일입니다.

바로 이 점에서, 즉 평가를 '학생의 학습과 성장, 교사와 학생이 함께하는 성장'으로 이해할 때, AI는 오히려 교사와 학생의 관계 단절, 학습 단절, 성장 단절을 가져오게 될 수도 있습니다.

AI 채점은 보조 수단이고 결국 교사가 다시 AI 채점을 확인해야 한다고 합니다. AI 채점 결과와 교사의 채점 결과가 다를 경우에 교사는 어떻게 해야 할까요? 교사는 AI 채점의 근거를 확인하고, 자신의 채점 근거를 만든 후에 서로 다른 채점 결과에 대해서 학생에게 설명해야 할 것입니다. 학생은 자신에게 유리한 점수를 선택하고 교사 채점이 불리한 경우에는 교사에게 이의 제기할 수 있습니다.

그래서 "AI 채점이 교사의 채점 부담을 줄인다."라는 주장은 매우 비현실적입니다. 오히려 교사는 AI 채점으로 인해서 업무가 더욱 다양해지고, 새로운 업무를 익히고 대응해야만 할 것입니다.

결국, AI 채점이 가져올 교육적 변화는 '채점의 신뢰도를 해결'한다거나 혹은 '교사의 업무 경감'이 아닙니다. 오히려 학생들의 사유와 논리를 제한할 수 있으므로 이는 곧 학생들의 표준화로 귀결될 수 있다는 의심을 떨칠 수 없습니다.

교육 언어는 시장 언어와 달라야 합니다

'언어는 존재의 집'이라는 사실에 주목해 봅시다. 사유와 사고는 언어로 표현됩니다. 동시에 사유와 사고도 체계화되고 깊어지고 확장됩니다. 학생들의 학습 과정에 '표준화'는 최대의 위험이라고 할 수 있습니다. 더구나 교사의 업무 경감이 아닌 새로운 채점 환경과 새로운 문제를 새롭게 해결해야 하는 업무 부담이 될 수 있습니다.

그래서 우리는 여러 가지 근본적이고 현상적인 우려에도 불구하고 AI 기반 채점을 할 수밖에 없게 된다면, AI 채점이 가져올 변화를 미리 인지하고 이에 대한 교육적, 제도적, 기술적 차원의 대비를 해야 합니다. 예컨대 AI 맞춤형 언어 표준화가 진행되면 바로 여기에서 새롭게 미래형 글쓰기가 등장할 것입니다. 학생들이 수업 시간에 말할 때는 모두 각자의 감정과 언어로 얘기하더라도 글을 쓰는 순간만큼은 표준에 맞춰 쓰게 될 것입니다.

결국 AI에 맞춰 쓰는 언어, 즉 'AI 언어'와 'AI 논리'를 학습하며 성장할 것입니다. AI가 표준안을 만들면 사람은 여기에 맞춰 가기 때문에 객관성 문제 여부는 사라지게 될 것입니다. 이때가 되면 우리는 더 이상 "AI가 어떻게 채점해? 믿을 수 있나?" 이런 의심은 할 수 없을 것입니다. 그러나 AI에 맞춰 쓰는 언어와 논리 즉 'AI 언어', 'AI 생각', 'AI 논리'를 학습하며 성장하는 학생들의 미래를 생각한다면 우리는 깊게 우려해야 합니다.

우리는 초·중등교육에서 '인간으로서 평생을 살아가는 힘'을 교육하는 게 아니라 'AI로 살아가는 인간'을 학습시키고 있다는 비판에 직면할 수 있습니다. AI에게 채점권이나 평가권을 주는 일은 단순히 '보조 수단' 정도로 가볍게 넘어갈 문제는 결코 아닙니다. 우리는 다양한 경우와 사례를 충분히 전망할 수 있어야 하고, 이에 대해 고민해야 합니다.

고민의 근원에는 논술형 평가의 교육적 취지와 함의를 '채점의 신뢰도'에 가둬 두고, 이를 다시 AI 채점으로 해결하려 했다는 정책적 오류가 있습니다. 학교는 연구 대상이 아닙니다. 학생은 실험 대상이 아닙니다. 누구도 어떤 학생도 정책의 실험 대상이 아닙니다. 모든 학생은 모두가 고유한 존재이고 인권이 지켜져야 합니다. "근본이 무엇이냐?"를 묻고 다시 논의해야 합니다.

최소한 "지금 가는 길이 교육적인가?"라는 질문이라도 해야 합니다. 학교는 학생들에게 '진심'으로 '교육'해야 하고, 학교는 영혼의 울림이 있어야 합니다. 학교는 용광로에서 주물을 제작하듯 맞춤형으로 사는 곳이 아닙니다. 천 명의 학생과 교직원이 있으면 천 개의 발걸음이 있고, 천 개의 마음이 있고 천 개의 영혼이 살아 숨 쉬는 생명체입니다. 영혼이 있는 생명체를 기계와 기술로 만들어서는 안 됩니다.

바로 이 점에서 학교의 언어는 기업 언어와 달라야 하며, 교육 언어는 시장 언어와 달라야 합니다. 교육자의 언어는 자본가의 언어와 달라야 합니다.

6.
AI 기반 논술형 채점을 위한 행정적 기반은 마련되어 있는가

학교는 법령에 따라 교육하고 평가합니다. 학교생활기록부와 성적 관리도 예외는 아닙니다. 교육부 훈령이 학교생활기록부 작성 및 관리 지침, 학업성적관리 시행 및 관리 지침에 의거하여 학교 학업성적관리 시행 지침을 만들고 이를 적용합니다.

AI 기반 논술형 채점을 학교에서 시행하기 위해서는 지침을 제정하거나 개정해야 합니다. 학교에서의 학생 평가에 AI를 적용하여 채점하는 사례는 현행 학업성적과 관련된 어떤 지침에도 없습니다. 새롭게 제정해야 합니다.

성적 관련 지침에 오래된 규정이 많이 남아 있습니다. 이는 평가는 민감하고, 민감하므로 변화가 더디고, 새롭고 창의적인 방안이 쉽지 않기 때문입니다.

AI 채점은 성적관리 지침에 새로운 영역이 생겼다고 접근해야 합니다. AI 채점을 경험해 본 사례가 없기에 경험에 기반한 규정을 만들기도 어렵습니다.

그럼에도 AI 채점을 논술형 시험에 도입하려면, 학교는 공정성·신뢰성·투명성을 보장할 수 있도록 학교 성적관리 규정을 정비해야 합니다. AI 채점의 도입 목적과 적용 범위, AI 채점 기준의 공개 및 신뢰성 확보 방안, AI 채점 결과와 교사 채점 결과 불일치 시 처리 방식, 이의 제기 절차와 답변 처리, 데이터 보안 및 개인정보 보호 방안, AI 채점 도입에 대한 학부모·학생 고지 등이 명확히 포함되어야 합니다.

가령, AI 채점 기반 학업성적관리 규정 개정안은 다음과 같은 조항을 포함할 수 있습니다.

- 논술형 평가 중 일부 문항의 채점에는 인공지능 기반 채점 시스템을 보조 수단으로 활용할 수 있다. AI 채점은 교사의 평가 판단을 보완하는 참고 자료로 활용되며, 최종 성적 결정권은 교사에게 있다.
- AI 채점은 학교가 설정한 문항별 평가 기준(채점 루브릭)에 따라 사전 학습된 모델을 사용하며, 해당 기준은 학생에게 시험 전에 공개되어야 한다.
- AI와 교사 채점 간 점수 차이가 일정 기준(예: 전체 배점의 10% 이상) 이상 발생할 경우, 교사는 AI 채점 결과를 참고하여 최종 점수를 재조정할 수 있다.
- 학생은 AI 채점 결과에 대해 성적 통지 후 7일 이내에 이의를 신청할 수 있다. 이 경우 교사는 AI 결과와 평가 기준을 근거로 재채점하고, 그 결과를 서면으로 학생에게 안내한다.
- AI 채점 시스템은 공신력 있는 기관에서 인증된 시스템

을 사용하며, 개인정보는 비식별화되어 저장된다.

  학교에서의 학생 평가에 관련된 학업성적관리 시행 지침 및 관리 규정 및 학교생활기록부 작성 및 관리 지침은 교육부 훈령에 따른 것이므로 교육청에서 이를 확인하고 상위 지침을 만들어서 학교에 제시해 주어야 합니다.

  AI에 기반한 채점은 매우 다양하고 예기치 않은 문제 사례들이 발생할 수 있습니다. 사전에 다양한 경우의 수를 고려해야 합니다. 사전 검증과 시범이 필수입니다. 잘못된 지침 혹은 충분하지 않은 지침으로 인해서 학교에 부담을 주지 않아야 합니다. 제도 없는 기술은 학교를 흔들 수 있습니다. 기술보다 먼저 제도가 준비되어야 합니다.

7.
최소성취수준 보장 1: 학습 회복 프로젝트

2025 고교학점제 전면 시행에 따른 최소성취수준 미도달 예상 학생에 대한 맞춤형 학습 지도로 인해 학교 현장이 혼란합니다. 학점제에서는 과목 학점 이수 인정 기준은 출석률(실제 운영 수업 횟수의 2/3 이상 출석)과 학업성취율(성취율 40% 이상) 충족 여부입니다. 창의적 체험활동 이수 기준은 고등학교 전체(3개년)의 실제 운영 수업 횟수의 2/3 이상 출석률입니다.

과목 이수 기준 미도달 시, 출석률 미도달의 경우에는 최소성취수준 보장 지도에 준하는 추가 학습을 통해 학점 취득 기회를 제공하고, 학업성취율 미도달 시 최소성취수준 보장 지도를 통해 학점 취득 기회를 제공해야 합니다. 그리고 창의적 체험활동 이수 기준 미도달 시 학기 내 창의적 체험활동 운영 또는 학교 밖 교육 등을 통해 학점 취득 기회를 제공해야 합니다.

학점 이수 미도달 학생에 대한 지도를 학교에서 실행하기는 쉽지 않습니다. 교사들은 최소성취수준 미도달 학생들이 40% 이상의 학업성취율을 얻을 수 있도록 '나머지 수업'을 해야 합니다. 가령, 4학점짜리 국어 교과라면 해당 과목에서 학업성취도 기준에 못 미친 학생들을 따로 모아 총 20시간(1학점당 5시수)을 추가로 가르쳐야 합니다.

교육부는 현장의 어려움을 일부 반영하여 예방·보충지도 시수를 1학점당 5시수에서 '3시수 이상'으로 완화하고, 예방·보충지도 운영 방식도 교육감이 정하는 규정을 토대로 학교 자율에 맡기기로 했다고 발표했습니다. 그렇더라도 문제의 근원이 소멸한 것은 아닙니다. 보충 시수 조정만으로 문제의 본질을 해결할 수 없습니다. 시수 조정만으로는 대상 학생들이 형식적인 지도로 인해 학습과 거리가 멀어지게 되고, 교사의 행정업무가 될 뿐 학습과 성장으로 살아나기 어렵습니다.

이 문제는 어떻게 풀어야 할까요? 우리가 문제의 본질을 정확하게 이해하기 위해서는 질문이 필요합니다.

- 학점제는 시대정신의 산물인가?
- 고교학점제에서 최소성취수준어 왜 중요한가?
- 최소성취수준에서 '학업성취율'을 지켜야 하는 이유는 무엇인가?
- 고교학점제, 최소성취수준 보장 지도를 위한 해결 방안은 연결되어 있는가?
- 고교학점제는 준비가 안 되었기에 폐지해야 하는가, 지금 준비할 수 없는 문제인가, 준비가 부족하면 폐지해야 할 정도로 가벼운 것인가?
- 최소성취수준 보장 지도는 해결할 수 없는 문제인가, 해

결할 수 있는데 쉽지 않은 것인가?
- 계속 추진한다면 누적된 미도달 학생의 이수 관리와 진급은 어떻게 설계해야 하는가?

이러한 문제에 대해 우리는 답해야 합니다.

고교학점제에서 최소성취수준은 학력의 개념에 대한 재정의로부터 시작해야 합니다. 고등학교에서 기초학력 미도달 학생은 단지 고등학교 교육의 문제가 아닙니다. 이미 초등학교와 중학교의 성장 과정에서 누적되고 축적된 문제입니다. 고등학교의 교과별 최소성취수준을 적용할 수 없는 태생적 한계가 있습니다. 예방 교육 시수는 조정할 수 있더라도, '교과별' 성취기준에 따른 최소성취수준 보장 지도는 학습과 성장을 기대하기 어렵습니다.

교과별 성취기준에 근거한 최소성취수준 범위 외에 기본 학력에 대한 개념을 재정의할 필요가 있습니다. 재정의하게 되면 '교과 혹은 과목별 학업성취율'이라는 학점 이수 조건은 의미가 없습니다.

학생 선택권 존중, 각자의 '성장 결'을 존중하는 교육이 필요합니다

교육과정에 대한 학생 선택권을 존중하는 의미는 진로 진학 로드맵을 그리는 학생의 주도성을 발현하는 데 도움이 되기 때문만은 아닙니다. 오히려 학생마다 결이 다르고, '결대로 성장할 수 있도록 돌보고 교육하는 곳'이 학교라는 의미가 함축되어 있습니다. 학교에 대한 재정의가 있다고 볼 수 있습니다. '결대로'는 모든 학생이 동일한 교과를 학습하고 평가받고 한 줄 세우는 교육이 아닙니다. 각자의 '성장 결'을 존중하는 교육을 뜻합니다. 오히려 학생들이 스스로 꿈꾸고 스스로 시도하며 스스로 학습하고 이를 통해 배움을 얻고 성장하는 교육입니다. 따라서 교과별 성취기준에 대한 학습 정도를 학력이라고 전제하고 접근하면, '학생 선택권 존중'이라는 본질을 훼손하게 됩니다.

사실, 고교학점제는 "학교가 무엇을 학력으로 정의할 것인가?"에 대한 질문을 먼저 던졌어야 합니다. 교육부, 교육청에서 고교학점제 운영 형태를 틀로 정하고, 학교에서 이를 시행하도록 하기 전에 본질에 대한 성찰을 공유할 수 있도록 했어야 합니다.

고교학점제의 준비는 행정으로만 하는 게 아니고 마음의 준비가 우선입니다. 이번 정책 추진 과정은 여전히 학교를 정책의 실행 대상으로 보고 있고, 제도를 실행하는 수단이나 통로로 교사를 바라보고 있다는 사실을 입증하는 것이기도 합니다. 학교 그리고 교사와 함께 질문하고 답을 찾아가는 경로를 마련해 놓지 않고 추진할 수 있는 어떤 선한 정책도 힘을 얻을 수 없다는 것을 알아야 합니다.

전통적으로 학력은 '학생이 학교교육과정을 이수하면서 습득한 교과별 지식과 기능의 총량'이었습니다. 학력에 대한 정의가 아주 명확했습니다. 정해진 교과목을 일정 시간 이수하고, 평가를 통해 기준 점수에 도달하면 '학력이 있다'라고 여겼습니다. 즉, 학력은 곧 교과 지식의 총량이었습니다. 이때 학교는 일정한 내용을 '가르치고', 학생은 이를 '습득하는 존재'였습니다. 학력은 곧 "교과별로 얼마나 많이 알고 있는가?"를 측정하는 도구였습니다.

학교에 새로운 질문과 과제를 던진 고교학점제의 핵심은 학생의 선택과 진로 중심의 학습입니다. 학생이 스스로 과목을 선택하고, 각 과목의 성취기준에 도달하면 학점을 취득합니다. 즉, 모든 학생이 같은 길을 걷지 않아도, 각자의 방식으로 각자의 결대로 학습하고 경험하며 배움의 여정을 만들어 갈 수 있다는 취지입니다.

바로 이 지점에서 우리는 새로운 질문에 직면하게 됩니다.

- 각자가 자신이 원하는 과목을 배우는데, 여전히 하나의 기준으로 학력을 측정할 수 있을까?
- 학습 및 평가 과정 역시 교과별로 달라서 지식 위주, 기능 위주, 경험 위주, 문제 기반 학습, 실생활 프로젝트 기반 학습, 협동학습 등 다양할 텐데 전통적인 지식과 기능 위주의 표준화된 학력을 측정할 수 있을까?

우리는 이에 대한 답을 구해야 합니다

결국 전통적 학력의 개념으로 미래를 준비하는 고교학점제에 접근하는 것을 경계해야 합니다. 고교학점제에서 학력의 개념은 지식의 양, 기능의 정도가 아니라 '역량'에 방점이 있다고 봐야 합니다. 학생이 학교생활 속에서 무엇을 아는가(Knowledge)보다는 학생의 관심 분야와 함께 자신이 알고 있는 지식으로 실생활의 어떤 문제를 어떻게 해결하며, 자신의 삶에 어떻게 연결시키는가(Competence)를 살펴야 합니다. 따라서 고교학점제에서의 학력은 '배운 결과'가 아니라 '배우는 과정에서 드러난 성장의 흔적'으로 이해되어야 합니다.

학력은 학생이 만들어 가는 삶의 이력서가 되어야 합니다

학교는 교과별 성취기준에 따른 진도를 나가고, 평가하여 점수를 기록하고 관리하는 역할에서 벗어나, 학생이 배움을 통해 자신의 가능성을 발견하고 확장하는 공간이 되어야 합니다. 즉, 학력은 지식의 결과물이 아니라, 학생이 만들어 가는 삶의 이력서(Learning Biography)로 다시 정의되어야 합니다.

바로 이 점에서 학교생활기록부는 학생 한 명 한 명이 학교에 입학해서 졸업할 때까지 경험하고 학습한 교육 활동, 교육 활동을 통해 만난 교사들의 진실과 마음이 담긴 실존적 성장 기록물이어야 합니다. 학교생활기록부는 대학 입시를 위한 수단이 아닙니다. 오히려 학교에서의 유일한 공적 기록물인 학생들의 실존적 성장 이력서인 학교생활기록부가 먼저이고 대입 전형 자료로 활용되는 것은 그 다음의 일입니다.

고교학점제가 정착하기 위해서는 교사의 평가관, 학교의 수업 문화, 교육청의 행정 체계 모두가 '학력'에 대한 재정의를 받아들여야 합니다. 새로운 학력관을 공유해야 합니다. 학력은 더 이상 교과별 점수가 아닙니다. 학생이 자신만의 길 위에서 자신의 결대로 스스로 만들어 가는 성장의 궤적입니다. 고교학점제는 바로 그 새로운 학력의 시대를 여는 열쇠이고 교과별 최소성취수준은 새로운 학력관으로부터 다시 해석되어야 합니다.

최소성취수준 보장 지도는 학교 현장에서 간단한 문제가 아닙니다. 그동안 한국의 초·중등학교에서 경험해 보지 못했던 학업성취율에 따른 '유급', '졸업 불가' 등은 매우 낯설고 새로운 과업입니다. 고등학교에서의 유급 발생은 교사도 감당하기 어렵지만 학교도 감당하기 힘들 수 있습니다.

최소성취수준 도달 여부를 정하는 기준(수업일수 2/3 출석, 학업성취율)은 학교 현장에 압박감이 있습니다. 미도달로 인한 미이수, 미이수로 인한 유급 혹은 졸업 불가에 대한 책임을 학교가 감당할 수 없습니다. 여기서 '학교'라 함은 알고 보면 해당 과목 교과 교사가 될 확률이 있습니다. 어떤 교사도 그 부담에서 자유롭지 않습니다. 결국은 연초 교과 평가계획을 수립할 때, 수행평가 비중을 조절하는 방법 등을 통해 미도달 학생이 나오지 않도록 설계하는 경우도 나타날 수 있습니다. 제도가 교사를 벼랑 끝으로 내모는 격입니다.

또한 교육청에서 수행평가 비중을 줄이고 이를 논술형 평가로 전환하겠다는 메시지가 계속 나오니까 학교에서는 그러면 최소성취수준 보장의 학업성취율을 어떻게 하나? 하는 고민을 하게 됩니다. 지필 비중을 늘리고 수행 비중은 줄이고, 수행의 정성 비중은 줄이고 정량 비중을 늘리게 되면 결국은 정량은 결과 평가이기 때문에 교과 교사가 임의로 최소성취수준 미도달 학생을 줄일 수 있는 방법은 사전에 문항을 어느 정도 알려 주고 시험을 치르거나 아주 쉬운 문제, 누구나 다 아는 뻔한 문제를 출제할 수밖에 없게 됩니다. 교사와 학생 간 일종의 '비밀 약속 대련'입니다.

'유급'이라는 별칭이 아니라 교육 회복의 길로 나아가야 합니다

최소성취수준 보장 지도는 수행평가와 밀접한 함수관계가 있습니다. 수행의 비중을 30%로 줄인다거나 수행의 영역 중 논술형 평가 등의 정량평가(결과 평가)를 늘리게 되면 최소성취수준 미도달 학생이 많아질 수 있기 때문에 수행평가 비중은 40%와 정성평가를 유지해야 합니다.

AI 채점을 띄우기 위해 논술형을 전면에 내세우고 그 논술형을 수행에서 대부분 실행해야 한다면 수행평가는 '학습 과정으로의 학습'이라는 본래의 과정 평가의 취지를 잃고 논술형 평가 등의 정량평가, 결과 평가의 비중이 늘어날 수밖에 없습니다.

수행평가는 횟수가 중요한 게 아니고, 영역과 비중과 내용이 관건입니다. 학교에서의 학생을 대상으로 하는 모든 평가는 서로 연결되어 있고, 평가 내 영역 간에도 긴밀하게 연계되어 있기 때문에 전체를 총체적으로 접근하여 보고, 맥락을 잡는 통찰력이 필요합니다.

우선, 최소성취수준 미도달 학생에 대한 책임 소재입니다. 학생 개인의 책임일까요? 학교(교과 교사)의 책임일까요? 미도달 학생에 대해 최소성취수준 보장 지도를 하는데 그 보장 지도는 모두 실제 교과 교사의 손을 떠나 있고, 대부분 온라인에 의존할 가능성이 큽니다.

결국 최소성취수준 미도달 학생 발생에 대한 책임에서 교과 교사가 자유롭지 않고, '보장 지도' 역시 실질적 보장 지도라기보다는 행정적 차원에서 진급이나 졸업의 자격을 갖추도록 형식적으로 구제

V. 평가에 대한 상상과 질문, 평가의 미래   263

하는 절차에 불과하기에 단지 보장 지도에 참여했다는 사실만으로 최소성취수준에 도달했다고 입증할 수도 없습니다. 물론 대부분의 학교에서 사전에 수행평가 비율로 조정해서 최소성취수준 미도달을 전략적으로 줄일 것입니다.

학생들이 바로 보는 그 앞에서 교사들에게 편법을 강요하고 있는 셈입니다. 학생들에게 편법과 거짓을 경험하게 하고 이를 최소성취수준 미도달 학생 지도 혹은 기초학력 예방 지도 등으로 각색하는 것입니다. 이는 학교교육과정에서 운영되는 교육과정이므로 교사뿐만 아니라 교실의 모든 학생을 공동으로 거짓과 허위에 가두는 매우 비교육적인 접근입니다.

결국 최소성취수준 미도달 학생의 '유급제'는 학력 격차를 해소하고 교육의 신뢰를 높이려는 제도적 시도로 해석하는 경우도 있지만, 실제로 학교와 현장 교사들에게는 새로운 부담과 윤리적 딜레마를 안겨 주고 있는 것은 분명합니다.

학생이 학업 기준에 미달했을 때, 그 책임이 교사 개인에게 집중되거나, 유급 결정이 교사와 학생의 관계를 흔드는 일이 발생할 수 있기 때문입니다. 이는 단순히 성적의 문제가 아니라, "학교는 학생의 실패를 어떻게 대할 것인가?"라는 교육 철학의 질문에 이르게 됩니다.

바로 이 점에서 최소성취수준에 대한 접근을 '유급'이라는 벌칙으로 강제하는 것이 교육적인가라는 질문을 하게 됩니다. 유급은 학습 부진을 제재하는 제도가 아니라, 학생이 놓친 배움을 다시 채울 수 있도록 회복의 기회를 제공하는 시간이어야 합니다. 이를 위해 학교는 개별 교사의 부담이 아닌 학년군별 공동수업, 보충학습 전담 교사 운영, 전문상담 및 진로 교사와의 협업 등 공동체적 지원 체제를 구축해야 합니다. '유급'은 교사 혹은 학생의 실패가 아니고, 학교가 함께 책임지는 '학습 회복 프로젝트'가 되어야 합니다.

현재의 최소성취수준은 주로 정량적 지표로 판단되지만, 실제 학생의 배움은 수치로 보이지 않는 과제 수행력, 학습 태도, 자기 주도적 시도 등 정성적 변화 속에 드러난다고 생각합니다. 따라서 '배우려는 노력'이 평가에 반영되어야 합니다. 바로 이 점에서 단순한 유급 결정보다 학생에게 학습 회복 기간(Learning Recovery Term)을 제공하는 방식이 바람직합니다.

일정 기간 맞춤형 학습, 상담, 실생활 관련 프로젝트 수행 등을 통해 학생이 스스로 배움을 회복하도록 돕는 프로그램을 운영하는 것이 학교의 부담을 줄이면서 동시에 교육의 본질을 생각하는 방안이라고 생각합니다. 핀란드, 캐나다, 호주 등은 이미 유급 대신 학습 회복 프로그램을 중심으로 제도를 전환하여 학생의 학습 동기를 살리고 교사의 부담을 줄이는 효과를 얻고 있습니다.

다시 '학습 안전망'을 생각할 때입니다

교육적 차원에서의 최소성취수준 미도달 학생의 출현은 태생적으로 예정되어 있었습니다. 고등학생들 중 최소성취수준 미도달 학생은 고등학교 교육의 문제가 아닙니다. 초등학교에서 누적되어 온 문제입니다. 그래서 최소성취수준 미도달 학생에 대해 온라인 학습 참여 혹은 단순 과제 제출 등의 행정으로 해결하려고 해서는 안 됩니다. 오히려 최소성취수준 미도달 학생을 전담 지도하는 지도 교사를 별도로 지원해 주는 정책이 있어야 합니다.

　물론 학교에서의 교과 교사의 역할을 최소성취수준에 도달 여부를 판정하는 평가자로 규정해서는 안 됩니다. 오히려 학생의 학습 여정을 함께 걷는 '회복의 안내자'이고, '회복의 동반자'가 되어야 합니다. 교사는 학생의 부족 정도를 판단하고 평가하는 사람이 아니라, 학생의 부족이 성장으로 이어지도록 돕는 사람입니다. '유급'이 아닌 '회복'을 논의해야 하고, '점수'가 아닌 '역량'을 바라봐야 할 시점입니다.

　최소성취수준 미도달 학생에 관한 논의는 다른 차원에서도 치열합니다. 학업성취율에 대해 교사 업무를 줄인다는 차원으로 접근하게 되면 고교학점제의 취지가 다시 논의 대상이 될 수 있습니다. 고교학점제를 맥락적으로라도 유지하려 한다면 학업성취율은 중요한 메시지를 가지고 있기에 남겨 두어야 합니다. 학업성취율과 최소성취수준 미도달의 관계는 '학습 안전망'이라는 우리 사회가 반드시 실현하고 갖추어야 할 사회적 교육적 책무로 이어집니다.

　최소성취수준 미도달 보장 지도의 가장 큰 의미는 책임교육, 학습 안전망입니다. 학생 평생을 지속하는 삶의 역량을 관통하는 기초 소양, 기본 학력을 공교육이 책임지겠다는 책임교육 약속입니다. 그래서 학업성취율은 남겨 둔다면, 교육적 차원에서 '한 아이도 포기하지 않는다', '공교육의 책임을 다한다'는 명문도 고려해서, 정책적으로 실질적으로 해당 학생의 학습과 평가를 피드백 중심으로 제대로 지원해 주는 '학습 안전망' 지원책이 있어야 합니다.

　온라인 강의 참여 실적과 과제 부여 등으로 최소성취수준 미도달 학생에 대한 도달학습을 기능적·행정적으로 해결하도록 안내하고 있다는 사실에 비추어 보면, 교육부에서 이미 최소성취수준 보장 지도에 대한 교육적 차원의 개방적 논의에 소극적이라는 비판을 피하기 어렵습니다. 그래서 최소성취수준 미도달 학생에 대한 지도는 학교에서도 행정업무가 된 것입니다. '교육은 없고 행정만 남아 있다'는 사실을 실감했기에 학교는 저항하는 것입니다. 이는 학교가 먼저 시작한 게 아니고, 교육부에서 만들어 낸 원천적 모순입니다.

그러므로 최소성취수준 보장 지도는 고교학점제의 근간이라는 주장에 동의하기 어렵고, 학업성취율이 흔들리면 고교학점제가 흔들릴 것이라는 주장도 논의가 필요합니다. 다만 학력에 대한 재정의, 재구조화를 위한 인력과 예산 지원이 필요한 시점임은 분명합니다.

기초학력은 '살아가는 힘'입니다

고교학점제 폐지를 논하기보다는 고교학점제의 안정적 정착을 위한 디딤돌이 필요한 시점입니다. 교육 본질 차원에서 고교학점제의 취지를 살피고, 새로운 미래에 직면하고 있는 AI 문명 전환기를 고려하면 학교교육에서 모든 학생에 대한 '학습 안전망'을 갖추는 일은 매우 의미 있는 공교육의 책무입니다.

고교학점제는 폐지보다는 오히려 고교학점제를 중심에 두고 고교학점제 실현을 어렵게 하는 요인들을 제거하는 논의와 정책을 추진해야 합니다. 지금 "고교학점제를 운영할 여건이 안 되니 없애야 한다고 고교학점제를 없애야 한다."라고 주장해서는 안 됩니다. 오히려 "고교학점제 운영을 어렵게 하는 요인들을 들추어내서 적극적으로 제거해야 한다."라고 주장해야 합니다.

왜냐하면 고교학점제 운영을 어렵게 하고, 최소성취수준 미도달 지도를 어렵게 하는 모든 요인은 교육과정이 시작된 이후 지난 70년 동안 우리나라 학교교육과정을 운영해 온 중심으로서 우리가 극복해야 할 잔재입니다. 가령, 현재 '기초학력'에서 '학력'의 의미는 언제 어떤 배경에서 나온 것일까요? 우리가 학교에서 '기초학력'이라고 할 때 '기초'의 의미는 뭘까요? '최소성취수준'은 교과별 성취기준에 따른 구분입니다.

그런데 초중학교에서 이미 최소성취수준 미도달 정도를 꾸준히 누적해 온 학생들에게 고등학교에서 국어, 영어, 수학, 과학 등 교과별 최소성취수준 도달 지도가 가능할까요? 좀 더 현실적 차원에서 교과별 최소성취수준 미도달 학생은 교과별 성취수준을 도달하지 못하면 자신의 삶을 실 수 없을까요? 교과별 최소성취수준은 학생들이 생존하기 위해서는 반드시 알아야 할 내용일까요? 그동안 학업성취율이 적용되지 않는 단위제 교육과정에서 진급하고 졸업한 학생들은 교과별 최소성취수준을 모두 도달하고 졸업했을까요? 최소성취수준에 미도달하고서도 졸업한 학생들이 많을 텐데, 이 학생들은 사회생활 할 수 없을까요?

교과별 최소성취수준은 기초학력과 연동되는 개념입니다. 지금 학력은 '교과별 필수 지식을 최소한의 수준에서 암기'해서 길러지지 않습니다. 문명 전환기를 살아야 하는 지금 학생들에게 중요한 기초학력은 '상상하고, 시도하고, 작은 성공이라도 경험하고, 창직과 창업의 아이디어를 만들고, 동료들과 공동체성으로 협업하면서 문제를 해결하는 역량'입니다. 지금 우리가 논의해야 할 '기초학력'은 '살아가는 힘'입니다. '기초학력', '최소성취수준'에 대한 논의를 교과에 가두고, 근대화와 산업화에 가둬 두면 안 됩니다. '학력'에 대한 논의, 재정의, 재구조화가 필요합니다.

8.
최소성취수준 보장 2: 교원 수급제 개선으로 디딤돌 만들기

현재의 학제는 산업화의 산물입니다. 고교학점제는 현재의 학년제 및 담임제와 충돌합니다. 고교학점제는 석차 등급제 중심의 상대평가 체제와 충돌합니다. '최소성취수준 보장 지도'는 교원 양성 및 임용 제도와 충돌합니다. 학제 개선에 대한 논의가 필요한 시점입니다.

'학력', '기초학력'에 대한 재정의가 선결된다면, 그다음은 최소성취수준 보장 지도를 담당하는 교원의 양성과 임용에 대해 논의해야 합니다. 지금까지의 교과별 양성 체제, 표시 교과별 선발 및 임용 체제는 고교학점제의 '다학년 다교과' 현실 그리고 교과 수업시수제 및 학생 학습권과도 충돌합니다.

고교학점제가 정착하고 학생들의 선택권이 존중된다고 해서, 이를 학생들의 학습과 성장으로 연결하고 이해하고 추론하는 것은 비현실적입니다. 교육과정에서 학생 주도성의 발현, 학생 선택권 존중이 지닌 본질적 의미를 충족하기 위해서는 수업의 질적 성장을 살펴야 합니다. 학생은 다양하게 자유롭게 원하는 교과를 선택했지만,

교과를 지도하는 교사들이 다교과, 다학년 수업으로 인해서 수업의 질이 담보되지 못하는 여건이라면 이는 진정한 의미의 학생 선택권이라고 볼 수 없습니다. 교사와 학생 모두에게 수업의 질적 성장 환경은 중요합니다. 수업이 제대로 이루어지지 않는다면 이는 학생들의 학습 결손으로 이어질 수 있기 때문입니다.

새로운 교원 수급제가 필요합니다

현재의 경직된 교원 수급제를 유연하고 탄력적으로 운영하고, 필요하다면 법령 제개정의 절차를 통해 고교학점제 취지에 맞는 교사 선발과 임용 배치 체제를 구축해야 합니다. 고교학점제, 프로젝트 탐구학습, 융합 교과 지도, 최소성취수준 보장 지도를 아우르는 새로운 교원 수급제가 필요합니다. 특히 '다교과', '융합 교과' 수업은 기존 교원 수급 체계로는 감당할 수 없습니다.

교원 수급제는 「교육공무원 임용령」과 「교원수급계획」에 기반해, 국가가 필요 교원을 계획적으로 양성·배치하도록 제도화한 것인데, 이는 변화하는 환경에 대한 탄력적 대응이 취약합니다. 교사의 역할은 '지식 전달자'에서 '학습 코치', '학습 퍼실리테이터', '프로젝트 관리자' 등으로 변화를 요구받고 있는데, 수급 정책은 여전히 전통적 교과 교사 중심에서 벗어나지 못하고 있습니다. 학교급별·과목별 교사 수급의 불균형을 해소하고, 과잉·부족 문제를 예방하기 위한다는 교원 수급제의 법령의 취지도 고교학점제의 당면 과제를 해결하는 데 취약합니다.

사실 현재의 교원 수급제는 학교교육의 본질을 회복하는 차원이 아닌 공무원 인건비 부담을 고려해 무분별한 교원 증원을 방지한다는 재정 운영의 효율성에 방점이 있다는 그간의 합리적 의심이 있습니다. 결국 현행 교원 수급제는 재정 효율성 그리고 예측 가능한 학생 수와 교육 수요에 맞춰 교사를 계획적으로 배치하기 위해 만들어진 제도이기에 고교학점제를 고려하지 못한다는 비판에 직면하게 된 것입니다.

시대가 달라지고 교육정책과 학교교육의 당면 과제가 변하면서 기존 교원 수급제의 한계가 드러났다고 봅니다. 가령, 기존 교원 수급제는 매우 정형화되어 있어 출산율 저하에 따른 학생 수 감소, 농어촌과 지방 소규모 학교는 여전히 교사가 부족한데 반대로 수도권·도시 학교는 특정 과목 교사 과잉 현상을 낳는 지역 간 불균형, 과목별 수급 불균형, 학교교육에서 요구하는 다양한 교육 환경에 맞춘 탄력적 배치 어려움 등 학교를 둘러싼 환경의 변화에 대응하는 유연성이 부족한 경직된 제도입니다.

교원 수급제를 정량적 배치에서 정성적 적합성 중심으로 전환해야 합니다

이에 비해 고교학점제는 학교를 하나의 '생태계'로 전제하고 단순히 학교 구성원이나 제도만을 뜻하는 것이 아니라 학교를 하나의 살아 있는 유기체적 시스템으로 봅니다. 학교는 교과, 비교과, 진로 활동이 분절되지 않고 서로 연결되는 구조로서의 교육과정 생태계이고, 학생이 교실 안팎에서 경험하는 모든 배움의 관계망으로서의 학습자 생태계이며, 행정, 수업, 상담, 지역 연계가 순환적으로 작동하는 시스템으로서의 학교 운영 생태계라 할 수 있습니다.

고교학점제를 안정적으로 운영하기 위해서는 교육과정 생태계, 학습자 생태계, 학교 운영 생태계가 조화롭게 갖추어져 있어야 합니다. 다양한 교과와 진로 선택과목 개설, 소인수 선택과목 수업 운영, 융합·프로젝트 수업 가능 교사 확보, 진로 설계 및 학업 상담 전문성 확보 등이 필요합니다. 이는 기존의 표준화된 교사 수급 체계와 양성 체제로는 대응할 수 없습니다.

왜냐하면 지금의 교원 수급 정책은 학교를 살아 있는 '생태계'가 아니라, 인력 배치의 '행정 단위'로 보는 관점에서 운영되고 있기 때문입니다. 현재 교원 수급제는 주로 학생 수 추이에 따른 교원 정원 산정, 교과별 교원 배치 기준, 교원 연령 구조와 정년퇴직 예측 등 계량적·행정적 기준에 의해 운영되고 있습니다. 즉, "얼마나 많은 학생에게 몇 명의 교사를 배치할 것인가"에 초점을 둡니다. 이는 행정적으로는 효율적일 수 있으나, 학교를 '교육이 일어나는 생명체'가 아닌 '인력 배치 단위'로 보는 관점에 기반합니다. 그 결과, 교원 수급은 학교의 다양성과 자율성을 뒷받침하기보다 오히려 제약하는 구조로 작동하고 있습니다. 이는 산업 시대의 인력 관리 방식에 가깝습니다.

가령, 고교학점제나 프로젝트 학습처럼 학생의 다양성을 존중하는 교육이 확산되면서 교원에게 요구되는 역할은 교과 지식 전달을 넘어, 학습 설계자·코치·연결자로 확장되고 있습니다. 그러나 현행 교원 수급제는 여전히 교과별 정규 시수를 중심으로 교사를 배치합니다. 예술, 진로, 융합, AI 교육 등 새로운 영역의 수요는 반영되기 어렵고, 이로 인해 학교의 교육 생태계는 단조롭고 경직된 구조를 유지하게 될 수밖에 없습니다.

따라서 학교 생태계를 지원하기 위한 교원 수급제는 정량적 배치에서 정성적 적합성 중심으로 전환해야 합니다. 학교교육 비전과 지역 특성에 맞는 맞춤형 인력 배치가 가능해야 합니다. 교원 수급 정책이 단순한 숫자 조정이 아니라 학교 생태계의 건강성에 어떤 영향을 미치는지를 평가하는 시각으로의 전환이 필요합니다. 수급 정책이 다양성을 억누르거나 협력을 약하게 하면 이는 교육의 생태적 지속가능성을 위협하는 것입니다. 학교는 사람과 배움이 연결되어 성장하는 살아 있는 생명체입니다. 교원 수급제 역시 이 생명체의 순환과 균형을 도모하는 방향으로 진화해야 합니다.

AI 문명 전환기를 준비하는 교육, '살아가는 힘', '일상을 회복하는 힘'을 기르는 교육입니다

교원 수급제를 교육부 주도에서 지역중심의 분권형 수급 체계로 전환해야 합니다. 국가 단위의 예측 효과는 필요합니다. 여기에 지역별 조정 권한을 부여하고, 그 과정에서 학교 단위 수요 기반 지원으로 방향을 바꾸어야 합니다. 즉 교사 수급제의 본질은 '예측'이 아니라 '대응'으로 전환되어야 합니다. 고정불변의 계획이 아니라 데이터 기반, 지역 맞춤형, 유연한 수급체계로 전환해야 교육의 질과 형평성을 동시에 확보할 수 있습니다. 이는 양성기관의 학생 선발과 교육과정의 혁신을 요구하고, 표시교과제 등의 자격 제도의 질적 개선과 교원 선발과 임용 제도의 지역 중심 학교 중심으로의 변화를 요구합니다.

현행 교원 수급제는 융합 교과 수업을 위한 교사의 전문성 측면에서도 그 효과성이 떨어집니다. 현재 논란 중인 최소성취수준 보장 지도는 필요합니다. 단, 교과별 최소성취수준이 아닌 '살아가는 힘', '일상을 회복하는 힘'을 길러 주기 위한 교육이 필요합니다. 실생활에 직면하여 상상하고 질문하는 교육, 관찰하고 발상하는 교육을 해야 하고 이는 AI 문명 전환기를 준비하는 교육이기도 합니다.

이를 지도할 수 있는 전문성을 갖춘 교사를 별도 트랙으로 양성하고 임용해야 합니다. 이는 현행 교과 교육에 기반한 학제적 성격으로 운영 중인 학생 선발과 교육과정 운영의 양성 체제로는 해결하기 어렵습니다. 학제 개편, 양성기관의 교육과정 혁신, 교원 수급제 등 정책과 제도를 미래지향적으로 혁신해야 합니다.

오랫동안 안정적인 직장의 상징이었던 학교는 이제 교사들에게 '블랙 기업'처럼 느껴질 수 있습니다. 비합리적인 노동 구조와 함께 저임금이 복합적으로 작동하고 있고 이는 학교 밖으로부터 정책적, 제도적으로 강요당하고 있기 때문입니다. 구시대의 산물인 정책과 제도가 새로운 변화와 미래를 가둬 두고 있습니다.

9.
최소성취수준 보장 3: 모든 학생이 공교육 안에서 빛나는 교육

교육의 시작은 상상이고, 그 상상은 현실을 바꾸는 믿음입니다. 상상 없는 교육은 없습니다. 상상은, '지금은 어른들의 도움이 필요한 학생이지만 내일은 다르게 빛날 수 있다'는 믿음에서 시작합니다. 또한 지금의 모습 그 너머에 심고 있는 성장의 씨앗을 볼 줄 알아야 함이기도 합니다. 그 씨앗이 싹을 틔우고 나무와 줄기와 잎을 만들어 숲을 이루게 되는 미래를 상상할 줄 알아야 합니다.

행정의 다른 이름은 학생이고 교사이고 교실이어야 합니다

행정도 상상이 있어야 합니다. 규정과 절차만으로는 변화하는 세상을 따라갈 수 없습니다. 고교학점제 역시 학생 한 명 한 명의 미래를 그리는 미래교육에 대한 상상력의 산물입니다. 규정만으로는 변화하는 세상에 대응할 수 없습니다. 행정은 고정불변의 틀이 아닙니다. 교육행정은 교육이 상상하고 가는 길이 탄탄할 수 있도록 맞춤형으로 지원해야 합니다.

　교육행정은 상상이 필요합니다. 소위 교육적 상상력만큼이나 행정적 상상력은 중요합니다. 이는 곧 문제해결 중심의 행정을 의미합니다. 과거에 기반한 경직된 정책과 행정으로 미래를 준비하는 학교를 지원할 수 없습니다. 과거의 교원 수급제로 미래 역량을 기르는 고교학점제를 지원할 수 없습니다. 교육행정을 문서에 가두고 사물화하면 안 됩니다.

　규정에서 살아 숨 쉬는 영혼의 울림을 보아야 합니다. 행정의 다른 이름은 규정이 아니고, 학생이고 교사이고 교실이어야 합니다. 교실은 사람 사는 공간입니다. 규정이 고정된 틀로 교실을 가둘 수는 없는 일입니다. '행정이 지배하는 교육과정', '규정이 지배하는 교실', '틀 안에서 사고하고 학습하고 성장해야 하는 학생'은 생각만으로도 숨이 막힙니다. 규정이 교실을 지배하는 순간 교사와 학생은 숨을 쉴 수 없습니다.

　최소성취수준 보장 지도 등 현재 고교학점제를 중심으로 논의되는 쟁점들은 모두 경직된 행정으로부터 시작합니다. 교육부와 교육청에서 근무하는 분들이 여전히 '행정은 규정과 절차를 지키는 일'이라고 믿고 있다면 교육부와 교육청은 존재 이유가 없습니다. 실제로 오래전부터 이미 존재의 근거를 상실했으면서도 지금까지 계속해서 그 몸집을 키워 온 게 오히려 이해되지 않습니다.

　정책은 현실의 불편함과 어려움을 해결하여 사람들의 삶을 더욱 안락하고 평화롭게 한다는 지향성이 있습니다. 행정은 정책을 실현하는 통로입니다. 그런데 행정은 문서로 하기 때문에 결국 정책은 문서를 통해 학교에 전달되는 것이지만, 그럼에도 결국 행정의 목적은 정책의 취지를 벗어날 수 없어야 하고, 따라서 행정은 학교에서 학생들을 위한 교육과정을 제대로 운영할 수 있도록 지원하는 일이어야 합니다.

그래서 교육에 상상이 중요하듯, 학생들의 배움과 성장의 동력이 되는 상상은 행정에도 중요합니다. 행정이 상상을 잃으면 문제를 '관리'할 뿐, '해결'할 수 없습니다. 행정이 상상을 품을 때 정책도 살아나고 교육도 힘을 얻습니다. "고교학점제는 우리 학생들에게 어떤 의미가 있을까?", "최소성취수준 보장 지도는 학교의 미래를 밝히는 우리가 지켜야 할 어떤 철학이 담겨 있을까?"를 생각하고 상상한다면, 바로 그때 행정은 학생을 향하고 교사를 향하고 학부모를 향하고 우리 사회의 미래를 향하게 될 것입니다.

철학을 바로 세우고 방향을 제대로 잡아야 합니다

첫째, '본질'의 자리를 '수단'과 '도구'에게 넘겨주고 이를 '미래'라고 하면 안 됩니다. 교원 수급제 관련 법령 개정은 더디게 진행될 수 있으므로 지금 당장 과도기적으로 교육부는 관련 예산을 지원해서 학교에서 소속 교원이나 혹은 학교 밖 교사를 시간제로 채용해서 일대일 맞춤형으로 해결할 수 있는 현장 중심의 탄력적 정책이 나와야 합니다. AI 논술 채점이 우선순위가 아닙니다. 지금 디지털 교과서가 중요한 게 아닙니다. 학교교육의 본질을 구현하기 위해 방해가 되는 요인들을 노출해서 이를 제거하고 새롭게 재정의하고 재구조화하는 작업이 필요합니다.

둘째, 고교학점제와 최소성취수준 보장 지도는 수업과 평가 혁신을 고려해야 합니다. 고교학점제는 학교교육과정 혁신의 방향성을 갖고 있고, 최소성취수준 보장 지도는 '학습 안전망'이라는 교육적 명분이 분명하기에 포기할 수 없는 과업입니다.

우리는 '모든 학생이 공교육 안에서 빛나는 교육'을 이정표 삼아야 합니다. 이를 위한 시스템의 기반을 구축하는 노력은 '학습 안전망'을 광범위하게 그리고 촘촘하게 구축하는 일입니다. 무엇이든지 과거로 돌아가는 일은 흔치 않습니다. 지금은 갑자기 다가온 미래를 준비하고 적응하는 과정이기에 현재를 바탕으로 다시 시작해야 합니다. 우리 교육이 도약할 수 있는 시점입니다.

실제로 많은 고등학교에서 최소성취수준 미도달 학생 지도가 '누적된 학습 결손으로 인한 구조적 어려움' 때문에 제대로 작동하지 못하고 있습니다. 미도달 학생의 성취 부진은 단기적 학습 태도 문제보다 기초학력 결손의 누적과 자기효능감 저하가 원인입니다. 따라서 현행 최소성취수준 미도달 학생 지도 방안과 같은 단순히 교과별 추가 수업만으로는 개선이 어렵고, 진단-맞춤-회복-성장의 순환 구조가 필요합니다.

단순 점수 기준이 아닌 '학습 결손의 성격과 원인'을 중심으로 진단하고, '모든 교과의 성취기준을 다시 가르치는 것'이 아니라 '핵심 결손 개념을 집중 회복'하는 교육 프로그램과 방안이 필요합니다. 이는 결국, 교과별 접근의 한계를 분명하게 인식하고, 실생활 중심의 '살아가는 힘'을 기르는 교육, 단순한 '보충 지도'가 아니라 '회복과 성장 경험'을 제공하는 교육을 제공해야 합니다. 이는 불가능한 문제가 아니라, 접근 방식의 전환이 필요한 과제입니다.

교과별 성취기준이 의미 없다는 것이 아닙니다. 국가에서 정한 교과별 성취기준은 당연히 의미 있습니다. 그런데 성취기준은 단원별 교수학습 필수 내용 요소를 기반으로 하기에 일종의 지식구조를 갖추고 있습니다. 그리고 그 지식구조는 실생활 중심의 지식이라기보다는 학제적 성격을 띠고 있는 지식입니다. 융합적 지식이라기보다는 독립된 교과 교육에 해당하는 지식의 성격이 강합니다. 그래서 교과의 성취기준을 배워서 실생활에 융합하는 것은 학생의 몫이 되어 있습니다. 교과의 성취기준에 대한 최소성취수준에 미도달하는 학생들은 실생활에서도 효능감이 낮습니다.

교사는 학생과 교육의 연결자가 되어야 합니다

교과별 성취기준은 모든 학생을 빛나게 하는 데 분명한 한계를 드러내고 있습니다. 바로 이 점으로 인해서 '지식'이 '배움'에서 거부당하는 장면들을 보게 되는 것입니다. 지식과 성장, 지식과 성찰은 모두 배움의 과정입니다.

그런데 최소성취수준 미도달로 인해 보장 지도가 필요한 학생들에게 필요한 지식은 실생활 관련 지식이어야 하고, 이는 성찰과 성장으로 연동되어 배움을 키우게 될 것입니다. 이 또한 '교과 지식'에서 '실생활 지식'으로의 접근 방식의 전환을 요구합니다.

따라서 최소성취수준에 미도달했다는 의미는 현행 한 줄 세우기 경쟁 교육 현실을 되돌아보면 학생이 도달하지 못한 것이 아니고,

그 학생에게 교육이 도달하지 못한 것일 수 있다는 사실을 살펴야 합니다. 그 학생은 우리나라의 경쟁적 교육으로 인해 부당하게 '제도적 소외'를 당하고 있는 피해 학생일 수 있습니다.

문명 전환기의 시대정신은 소위 미도달 학생을 학교교육의 중심으로 세울 수 있도록 요구하는 것입니다. 이를 위해 교사는 지식의 전달자 이전에 학생과 교육 사이의 연결자가 되어야 하는데, 이 연결은 때로 '지식이 아닌 것'으로부터 출발해야 합니다. 미도달 학생의 '학습 결손'을 채우는 것은 곧 '학습 의지의 회복'을 지원하는 것을 의미하기 때문입니다.

'정서 회복과 관계 회복 교육'에 앞장설 지도 교사가 충원되어야 합니다

이러한 전환에는 지도 교사 충원이 필수입니다. 교과 교육지도의 전문가인 교과 교사가 '정서 회복과 관계 회복 교육'으로 자존감과 자기효능감을 키우는 교육을 책임지기는 어렵습니다. 특히 현재의 교사 업무 여건에서는 교과별 '직접적 보장 지도' 방식이 어렵습니다. 이는 교육부에서 최소성취수준 미도달 학생들에 대한 보장 지도 방안으로 학교 단위 온라인 학습 참여 등의 형식적 지원책을 제시하는 데서도 알 수 있습니다. 교육부의 정책 담당자들도 이미 그 한계를 알고서 지침을 내려보내는 것입니다.

현행 최소성취수준 미도달 학생을 학습 안전망으로 지원하는 방안은 분명합니다. 즉 현행 교과 지식 중심의 성취기준을 미도달 학생들의 진로 요구를 반영하는 실생활 중심의 역량 프로젝트 학습으로 전환하는 것입니다. 프로젝트 수행 과정에서 자아효능감을 경험하고 키울 수 있을 것입니다.

이는 교실 수업의 시대적 변화 추이에도 적절하고 동시에 교사의 부담을 줄이면서도 학생의 성장·회복을 실질적으로 지원할 수 있습니다. 최소성취수준 보장 지도에 대한 접근은 '행정'이 아닌 '교육'이어야 하고, '교과 지식'이 아닌 '자기 성찰'이어야 하고 '분리교육'이 아닌 '회복교육'이어야 합니다.

미래 역량으로 '관계 역량'이 중요하다면, 우리는 지금 코로나19 이후 더욱 중요하게 된 관계성 회복을 위해 관심을 가져야 합니다. 관계 역량은 소통 역량이고 자존감과 자아효능감에 영향을 주기 때문에 중요합니다. 또한 '기초학력 저하'가 문제라고 하는데 이는 학습 내용과 방법에 관련됩니다. 다양한 디지털 도구를 활용한 미래 교수학습 방법으로 진환이 불가피한 시점이기도 합니다.

이런 현실을 염두에 두고 수업과 학습 방법을 논의한다면 가장 적절한 수업과 평가 방법은 '학생 주도형 프로젝트 탐구학습'입니다. 프로젝트 학습은 고교학점제의 취지를 구현할 수 있고, 최소성취수준 미도달 학생이 최소화하고 동시에 보장 지도에서도 프로젝트를 부여하기 때문에 교육적입니다. 교과를 보완하는 데서 탈피하여 '의미 경험' 중심의 프로젝트로 방향을 전환해야 합니다.

우리가 가르치는 학생은 늘 실생활에서 존재하고 실생활에 직면하며 살아가야 한다는 사실을 고려하면 "학생 스스로 경험으로 학습하고 학습으로 경험한다."라는 사실을 잊어서는 안 됩니다. 교육부와 교육청, 학교의 변화가 필요한 시점입니다.

학교마다 여건이 다르고, 교육 활동 주체들의 조직화된 자발적 역량이 다르고, 학생이 다르므로 학교의 특성에 맞게 변화해야 합니다. 느리거나 혹은 빠른 속도의 경쟁이 아닙니다. 변화는 지금 현실에서 시작하는 것이므로 속도는 중요하지 않습니다. 단, 교사와 학생의 행위 주체성, 지식과 경험의 통합, 동기와 실행 과정의 교육적 가치 등의 학교교육의 본질적 이정표를 분명하게 붙잡고 있어야 합니다.

"아이들은 한 명 한 명 빛나야 한다."라는 세계적인 교육 석학 바실리 수호믈린스키의 교육 철학은 우리에게도 저마다의 학교를 빛내는 등대가 될 것입니다.

어떤 사람도
바람에 날리는 먼지처럼,
 아무것도 아닌 존재가 되어서는 안 됩니다.

아이들은
한 명 한 명,
저마다의 빛으로 하늘의 별처럼 빛나야 합니다.

| 참고문헌
- 존 라머 외(2017). 프로젝트 수업 어떻게 할 것인가?. 최선경 외 역. 지식프레임.
- 앨런 코커릴(2019). 바실리 수호믈린스키 아이들은 한 명 한 명 빛나야 한다. 함영기 역. 한울림.

삶의 행복을 꿈꾸는 교육은 어디에서 오는가?

● **교육혁명을 앞당기는 배움책 이야기** 혁신교육의 철학과 잉걸진 미래를 만나다!

한국교육연구네트워크 총서

01 핀란드 교육혁명 　　　　　　　　　한국교육연구네트워크 엮음 | 320쪽 | 값 18,000원

02 일제고사를 넘어서 　　　　　　　　한국교육연구네트워크 엮음 | 284쪽 | 값 13,000원

03 새로운 사회를 여는 교육혁명 　　　　한국교육연구네트워크 엮음 | 380쪽 | 값 17,000원

04 교장제도 혁명 　　　　　　　　　　한국교육연구네트워크 엮음 | 268쪽 | 값 14,000원

05 새로운 사회를 여는 교육자치 혁명 　 한국교육연구네트워크 엮음 | 312쪽 | 값 15,000원

06 혁신학교에 대한 교육학적 성찰 　　　한국교육연구네트워크 엮음 | 308쪽 | 값 15,000원

07 진보주의 교육의 세계적 동향 　　　　한국교육연구네트워크 엮음 | 324쪽 | 값 17,000원

08 더 나은 세상을 위한 학교혁명 　　　 한국교육연구네트워크 엮음 | 404쪽 | 값 21,000원

09 비판적 실천을 위한 교육학 　　　　　이윤미 외 지음 | 448쪽 | 값 23,000원

10 마을교육공동체운동: 세계적 동향과 전망 　심성보 외 지음 | 376쪽 | 값 18,000원

11 학교 민주시민교육의 세계적 동향과 과제 　심성보 외 지음 | 308쪽 | 값 16,000원

12 학교를 민주주의의 정원으로 가꿀 수 있을까? 　성열관 외 지음 | 272쪽 | 값 16,000원

13 교육사상가의 삶과 사상 -서양 편 1 　심성보 외 지음 | 420쪽 | 값 23,000원

14 교육사상가의 삶과 사상 -서양 편 2 　김누리 외 지음 | 432쪽 | 값 25,000원

15 사교육 해방 국민투표 　　　　　　　이형빈·송경원 지음 | 260쪽 | 값 17,000원

16 유토피아 교육학 　　　　　　　　　 심성보 지음 | 460쪽 | 값 27,000원

한국교육연구네트워크 번역 총서

01 프레이리와 교육 　　　　　　　　　 존 엘리아스 지음 | 한국교육연구네트워크 옮김 | 276쪽 | 값 14,000원

02 교육은 사회를 바꿀 수 있을까? 　　　마이클 애플 지음 | 강희룡·김선우·박원순·이형빈 옮김 | 356쪽 | 값 16,000원

03 비판적 페다고지는 세상을 변화시킬 수 있는가? 　Seewha Cho 지음 | 심성보·조시화 옮김 | 280쪽 | 값 14,000원

04 마이클 애플의 민주학교 　　　　　　 마이클 애플·제임스 빈 엮음 | 강희룡 옮김 | 276쪽 | 값 14,000원

05 21세기 교육과 민주주의 　　　　　　넬 나딩스 지음 | 심성보 옮김 | 392쪽 | 값 18,000원

06 세계교육개혁 민영화 우선인가 공적 투자 강화인가? 　린다 달링-해먼드 외 지음 | 심성보 외 옮김 | 408쪽 | 값 25,000원

07 콩도르세, 공교육에 관한 다섯 논문 　 니콜라 드 콩도르세 지음 | 이주환 옮김 | 300쪽 | 값 16,000원

08 학교를 변론하다 　　　　　　　　　 얀 마스켈라인·마틴 시몬스 지음 | 윤선인 옮김 | 252쪽 | 값 15,000원

09 존 듀이와 교육 　　　　　　　　　　짐 개리슨 외 지음 | 심성보 외 옮김 | 376쪽 | 값 19,000원

10 진보주의 교육운동사 　　　　　　　 윌리엄 헤이스 지음 | 심성보 외 옮김 | 324쪽 | 값 18,000원

11 사랑의 교육학 　　　　　　　　　　안토니아 다더 지음 | 심성보 외 옮김 | 412쪽 | 값 22,000원

12 다시 읽는 민주주의와 교육 　　　　　존 듀이 지음 | 심성보 옮김 | 620쪽 | 값 32,000원

13 세계의 대안교육 　　　　　　　　　 넬 나딩스·헬렌 리즈 엮음 | 심성보 외 11인 옮김 | 652쪽 | 값 38,000원

미래 100년을 향한 새로운 교육
혁신교육을 실천하는 교사들의 **필독서**

● 비고츠키 선집 발달과 협력의 교육학 어떻게 읽을 것인가?

01 생각과 말	L.S. 비고츠키 지음 ǀ 배희철·김용호·D. 켈로그 옮김 ǀ 690쪽 ǀ 값 33,000원
02 도구와 기호	비고츠키·루리야 지음 ǀ 비고츠키 연구회 옮김 ǀ 336쪽 ǀ 값 16,000원
03 어린이 자기행동숙달의 역사와 발달 I	L.S. 비고츠키 지음 ǀ 비고츠키 연구회 옮김 ǀ 564쪽 ǀ 값 28,000원
04 어린이 자기행동숙달의 역사와 발달 II	L.S. 비고츠키 지음 ǀ 비고츠키 연구회 옮김 ǀ 552쪽 ǀ 값 28,000원
05 어린이의 상상과 창조	L.S. 비고츠키 지음 ǀ 비고츠키 연구회 옮김 ǀ 280쪽 ǀ 값 15,000원
06 성장과 분화	L.S. 비고츠키 지음 ǀ 비고츠키 연구회 옮김 ǀ 308쪽 ǀ 값 15,000원
07 연령과 위기	L.S. 비고츠키 지음 ǀ 비고츠키 연구회 옮김 ǀ 336쪽 ǀ 값 17,000원
08 의식과 숙달	L.S 비고츠키 ǀ 비고츠키 연구회 옮김 ǀ 348쪽 ǀ 값 17,000원
09 분열과 사랑	L.S. 비고츠키 지음 ǀ 비고츠키 연구회 옮김 ǀ 260쪽 ǀ 값 16,000원
10 성애와 갈등	L.S. 비고츠키 지음 ǀ 비고츠키 연구회 옮김 ǀ 268쪽 ǀ 값 17,000원
11 흥미와 개념	L.S. 비고츠키 지음 ǀ 비고츠키 연구회 옮김 ǀ 408쪽 ǀ 값 21,000원
12 인격과 세계관	L.S. 비고츠키 지음 ǀ 비고츠키 연구회 옮김 ǀ 372쪽 ǀ 값 22,000원
13 정서 학설 I	L.S. 비고츠키 지음 ǀ 비고츠키 연구회 옮김 ǀ 584쪽 ǀ 값 35,000원
14 정서 학설 II	L.S. 비고츠키 지음 ǀ 비고츠키 연구회 옮김 ǀ 480쪽 ǀ 값 35,000원
15 심리학 위기의 역사적 의미	L.S. 비고츠키 지음 ǀ 비고츠키 연구회 옮김 ǀ 556쪽 ǀ 값 38,000원
비고츠키와 인지 발달의 비밀	A.R. 루리야 지음 ǀ 배희철 옮김 ǀ 280쪽 ǀ 값 15,000원
비고츠키의 발달교육이란 무엇인가?	비고츠키교육학실천연구모임 지음 ǀ 412쪽 ǀ 값 21,000원
비고츠키 철학으로 본 핀란드 교육과정	배희철 지음 ǀ 456쪽 ǀ 값 23,000원
비고츠키와 마르크스	앤디 블런던 외 지음 ǀ 이성우 옮김 ǀ 388쪽 ǀ 값 19,000원
수업과 수업 사이	비고츠키 연구회 지음 ǀ 196쪽 ǀ 값 12,000원
관계의 교육학, 비고츠키	진보교육연구소 비고츠키교육학실천연구모임 지음 ǀ 300쪽 ǀ 값 15,000원
교사와 부모를 위한 발달교육이란 무엇인가?	현광일 지음 ǀ 380쪽 ǀ 값 18,000원
비고츠키 생각과 말 쉽게 읽기	진보교육연구소 비고츠키교육학실천연구모임 지음 ǀ 316쪽 ǀ 값 15,000원
교사와 부모를 위한 비고츠키 교육학	카르포프 지음 ǀ 실천교사번역팀 옮김 ǀ 308쪽 ǀ 값 15,000원
레프 비고츠키	르네 반 데 비어 지음 ǀ 배희철 옮김 ǀ 296쪽 ǀ 값 21,000원

혁신학교	성열관·이순철 지음	224쪽	값 12,000원
행복한 혁신학교 만들기	초등교육과정연구모임 지음	264쪽	값 13,000원
서울형 혁신학교 이야기	이부영 지음	320쪽	값 15,000원
혁신교육, 철학을 만나다	브렌트 데이비스·데니스 수마라 지음	현인철·서용선 옮김	304쪽	값 15,000
대한민국 교사, 어떻게 가르칠 것인가?	윤성관 지음	320쪽	값 15,000원
아이들을 어떻게 가르칠 것인가	사토 마나부 지음	박찬영 옮김	232쪽	값 13,000원
모두를 위한 국제이해교육	한국국제이해교육학회 지음	364쪽	값 16,000원
경쟁을 넘어 발달 교육으로	현광일 지음	288쪽	값 14,000원
혁신교육 존 듀이에게 묻다	서용선 지음	292쪽	값 16,000원
다시 읽는 조선교육사	이만규 지음	750쪽	값 37,000원
교실 속으로 간 이해중심 교육과정(개정판)	온정덕 외 지음	216쪽	값 15,000원
대한민국 교육혁명	교육혁명공동행동 연구위원회 지음	224쪽	값 12,000원
포스트 코로나 시대의 교육	성열관 외 지음	224쪽	값 15,000원
내일 수업 어떻게 하지?	아이함께 지음	300쪽	값 15,000원
핀란드 교육의 기적	한넬레 니에미 외 엮음	장수명 외 옮김	456쪽	값 23,000원
한국 교육의 현실과 전망	심성보 지음	724쪽	값 35,000원
독일의 학교교육	정기섭 지음	536쪽	값 29,000원
교실 속으로 간 이해중심 통합교육과정	온정덕 외 지음	224쪽	값 15,000원
초등 백워드 교육과정 설계와 실천 이야기	김병일 외 지음	352쪽	값 19,000원
학습격차 해소를 위한 새로운 도전 보편적 학습설계 수업	조윤정 외 지음	240쪽	값 15,000원

● 경쟁과 차별을 넘어 평등과 협력으로 미래를 열어가는 교육 대전환! 혁신교육 현장 필독서

학교의 미래, 전문적 학습공동체로 열다	새로운학교네트워크·오윤주 외 지음	276쪽	값 16,000원
마을교육공동체 생태적 의미와 실천	김용련 지음	256쪽	값 15,000원
학교폭력, 멈춰!	문재현 외 지음	348쪽	값 15,000원
학교를 살리는 회복적 생활교육	김민자·이순영·정선영 지음	256쪽	값 15,000원
삶의 시간을 잇는 문화예술교육	고영직 지음	292쪽	값 18,000원
미래교육을 디자인하는 학교교육과정	박승열 외 지음	348쪽	값 18,000원
코로나 시대, 마을교육공동체운동과 생태적 교육학	심성보 지음	280쪽	값 17,000원
혐오, 교실에 들어오다	이혜정 외 지음	232쪽	값 15,000원
수업, 슬로리딩과 함께	박경숙 외 지음	268쪽	값 15,000원
물질과의 새로운 만남	베로니카 파치니-케처바우 외 지음	이연선 외 옮김	218쪽	값 15,000원
그림책으로 만나는 인권교육	강진미 외 지음	272쪽	값 18,000원

제목	저자 정보
수업 고수들 수업·교육과정·평가를 말하다	박현숙 외 지음	368쪽	값 17,000원
아이들의 배움은 어떻게 깊어지는가	이시이 쥰지 지음	방지현·이창희 옮김	200쪽	값 11,000원
미래, 공생교육	김환희 지음	244쪽	값 15,000원
들뢰즈와 가타리를 통해 유아교육 읽기	리세롯 마리엣 올슨 지음	이연선 외 옮김	328쪽	값 17,000원
혁신고등학교, 무엇이 다른가?	김현자 외 지음	344쪽	값 18,000원
시민이 만드는 교육 대전환	심성보·김태정 지음	248쪽	값 15,000원
평화교육 과거, 현재 그리고 미래를 그리다	모니샤 바자즈 외 지음	권순정 외 옮김	268쪽	값 18,000원
마을교육공동체란 무엇인가?	서용선 외 지음	360쪽	값 17,000원
강화도의 기억을 걷다	최보길 지음	276쪽	값 14,000원
체육 교사, 수업을 말하다	전용진 지음	304쪽	값 15,000원
평화의 교육과정 섬김의 리더십	이준원·이형빈 지음	292쪽	값 16,000원
마을로 걸어간 교사들, 마을교육과정을 그리다	백윤애 외 지음	336쪽	값 16,000원
혁신교육지구와 마을교육공동체는 어떻게 만들어지는가?	김태정 지음	376쪽	값 18,000원
서울대 10개 만들기	김종영 지음	348쪽	값 18,000원
선생님, 통일이 뭐예요?	정경호 지음	252쪽	값 13,000원
10년 후 통일	정동영 지음	328쪽	값 15,000원
함께 배움 학생 주도 배움 중심 수업 이렇게 한다	니시카와 준 지음	백경석 옮김	280쪽	값 15,000원
다정한 교실에서 20,000시간	강정희 지음	296쪽	값 16,000원
즐거운 세계사 수업	김은석 지음	328쪽	값 13,000원
학교를 개선하는 교장	마이클 풀란 지음	서동연·정효준 옮김	216쪽	값 13,000원
선생님, 민주시민교육이 뭐예요?	염경미 지음	244쪽	값 15,000원
교육혁신의 시대 배움의 공간을 상상하다	함영기 외 지음	264쪽	값 17,000원
도덕 수업, 책으로 묻고 윤리로 답하다	울산도덕교사모임 지음	320쪽	값 15,000원
교육과 민주주의	필라르 오카디즈 외 지음	유성상 옮김	420쪽	값 25,000원
교육회복과 적극적 시민교육	강순원 지음	228쪽	값 15,000원
비판적 미디어 리터러시 가이드	더글러스 켈너·제프 셰어 지음	여은호·원숙경 옮김	252쪽	값 18,000원
지속가능한 마을, 교육, 공동체를 위하여	강영택 지음	328쪽	값 18,000원
대전환 시대 변혁의 교육학	진보교육연구소 교육과정연구모임 지음	400쪽	값 23,000원
교육의 미래와 학교혁신	마크 터커 지음	전국교원양성대학교 총장협의회 옮김	336쪽	값 18,000원
남도 임진의병의 기억을 걷다	김남철 지음	288쪽	값 18,000원
프레이리에게 변혁의 길을 묻다	심성보 지음	672쪽	값 33,000원
다시, 혁신학교!	성기신 외 지음	300쪽	값 18,000원
백워드로 설계하고 피드백으로 완성하는 성장중심평가	이형빈·김성수 지음	356쪽	값 19,000원
우리 교육, 거장에게 묻다	표혜빈 외 지음	272쪽	값 17,000원

교사에게 강요된 침묵	설진성 지음	296쪽	값 18,000원
왜 체 게바라인가	송필경 지음	320쪽	값 19,000원
풀무의 삶과 배움	김현자 지음	352쪽	값 20,000원
비고츠키 아동학과 글쓰기 교육	한희정 지음	300쪽	값 18,000원
교실을 위한 프레이리	아이러 쇼어 엮음	사람대사람 옮김	410쪽	값 23,000원
마을, 그 깊은 이야기 샘	문재현 외 지음	404쪽	값 23,000원
비난받는 교사	다이애나 폴레비치 지음	유성상 외 옮김	404쪽	값 23,000원
한국교육운동의 역사와 전망	하성환 지음	308쪽	값 18,000원
철학이 있는 교실살이	이성우 지음	272쪽	값 17,000원
왜 지속가능한 디지털 공동체인가	현광일 지음	280쪽	값 17,000원
선생님, 우리 영화로 세계시민 만나요!	변지윤 외 지음	328쪽	값 19,000원
아이를 함께 키울 온 마을은 어떻게 만들어야 할까?	차상진 지음	288쪽	값 17,000원
선생님, 제주 4·3이 뭐예요?	한강범 지음	308쪽	값 18,000원
마을배움길 학교 이야기	김명신 외 지음	300쪽	값 18,000원
다시, 남도의 기억을 걷다	노성태 지음	332쪽	값 19,000원
세계의 혁신 대학을 찾아서	안문석 지음	284쪽	값 17,000원
소박한 자율의 사상가, 이반 일리치	박홍규 지음	328쪽	값 19,000원
선생님, 평가 어떻게 하세요?	성열관 외 지음	220쪽	값 15,000원
남도 한말의병의 기억을 걷다	김남철 지음	316쪽	값 19,000원
생태전환교육, 학교에서 어떻게 할까?	심지영 지음	236쪽	값 15,000원
어떻게 어린이를 사랑해야 하는가	야누쉬 코르착 지음	송순재·안미현 옮김	408쪽	값 23,000원
북유럽의 교사와 교직	예스터 에크하트 라르센 외 엮음	유성상·김민조 옮김	412쪽	값 24,000원
산마을 너머 지금 뭐해?	최보길 외 지음	260쪽	값 17,000원
전문적 학습네트워크	크리스 브라운 외 엮음	성기선·문은경 옮김	424쪽	값 24,000원
초등 개념기반 탐구학습 설계와 실천 이야기	김병일 외 지음	380쪽	값 27,000원
선생님이 왜 노조 해요?	교사노동조합연맹 기획	324쪽	값 18,000원
교실을 광장으로 만들기	윤철기 외 지음	212쪽	값 17,000원
자율성과 전문성을 지닌 교사 되기	린다 달링 해몬드 외 지음	전국교원양성대학교총장협의회 옮김 412쪽	값 25,000원
선생님, 완벽하지 않아도 괜찮아요	유승재 지음	264쪽	값 17,000원
지속가능한 리더십	앤디 하그리브스 외 지음	정바울 외 옮김	352쪽	값 21,000원
남도 명량의 기억을 걷다	이돈삼 지음	280쪽	값 17,000원
교사가 아프다	송원재 지음	300쪽	값 18,000원
존 듀이의 생명과 경험의 문화적 전환	현광일 지음	272쪽	값 17,000원
왜 읽고 쓰고 걸어야 하는가?	김태정 지음	300쪽	값 18,000원

제목	저자/정보
미래 교직 디자인	캐럴 G. 베이즐 외 지음	정바울 외 옮김	192쪽	값 17,000원
타일러 교육과정과 수업 설계의 기본 원리	랄프 타일러 지음	이형빈 옮김	176쪽	값 15,000원
시로 읽는 교육의 풍경	강영택 지음	212쪽	값 17,000원
부산 교육의 미래 2026	이상철 외 지음	384쪽	값 22,000원
11권의 그림책으로 만나는 평화통일 수업	경기평화교육센터·곽인숙 외 지음	304쪽	값 19,000원
명랑 10대 명랑 챌린지	강정희 지음	320쪽	값 18,000원
교장이 바뀌면 학교가 바뀐다	홍제남 지음	260쪽	값 16,000원
모두 아픈 학교, 공동체로 회복하기	김성천 외 지음	276쪽	값 17,000원
교육정치학의 이론과 실천	김용일 지음	296쪽	값 18,000원
마오쩌둥의 국제정치사상	정세현 지음	332쪽	값 19,000원
교사, 깊이 있는 학습을 말하다	황철형 외 지음	214쪽	값 15,000원
더 나은 사고를 위한 교육	앤 마가렛 샤프 외 지음	김혜숙·박상욱 옮김	438쪽	값 26,000원
더 좋은 교육과정 더 나은 수업	이형빈 지음	292쪽	값 18,000원
한나 아렌트와 교육	모르데하이 고든 엮음	조나영 옮김	376쪽	값 23,000원
공동체의 힘, 작은학교 만들기	미셸 앤더슨 외 지음	권순형 외 옮김	264쪽	값 18,000원
토대역량과 사회정의	존 알렉산더 지음	유성상·이인영 옮김	324쪽	값 22,000원
마을교육, 다 함께 가치	김미연 외 지음	320쪽	값 19,000원
북한 교육과 평화통일 교육	이병호 지음	336쪽	값 22,000원
나는 어떤 특수교사인가	김동인 지음	268쪽	값 17,000원
능력주의 시대, 교육과 공정을 사유하다	한만중 외 지음	252쪽	값 17,000원
교사와 학부모, 어디로 가는가?	한만중 외 지음	252쪽	값 17,000원
프레네, 일하는 인간의 본성과 교육	셀레스텡 프레네 지음	송순재 엮음	김병호 외 옮김	564쪽	값 33,000원
지속가능한 마을교육공동체 운동	양병찬·한혜정 지음	268쪽	값 18,000원
평생학습으로 두 나라를 잇다	고바야시 분진 지음	양병찬·이정연 편역	220쪽	값 15,000원
초등 1학년 교실, 궁금하세요?	이경숙 지음	324쪽	값 19,000원
정의로운 한국사	김은석 지음	272쪽	값 17,000원
세계의 교사교육	린다 달링-해먼드·앤 리버맨 편저	전국교원양성대학교총장협의회 번역	332쪽	값 21,000원
남도 항일독립운동가의 기억을 걷다	김남철 지음	292쪽	값 19,000원
'좋아요'와 '싫어요'를 넘어	여은호·원숙경 지음	268쪽	값 18,000원
독일 정치교육	볼프강 잔더·케르스틴 폴 편저	김상무·김원태 편역	강구섭 외 공역	504쪽	값 32,000원
혁신교육과 마을교육의 도전과 전환	윤양수 지음	216쪽	값 17,000원
에듀테크, 교육에 좋은가?	닐 셀윈 지음	유성상 외 옮김	264쪽	값 18,000원
한국의 교사와 교원노조	박정훈 지음	344쪽	값 21,000원

참된 삶과 교육에 관한
생각 줍기